尚考通

中国近现代史纲要

ZHONGGUOJINXIANDAISHIGANGYAO

公共课 本科

⦿ 尚德机构学术中心　主编

编委会：欧　蓬　刘通博　杜　铮　高智威

中国政法大学出版社

2019·北京

声　　明　　1. 版权所有，侵权必究。

　　　　　　2. 如有缺页、倒装问题，由出版社负责退换。

图书在版编目（CIP）数据

中国近现代史纲要/尚德机构学术中心主编.—北京：中国政法大学出版社，2019.6
（尚考通）
ISBN 978-7-5620-9061-8

Ⅰ.①中… Ⅱ.①尚… Ⅲ.①中国历史－近代史－高等教育－自学考试－自学参考资料②中国历史－现代史－高等教育－自学考试－自学参考资料　Ⅳ.①K25

中国版本图书馆CIP数据核字(2019)第131492号

出 版 者	中国政法大学出版社
地　　 址	北京市海淀区西土城路25号
邮寄地址	北京100088 信箱8034分箱　邮编100088
网　　 址	http://www.cuplpress.com（网络实名：中国政法大学出版社）
电　　 话	010-58908285（总编室）58908433（编辑部）58908334（邮购部）
承　　 印	北京联兴盛业印刷股份有限公司
开　　 本	787mm×1092mm　1/16
印　　 张	21
字　　 数	400千字
版　　 次	2019年6月第1版
印　　 次	2020年1月第3次印刷
定　　 价	49.80元

PREFACE 前言

知己知彼——了解《中国近现代史纲要》

"中国近现代史纲要"是高等教育自学考试的一门必修课,在各专业的本科阶段实施考试。本书按照历史事件发生的先后顺序,由旧民主主义革命时期、新民主主义革命时期、社会主义过渡和建设时期三部分组成。其中,第一至第三章的内容为旧民主主义革命时期,讲述1840年鸦片战争至1919年五四运动前的历史,主要介绍鸦片战争、太平天国农民战争、洋务运动、戊戌维新运动、辛亥革命等;第四至第七章的内容为新民主主义革命时期,讲述从1919年五四运动到1949年中华人民共和国成立的历史,主要介绍新文化运动、五四运动、马克思主义的传播与中国共产党的诞生、国共合作、中国革命的新道路、抗日战争、为创建新中国而奋斗等内容;第八至第十一章为社会主义过渡和建设时期,讲述1949年中华人民共和国成立至今的历史,主要介绍社会主义基本制度的全面确立、社会主义建设在探索中曲折发展、中国特色社会主义的开创与接续发展、中国特色社会主义进入新时代等内容。

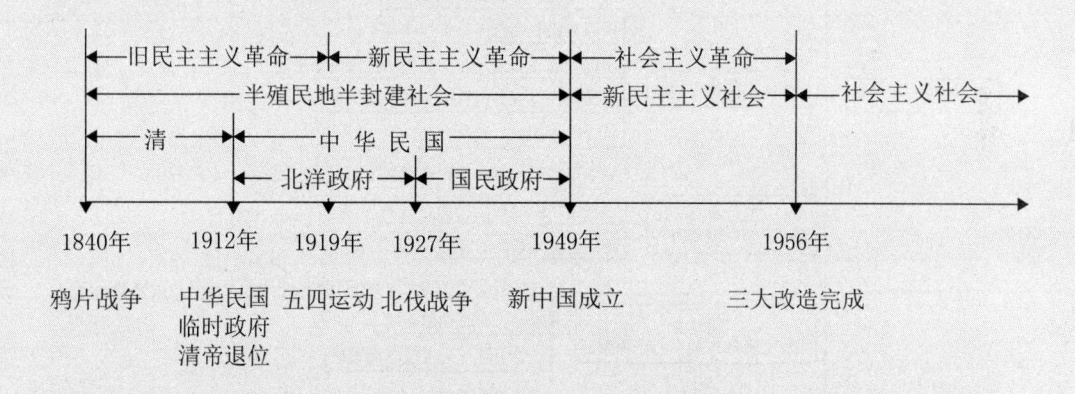

←旧民主主义革命→	←新民主主义革命→	←社会主义革命→	
←——半殖民地半封建社会——→		←新民主主义社会→	←社会主义社会→
←清→	←———中华民国———→		
	←北洋政府→←国民政府→		
1840年	1912年 1919年 1927年	1949年	1956年
鸦片战争	中华民国 五四运动 北伐战争 临时政府 清帝退位	新中国成立	三大改造完成

学史以明志,知古而鉴今!历史是属于一个民族的知识、智慧和经验。特别是近现代史,是中华民族图生存、图独立、图富强的波澜壮阔的奋斗历程,无疑是激励我们实现中华民族伟大复兴梦想的不竭动力。学习中国近现代史有助于同学们培养深邃的历史眼光和洞察力,更好地把握现在,创造未来。

全书思维导图

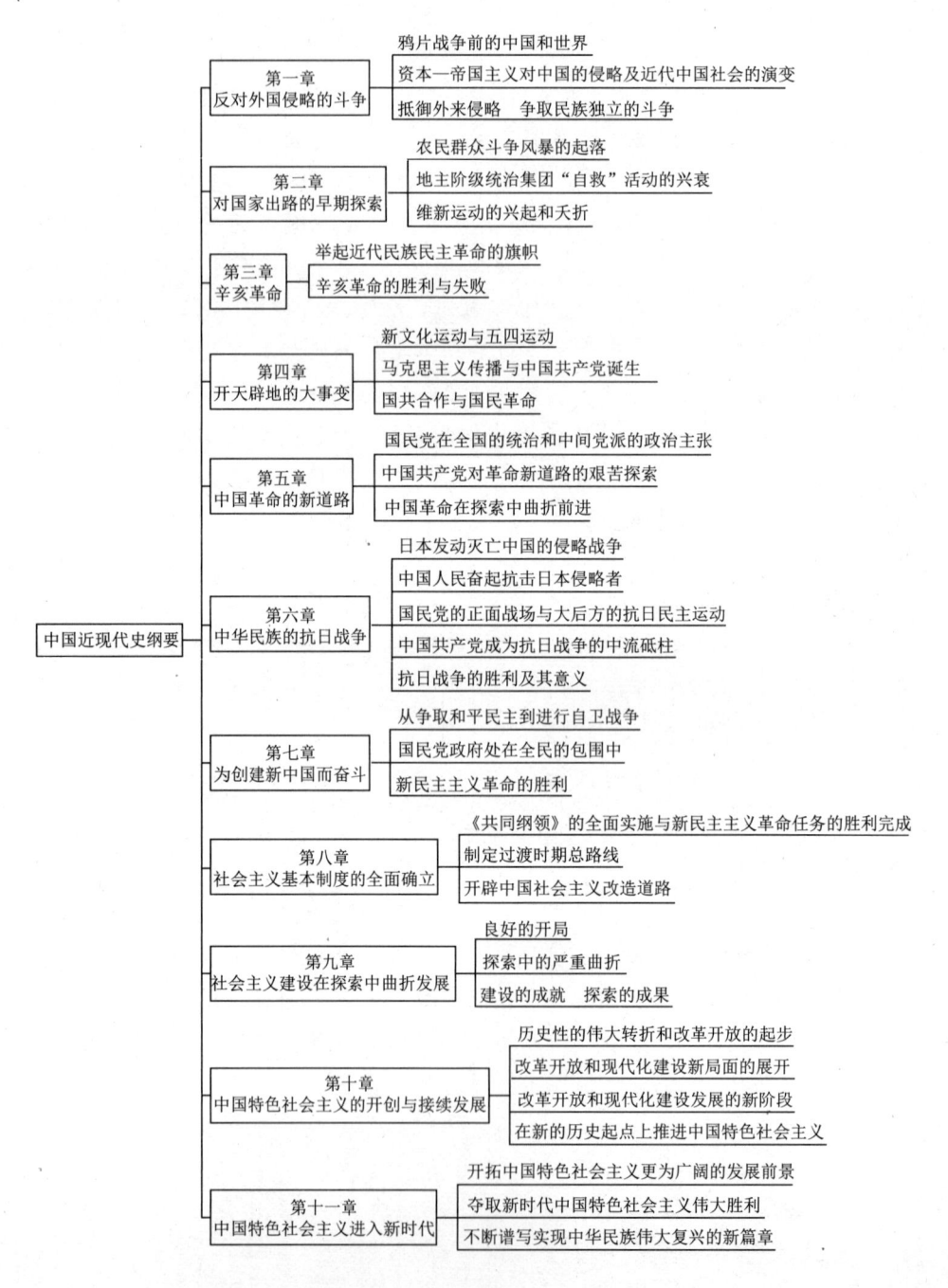

中国近现代史纲要
- 第一章 反对外国侵略的斗争
  - 鸦片战争前的中国和世界
  - 资本—帝国主义对中国的侵略及近代中国社会的演变
  - 抵御外来侵略　争取民族独立的斗争
- 第二章 对国家出路的早期探索
  - 农民群众斗争风暴的起落
  - 地主阶级统治集团"自救"活动的兴衰
  - 维新运动的兴起和夭折
- 第三章 辛亥革命
  - 举起近代民族民主革命的旗帜
  - 辛亥革命的胜利与失败
- 第四章 开天辟地的大事变
  - 新文化运动与五四运动
  - 马克思主义传播与中国共产党诞生
  - 国共合作与国民革命
- 第五章 中国革命的新道路
  - 国民党在全国的统治和中间党派的政治主张
  - 中国共产党对革命新道路的艰苦探索
  - 中国革命在探索中曲折前进
- 第六章 中华民族的抗日战争
  - 日本发动灭亡中国的侵略战争
  - 中国人民奋起抗击日本侵略者
  - 国民党的正面战场与大后方的抗日民主运动
  - 中国共产党成为抗日战争的中流砥柱
  - 抗日战争的胜利及其意义
- 第七章 为创建新中国而奋斗
  - 从争取和平民主到进行自卫战争
  - 国民党政府处在全民的包围中
  - 新民主主义革命的胜利
- 第八章 社会主义基本制度的全面确立
  - 《共同纲领》的全面实施与新民主主义革命任务的胜利完成
  - 制定过渡时期总路线
  - 开辟中国社会主义改造道路
- 第九章 社会主义建设在探索中曲折发展
  - 良好的开局
  - 探索中的严重曲折
  - 建设的成就　探索的成果
- 第十章 中国特色社会主义的开创与接续发展
  - 历史性的伟大转折和改革开放的起步
  - 改革开放和现代化建设新局面的展开
  - 改革开放和现代化建设发展的新阶段
  - 在新的历史起点上推进中国特色社会主义
- 第十一章 中国特色社会主义进入新时代
  - 开拓中国特色社会主义更为广阔的发展前景
  - 夺取新时代中国特色社会主义伟大胜利
  - 不断谱写实现中华民族伟大复兴的新篇章

全书思维导图为我们呈现了本书的整体知识点的脉络，通过导图可以清晰地看出每章所需要掌握的主要知识点有哪些。学习的过程乃是对框架充实的过程，犹如为树干添加一片片的绿叶。沿着框架，以点带线，能够帮助我们快速将知识点串联起来，将一本书由厚变薄，把知识点都装进我们的脑子里。

目 录
CONTENTS

前言 ··· 1

第一章　反对外国侵略的斗争 ··· 1
　　第一节　鸦片战争前的中国和世界 ··· 1
　　第二节　资本—帝国主义对中国的侵略及近代中国社会的演变 ······ 4
　　第三节　抵御外来侵略　争取民族独立的斗争 ························ 17

第二章　对国家出路的早期探索 ··· 25
　　第一节　农民群众斗争风暴的起落 ·· 25
　　第二节　地主阶级统治集团"自救"活动的兴衰 ······················· 30
　　第三节　维新运动的兴起和夭折 ··· 35

第三章　辛亥革命 ·· 43
　　第一节　举起近代民族民主革命的旗帜 ·································· 43
　　第二节　辛亥革命的胜利与失败 ··· 53

第四章　开天辟地的大事变 ··· 61
　　第一节　新文化运动与五四运动 ··· 61
　　第二节　马克思主义传播与中国共产党诞生 ···························· 68
　　第三节　国共合作与国民革命 ·· 76

第五章 中国革命的新道路 ... 83
第一节 国民党在全国的统治和中间党派的政治主张 ... 83
第二节 中国共产党对革命新道路的艰苦探索 ... 88
第三节 中国革命在探索中曲折前进 ... 98

第六章 中华民族的抗日战争 ... 109
第一节 日本发动灭亡中国的侵略战争 ... 109
第二节 中国人民奋起抗击日本侵略者 ... 114
第三节 国民党的正面战场与大后方的抗日民主运动 ... 123
第四节 中国共产党成为抗日战争的中流砥柱 ... 128
第五节 抗日战争的胜利及其意义 ... 141

第七章 为创建新中国而奋斗 ... 146
第一节 从争取和平民主到进行自卫战争 ... 146
第二节 国民党政府处在全民的包围中 ... 154
第三节 新民主主义革命的胜利 ... 167

第八章 社会主义基本制度的全面确立 ... 180
第一节 《共同纲领》的全面实施与新民主主义革命任务的胜利完成 ... 180
第二节 制定过渡时期总路线 ... 192
第三节 开辟中国社会主义改造道路 ... 197

第九章 社会主义建设在探索中曲折发展 ... 206
第一节 良好的开局 ... 206
第二节 探索中的严重曲折 ... 215
第三节 建设的成就 探索的成果 ... 223

第十章 中国特色社会主义的开创与接续发展 ... 232
第一节 历史性的伟大转折和改革开放的起步 ... 232
第二节 改革开放和现代化建设新局面的展开 ... 241
第三节 改革开放和现代化建设发展的新阶段 ... 250

第四节　在新的历史起点上推进中国特色社会主义 …………………… | 259

第十一章　中国特色社会主义进入新时代 ……………………………… | 266
　　第一节　开拓中国特色社会主义更为广阔的发展前景 ………………… | 266
　　第二节　夺取新时代中国特色社会主义伟大胜利 ………………………… | 275
　　第三节　不断谱写实现中华民族伟大复兴的新篇章 …………………… | 280

模拟卷

模拟卷（一）……………………………………………………………………… | 285
模拟卷（二）……………………………………………………………………… | 297
附录一　中国近现代史纲要大事记 …………………………………………… | 308
附录二　中国共产党历次重要会议 …………………………………………… | 322

第一章 反对外国侵略的斗争

本章思维导图

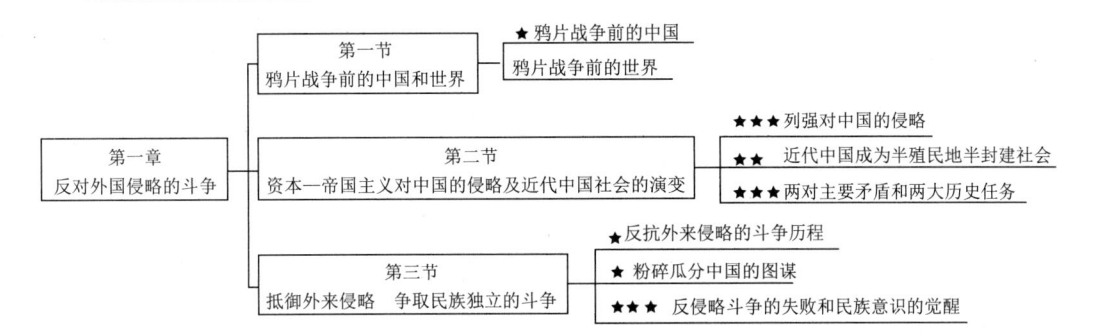

```
                    ┌─ 第一节                    ┌─ ★鸦片战争前的中国
                    │  鸦片战争前的中国和世界 ────┤
                    │                            └─ 鸦片战争前的世界
                    │
                    │                                    ┌─ ★★★ 列强对中国的侵略
第一章              │  第二节                            │
反对外国侵略的斗争 ─┼─ 资本—帝国主义对中国的侵略及 ──────┼─ ★★ 近代中国成为半殖民地半封建社会
                    │  近代中国社会的演变                │
                    │                                    └─ ★★★ 两对主要矛盾和两大历史任务
                    │
                    │                            ┌─ ★ 反抗外来侵略的斗争历程
                    └─ 第三节                    │
                       抵御外来侵略 争取民族 ────┼─ ★ 粉碎瓜分中国的图谋
                       独立的斗争                │
                                                 └─ ★★★ 反侵略斗争的失败和民族意识的觉醒
```

第一节 鸦片战争前的中国和世界

本节内容提要

鸦片战争前的中国，封建统治走向衰落，落后的生产关系严重制约着生产力的发展，国内阶级矛盾十分尖锐。而此时的世界却发生了急剧的变化，欧美许多国家确立了资本主义制度，并开始了工业革命，生产力发展迅速。

知识点名称	考纲要求	考核内容	考试题型
鸦片战争前的中国	识记	中国封建社会的主要矛盾	选择题
	领会	中国封建社会的基本特点	选择题、简答题
	简单运用	中国封建社会由盛转衰的主要表现	选择题、简答题
鸦片战争前的世界	综合运用	资本主义制度在欧美主要国家的确立以及殖民扩张对中国的威胁	选择题

知识点 ① 鸦片战争前的中国 ★

1. 中国封建社会的基本特点
（1）在经济上，封建土地所有制占主导地位，小农经济是其基本生产结构。
（2）在政治上，实行高度中央集权的封建君主专制制度。
（3）在文化上，以儒家思想为核心。
（4）在社会结构上，形成族权和政权相结合的封建宗法等级制度。
综上所述，中国封建社会的主要矛盾是地主阶级和农民阶级的矛盾。

2. 中国封建社会末期的社会危机
清朝是中国历史上最后一个封建王朝，在其前期的康熙、雍正、乾隆三朝，出现了"康雍乾盛世"，但在乾隆朝后期，清王朝由强盛转向衰落。其主要表现是：
（1）政治上，中央集权进一步强化，官僚机构膨胀，各级官吏营私舞弊、巧取豪夺，无所不用其极。
（2）经济上，各级官吏和地主大肆兼并土地，无地或少地的农民日益增多；地租剥削、赋税征收、苛捐杂税、徭役摊派逐年加重，广大农民生活极端困苦。
（3）思想文化上，厉行专制主义，大兴文字狱，整个社会万马齐喑。
（4）军事上，军力衰败，军备废弛，军纪荡然，不堪一击。
（5）对外关系上，实行闭关锁国政策，使中国处于与世隔绝的状态。

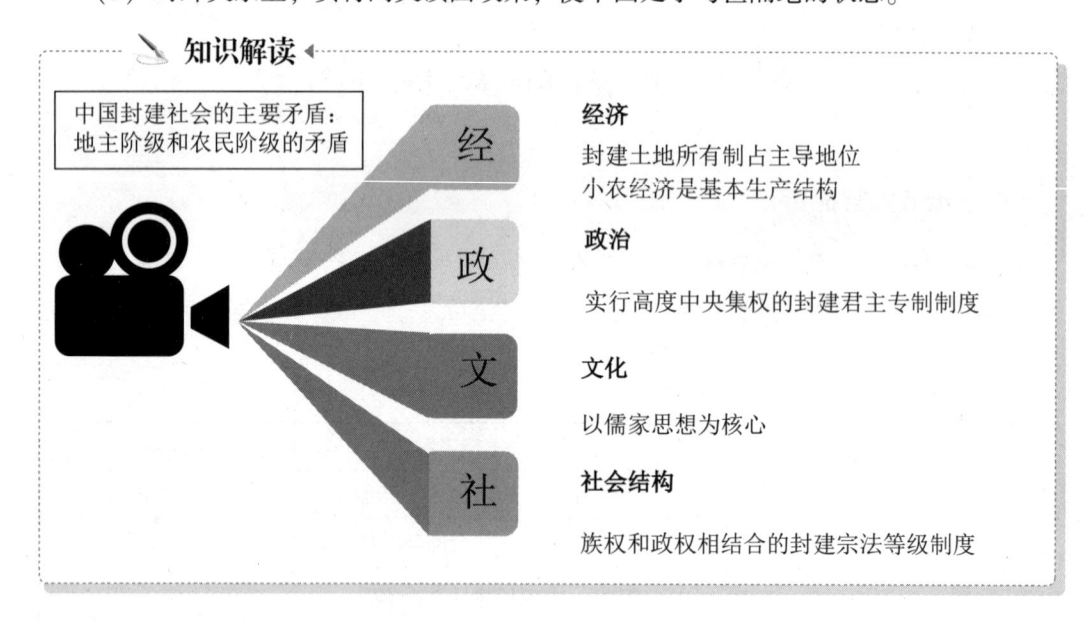

知识解读

中国封建社会的主要矛盾：地主阶级和农民阶级的矛盾

经济
封建土地所有制占主导地位
小农经济是基本生产结构

政治
实行高度中央集权的封建君主专制制度

文化
以儒家思想为核心

社会结构
族权和政权相结合的封建宗法等级制度

真题小练

【选择题】
1.（2019年4月全国）中国封建社会的主要矛盾是（　　）

A. 地主阶级和农民阶级的矛盾　　B. 帝国主义和中华民族的矛盾
C. 资产阶级和工人阶级的矛盾　　D. 封建主义和资本主义的矛盾

正确答案 A

解析 本题考查中国封建社会的主要矛盾。中国封建社会的主要矛盾是地主阶级和农民阶级的矛盾，故选 A。

【简答题】

2. （2019年4月全国）中国封建社会的基本特点。

答案与解析

（1）在经济上，封建土地所有制占主导地位，小农经济是其基本生产结构。
（2）在政治上，实行高度中央集权的封建君主专制制度。
（3）在文化上，以儒家思想为核心。
（4）在社会结构上，形成族权和政权相结合的封建宗法等级制度。

牛刀小试

【选择题】

清王朝由强盛转向衰落是在（　　）
A. 乾隆朝后期　　B. 嘉庆朝中期　　C. 咸丰朝后期　　D. 同治朝中期

正确答案 A

解析 本题考查清王朝由强盛转向衰落的时期。清朝是中国历史上最后一个封建王朝。在其前期的康熙、雍正、乾隆三朝，中国国家统一，政权巩固，社会稳定，经济繁荣，史称"康雍乾盛世"，但在乾隆朝后期，清王朝由强盛转向衰落。所以本题选 A。

知识点 ②　鸦片战争前的世界

1. 西方资本主义制度的确立

（1）1640 年，英国爆发资产阶级革命。至 18 世纪，资本主义制度在英国、美国、法国等欧美主要国家先后确立。
（2）资本主义经济的发展突出表现在工业革命的发生上。大机器生产替代了工场手工业，资本主义发展十分迅速。

2. 西方列强的殖民扩张

（1）商品生产的无限增长，需要开辟新的原料市场和产品市场，寻求新的殖民地。
（2）开辟新的市场和转移国内矛盾的需要促使西方列强发动新的侵略战争，他们把目标瞄向中国。1836 年，英国政府代表、驻华商务监督义律扬言要用武力打开中国国门。与此同时，法国、美国、俄国等也有侵略中国的欲望。

知识解读

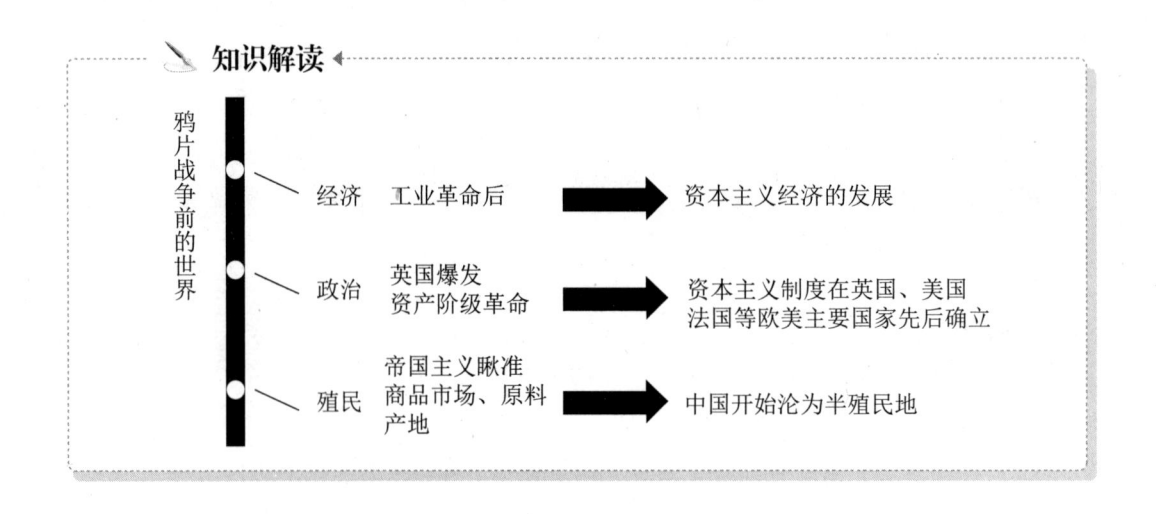

鸦片战争前的世界：
- 经济：工业革命后 → 资本主义经济的发展
- 政治：英国爆发资产阶级革命 → 资本主义制度在英国、美国、法国等欧美主要国家先后确立
- 殖民：帝国主义瞄准商品市场、原料产地 → 中国开始沦为半殖民地

真题小练

【选择题】

（2009年7月全国）早在1836年就扬言要用武力打开中国国门的是（　　）

A. 英国驻华商务监督义律　　B. 美国驻华公使田贝

C. 德国传教士郭士立　　　　D. 法国传教士孟振生

正确答案 A

解析 本题考查西方列强的殖民扩张。开辟新的市场和转移国内矛盾的需要，促使西方列强发动新的侵略战争，他们把目标瞄向中国。1836年，英国政府代表、驻华商务监督义律扬言要用武力打开中国国门，故选A。

第二节　资本—帝国主义对中国的侵略及近代中国社会的演变

本节内容提要

自1840年鸦片战争以来，外国列强通过军事侵略迫使中国签订一系列不平等条约，在政治上侵犯中国主权，经济上掠夺中国财富，文化上麻醉中国民众。列强的侵略，使中国社会发生急剧变化，中国进入了半殖民地半封建社会。

知识点名称	考纲要求	考核内容	考试题型
列强对中国的侵略	识记	资本—帝国主义列强发动的侵华战争以及迫使清政府签订的一系列不平等条约	选择题
		资本—帝国主义列强制造的屠杀中国居民的惨案	选择题
		通商口岸	选择题
	领会	资本—帝国主义列强对中国的政治控制	选择题
		资本—帝国主义列强对中国的经济掠夺	选择题
		资本—帝国主义列强制造的侵略中国的舆论	选择题
近代中国成为半殖民地半封建社会	领会	近代中国半殖民地半封建社会的特点	选择题、论述题
	简单运用	近代中国资产阶级的产生及其两部分	简答题
		近代中国工人阶级的形成以及特点	简答题、论述题
两对主要矛盾和两大历史任务	综合运用	半殖民地半封建社会的两对主要矛盾及其关系	选择题、简答题、论述题
	综合运用	实现中华民族伟大复兴，是中华民族近代以来最伟大的梦想	选择题、简答题、论述题

知识点 ① ▶ 列强对中国的侵略 ★★★

1. 军事侵略

（1）资本—帝国主义列强对中国的侵略，首先和主要的是进行军事侵略，迫使中国政府签订不平等条约。

资本—帝国主义对中国的军事侵略和不平等条约

时间	战争	条约	重要内容
1840	第一次鸦片战争		英国发动第一次鸦片战争。
1842	第一次鸦片战争	中英《南京条约（江宁条约）》	（1）中国近代史上第一个不平等条约。 （2）条约主要内容： ①割让香港岛给英国。 ②开放广州、厦门、福州、宁波、上海5口为通商口岸。 ③赔款2100万元。
1843		中英《虎门条约》《五口通商章程》	中国政府在《五口通商章程》中承认英国享有领事裁判权。
1844		中美《望厦条约》	
1844		中法《黄埔条约》	
1849			葡萄牙占领澳门。
1856	第二次鸦片战争		英国和法国发动第二次鸦片战争。
1858	第二次鸦片战争	中俄《瑷珲条约》	割去黑龙江以北60多万平方公里的中国领土。
1858	第二次鸦片战争	中、英、法、俄、美《天津条约》	中国政府允许外国公使常驻北京。
1860	第二次鸦片战争	中英《北京条约》	（1）割让九龙半岛南端和昂船洲。 （2）赔款800万两白银。
1860	第二次鸦片战争	中法《北京条约》	赔款800万两白银。
1860	第二次鸦片战争	中俄《北京条约》	割去乌苏里江以东40余万平方公里领土。
1864		中俄《勘分西北界约记》	割去中国西北44万多平方公里的领土。
1881		中俄《改订伊犁条约》和5个勘界议定书	割去7万平方公里领土。
1885		中法《中法新约》	
1887		中葡《中葡友好通商条约》	清政府允许葡萄牙"永驻管理澳门"。
1894	甲午战争		日本发动甲午战争。
1895	甲午战争	中日《马关条约》	（1）割让辽东半岛（后由中国政府以3000万两白银赎回）、台湾全岛及所有附属各岛屿和澎湖列岛给日本。 （2）赔款2亿两白银。

续表

时间	战争	条约	重要内容
1900	八国联军侵华战争		英、俄、日、法、德、美、意、奥匈八国联军发动侵华战争。
1901		《辛丑条约》	（1）清政府与十一个国家签订。 （2）赔款4.5亿两白银。

（2）资本—帝国主义列强在战争中对中国人民的屠杀。

①1894年日本制造旅顺大屠杀。

②1900年八国联军侵占北京后大肆屠杀义和团团民和平民。

③1900年俄国在东北制造江东六十四屯惨案。

（3）资本—帝国主义列强在侵华战争中还公开抢劫中国财富，肆意破坏中国的文物和古迹。

①1860年，英法联军攻占北京后，对圆明园进行了连续12天的抢劫，放火烧毁了这座皇家园林。

②1900年，八国联军侵占北京后，对皇宫、北海等地肆意抢劫金银财宝，文物古籍。

2. 政治控制

（1）控制中国内政；

（2）操纵中国外交；

（3）享有领事裁判权；

（4）把持中国海关：赫德自1863年任总税务司开始，直到1908年回国，掌握中国海关大权达40余年；

（5）勾结清政府，镇压中国人民的反抗斗争；

（6）扶植、收买代理人。

3. 经济掠夺

（1）控制中国通商口岸。

时间	条约	被迫开放的通商口岸
1842	《南京条约（江宁条约）》	广州、厦门、福州、宁波、上海
1858	《天津条约》	牛庄（后改营口）、登州（后改烟台）、台湾（后定为台南）、淡水、潮州（后改汕头）、琼州、汉口、九江、南京、镇江
1860	《北京条约》	天津
	陆路方面	开放伊犁、喀什噶尔为商埠

（2）剥夺中国关税自主权。

（3）对华倾销商品。

（4）对华资本输出。外国列强对中国进行资本输出最早出现在第二次鸦片战争之后。

（5）操纵中国的经济命脉。

①形成了对中国近代工业的垄断。

②迫使清政府举借外债，以还赔款，并以关税、盐税担保。

③在中国设立银行，使之成为对华输出资本的枢纽。

④控制中国近代的交通运输业。

⑤给中国的农业经济造成了严重破坏。

4. 文化渗透

（1）宗教渗透和侵略。

（2）为侵略中国制造舆论。

广学会是基督教在中国设立的最大的出版机构，其发行的《万国公报》，不仅介绍西方的国家概况，还竭力宣扬殖民地奴化思想，为外国列强侵华进行辩护。

（3）大肆宣扬"种族优劣论"。

> **知识解读**
>
> 本知识点重要且考频高，请同学们重点学习该知识点。
>
> 西方列强对中国的侵略可谓"军事打开中国国门，经济进行掠夺，政治进行控制，文化进行渗透"。
>
> （1）军事侵略
>
> 本内容属于考查最为集中的内容，资本—帝国主义列强对中国的侵略，首先和主要的是进行军事侵略，迫使中国政府签订不平等条约。请同学们牢记每场战争签订的条约及大体内容。

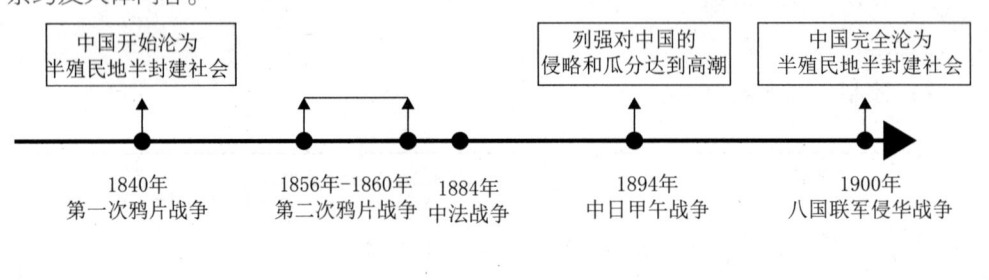

时间	事件	影响
1840年	第一次鸦片战争	中国开始沦为半殖民地半封建社会
1856年-1860年	第二次鸦片战争	
1884年	中法战争	
1894年	中日甲午战争	列强对中国的侵略和瓜分达到高潮
1900年	八国联军侵华战争	中国完全沦为半殖民地半封建社会

高频考查内容		
时间	内容	注释
1840年	第一次鸦片战争爆发	(1) 列强对中国的侵略，首先和主要的是进行军事侵略。 (2) 中国近代史开端，中国开始进入半殖民地半封建社会。
1842年	第一次鸦片战争结束	中国战败。
	中英《南京条约（江宁条约）》签订	(1) 中国近代史上第一个不平等条约。 (2) 条约主要内容： ①割让香港岛给英国。 ②开放广州、厦门、福州、宁波、上海5个港口城市作通商口岸。 ③赔款2100万元
1844年	中美《望厦条约》签订	
	中法《黄埔条约》签订	
1856年	第二次鸦片战争爆发	
1858年	中俄《瑷珲条约》签订	
	中、英、法、俄、美《天津条约》签订	
1860年	英法联军火烧圆明园	
	第二次鸦片战争结束	中国战败。
	中、英、法、俄《北京条约》签订	
1885年	中法战争结束	中国与法国停战，中国"不败而败"。
	中法《中法新约》签订	
1894年	中日甲午战争爆发	
1895年	中日甲午战争结束	中国战败。
	中日《马关条约》签订	中国割让辽东半岛（后由中国政府以3000万两白银赎回）、台湾全岛及所有附属各岛屿和澎湖列岛给日本。

高频考查内容		
时间	内容	注释
1900年	八国联军侵华战争爆发	英、俄、日、法、德、美、意、奥匈八国联军发动侵华战争。
1901年	八国联军侵华战争结束	中国战败。
	《辛丑条约》签订	清政府与英国、美国、日本、俄国、法国、德国、意大利、奥匈、比利时、西班牙、荷兰十一个国家签订。

（2）政治控制

政治控制注意英国人赫德自1863年任总税务司开始，直到1908年回国，掌握中国海关大权达40余年。

控制中国内政 → **操纵中国外交** → **享有领事裁判权**

外国公使常驻北京，驻京公使成了清政府的"太上皇"。

军事侵略伴着外交讹诈，控制中国外交主权。

外国人在中国横行不法，中国政府无权干涉。

把持中国海关 → **勾结清政府** → **扶植、收买代理人**

垄断海关高级职员，掌控海关大权。

勾结清政府镇压中国人民的反抗。

清政府、袁世凯北洋军阀先后成为列强统治中国的工具。

（3）经济掠夺

外国列强对中国进行资本输出最早出现在第二次鸦片战争之后。

（4）文化渗透

文化渗透注意广学会与《万国公报》的联系。

真题小练

【选择题】

1. （2019年4月全国）资本—帝国主义列强对中国的侵略，首先和主要的是（   ）
   A. 政治控制　　　B. 军事侵略　　　C. 经济掠夺　　　D. 文化渗透

正确答案 B

解析 本题考查列强对中国侵略的手段。资本—帝国主义列强对中国的侵略，首先和主要的是进行军事侵略，迫使中国政府签订不平等条约，故选B。

2. （2018年10月北京）1900年，八国联军发动侵华战争。战后，清政府与十一个国家签订的条约是（   ）
   A.《南京条约》　　　　　　　B.《黄埔条约》
   C.《辛丑条约》　　　　　　　D.《望厦条约》

正确答案 C

解析 本题考查列强对中国发动的侵略战争与不平等条约。1900年，八国联军发动侵华战争，1901年，清政府与十一个国家签订《辛丑条约》，故选C。

3. （2018年4月全国）基督教在中国设立的最大出版机构广学会发行的报刊是（   ）
   A.《中国丛报》　　　　　　　B.《北华捷报》
   C.《字林西报》　　　　　　　D.《万国公报》

正确答案 D

解析 本题考查列强对中国的文化渗透。广学会是基督教在中国设立的最大的出版机构，其发行的《万国公报》，不仅介绍西方的国家概况，而且竭力宣扬殖民地奴化思想，为外国列强侵华进行辩护，故选D。

牛刀小试

【选择题】

1. 将中国领土台湾割让给日本的不平等条约是（   ）
   A.《南京条约》　　　　　　　B.《北京条约》
   C.《马关条约》　　　　　　　D.《瑷珲条约》

正确答案 C

解析 本题考查列强对中国发动的侵略战争与不平等条约。1895年，中日《马关条约》签订，中国割让辽东半岛（后由中国政府以3000万两白银赎回）、台湾全岛及所有附属各岛屿和澎湖列岛给日本，故选C。

2. 列强对中国进行资本输出最早出现的时间是（　　）

A. 第一次鸦片战争之前　　　　B. 第一次鸦片战争之后

C. 第二次鸦片战争之前　　　　D. 第二次鸦片战争之后

正确答案 D

解析 本题考查西方列强的经济掠夺。外国列强对中国进行资本输出最早出现在第二次鸦片战争之后。1895年以前，外国资本在中国设立的工厂总数约有100多家。《马关条约》允许日本在中国设厂，各国也援例进行，对华进行大规模的资本输出，故选D。

知识点 ② 近代中国成为半殖民地半封建社会 ★★

1. 自1840年鸦片战争以后，中国逐步沦为半殖民地半封建社会，第一次鸦片战争是中国近代史的开端。

2. 中国半殖民地半封建社会的特点

（1）资本—帝国主义不但逐步操纵了中国的财政和经济命脉，而且逐步控制了中国的政治，日益成为支配中国的决定性力量。

（2）中国的封建势力同外国侵略势力相勾结，成为外国列强压迫、奴役中国人民的社会基础和统治支柱。

（3）中国自然经济的基础虽然遭到破坏，但是封建剥削制度的根基即封建地主的土地所有制依然在广大地区内保持着，成为中国走向现代化和民主化的严重障碍。

（4）中国资本主义有所发展，并在政治、文化生活中起了一定的作用，但没有成为中国社会经济的主体。

（5）近代中国各地区经济、政治、文化发展极不平衡，列强分别支持不同政治势力以分裂中国，使中国处于不统一状态。

（6）在外国列强和封建主义的双重压迫下（后来还加上官僚资本主义），中国的广大人民过着饥寒交迫和毫无政治权利的生活。

3. 社会阶级关系的变动

（1）地主阶级：旧的封建统治阶级即地主阶级，虽然一部分地主演变为资本家，但是大部分地主仍依靠地租剥削为生。

（2）农民阶级：旧的被统治阶级即农民阶级，不仅是近代中国社会人数最多的被剥削阶级，而且是中国革命的主力军。

（3）资产阶级：

①资产阶级的形成：资产阶级是近代中国新产生的阶级，主要由一些买办、商人、地主、官僚投资新式企业转化而来，分为官僚买办资产阶级和民族资产阶级两部分。

②民族资产阶级的特点：一方面受到外国资本主义和本国封建主义的压迫，在一定条件下可以参加反帝反封建的革命或在斗争中保持中立；另一方面因其力量薄弱，

又与外国资本主义和本国封建主义有着千丝万缕的联系，在斗争中缺乏彻底的革命性。

③中国民族资产阶级的两重特点和双重性格，决定它不可能引导中国的民主革命走向胜利。

(4) 工人阶级：

①形成：近代中国诞生的被压迫阶级是工人阶级，其诞生早于中国的资产阶级。鸦片战争后，外国资本在广州、上海等地经营近代工商业，其中产生了中国最早的一批产业工人。

②特点：

第一，深受帝国主义、封建势力和资产阶级三重压迫和剥削，革命性最强。

第二，人数虽少，但相对集中，便于形成革命的力量和传播先进的思想。

第三，主要由破产农民和家庭手工业者转化而来，同农民有着天然的联系，便于结成工农联盟。

③中国工人阶级是近代中国社会中最先进、最革命、最有力量的阶级。

知识解读

本知识点重要且考频高，主要考查简答题和论述题。

本知识点要求着重记忆半殖民地半封建社会的特点及新生的资产阶级和工人阶级的特点。中国之所以会沦为半殖民地半封建社会，首先，1840年鸦片战争后，虽然中国的政权仍然存在，但是国家政权及主权受到西方国家的控制，沦为半殖民地社会；其次，传统的封建经济开始解体，资本主义经济开始发展，中国不再是完全意义上的封建社会，而是一个半封建社会。

真题小练

【选择题】

1.（2011年4月上海）中国开始进入半殖民地半封建社会是在（　　）

A. 第一次鸦片战争后　　B. 第二次鸦片战争后

C. 中日甲午战争后　　D. 八国联军侵华战争后

正确答案 A

解析 本题考查近代中国半殖民地半封建社会的开端。自1840年鸦片战争以后，中国逐步沦为半殖民地半封建社会，第一次鸦片战争是中国近代史的开端，故选A。

【简答题】

2.（2015年10月全国）近代中国工人阶级的特点。

答案与解析

(1) 深受帝国主义、封建势力和资产阶级三重压迫和剥削，革命性最强。

(2) 人数虽少，但相对集中，便于形成革命的力量和传播先进的思想。

(3) 主要由破产农民和家庭手工业者转化而来，同农民有着天然的联系，便于结成工农联盟。

【论述题】

3. （2019年10月全国）近代中国半殖民地半封建社会的特点。

答案与解析

(1) 资本—帝国主义不但逐步操纵了中国的财政和经济命脉，而且逐步控制了中国的政治，日益成为支配中国的决定性力量。

(2) 中国的封建势力同外国侵略势力相勾结，成为外国列强压迫、奴役中国人民的社会基础和统治支柱。

(3) 中国自然经济的基础虽然遭到破坏，但是封建剥削制度的根基即封建地主的土地所有制依然在广大地区内保持着，成为中国走向现代化和民主化的严重障碍。

(4) 中国资本主义有所发展，并在政治、文化生活中起了一定的作用，但没有成为中国社会经济的主体。

(5) 近代中国各地区经济、政治、文化发展极不平衡，列强分别支持不同政治势力以分裂中国，使中国处于不统一状态。

(6) 在外国列强和封建主义的双重压迫下（后来还加上官僚资本主义），中国的广大人民过着饥寒交迫和毫无政治权利的生活。

牛刀小试

【简答题】

近代中国民族资产阶级的特点是什么？

答案与解析

(1) 一方面受到外国资本主义和本国封建主义的压迫，在一定条件下可以参加反帝反封建的革命或在斗争中保持中立。

(2) 另一方面因其力量薄弱，又与外国资本主义和本国封建主义有着千丝万缕的联系，在斗争中缺乏彻底的革命性。

知识点 ③ ▶ 两对主要矛盾和两大历史任务 ★★★

1. 两对主要矛盾及其关系

(1) 两对主要矛盾：帝国主义与中华民族的矛盾、封建主义与人民大众的矛盾，其中帝国主义与中华民族的矛盾是最主要的矛盾。

(2) 关系：

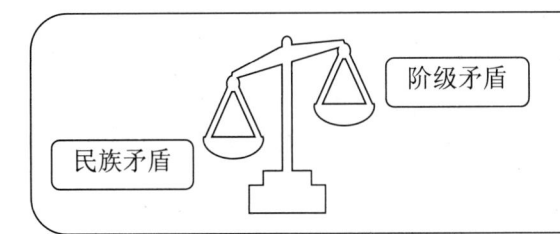

| 民族矛盾 / 阶级矛盾 | 当外国列强向中国发动侵略战争时，阶级矛盾降到次要地位，民族矛盾上升到主要地位。 |

| 民族矛盾 / 阶级矛盾 | 当外国侵略者同中国封建政权相勾结，共同镇压中国革命，尤其是封建地主阶级对人民的压迫特别残酷时，阶级矛盾上升为主要矛盾。 |

| 民族矛盾 / 阶级矛盾 | 当国内战争发展到直接威胁帝国主义在华利益以及中国封建地主阶级统治时，外国列强甚至直接出兵，镇压中国人民，援助中国反动派，这时外国列强和国内封建主义完全公开站在一条战线上。 |

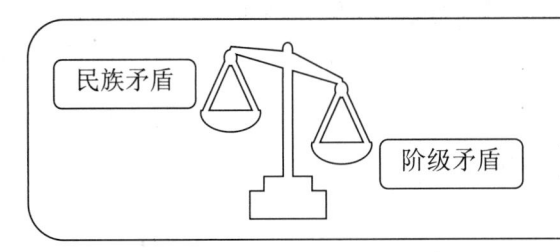

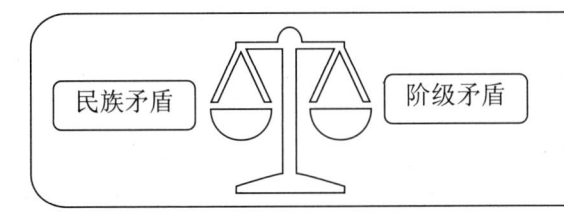

(3) 影响：两对主要矛盾相互交织在一起，贯穿了整个半殖民地半封建社会的始终，并对中国社会的发展变化起着决定性作用。

2. 两大历史任务及其关系

(1) 两大历史任务：一是求得民族独立和人民解放；二是实现国家繁荣富强和人民共同富裕。

(2) 关系：既相互区别，又相互联系。

①区别：前者是要从根本上推翻中国半殖民地半封建社会的统治秩序，着重解决生产关系问题；后者是要改变近代中国经济、文化和社会落后的地位和状况，是要充分发展近代民族工商业，着重解决生产力问题。

②联系：只有完成第一大任务，才能为第二大任务的完成创造条件。一方面，争取民族独立和人民解放是实现国家繁荣富强和人民共同富裕的前提条件。另一方面，争取民族独立和人民解放的最终目的是使中国走向现代化，实现国家繁荣富强和人民的共同富裕，使中华民族自立于世界民族之林。

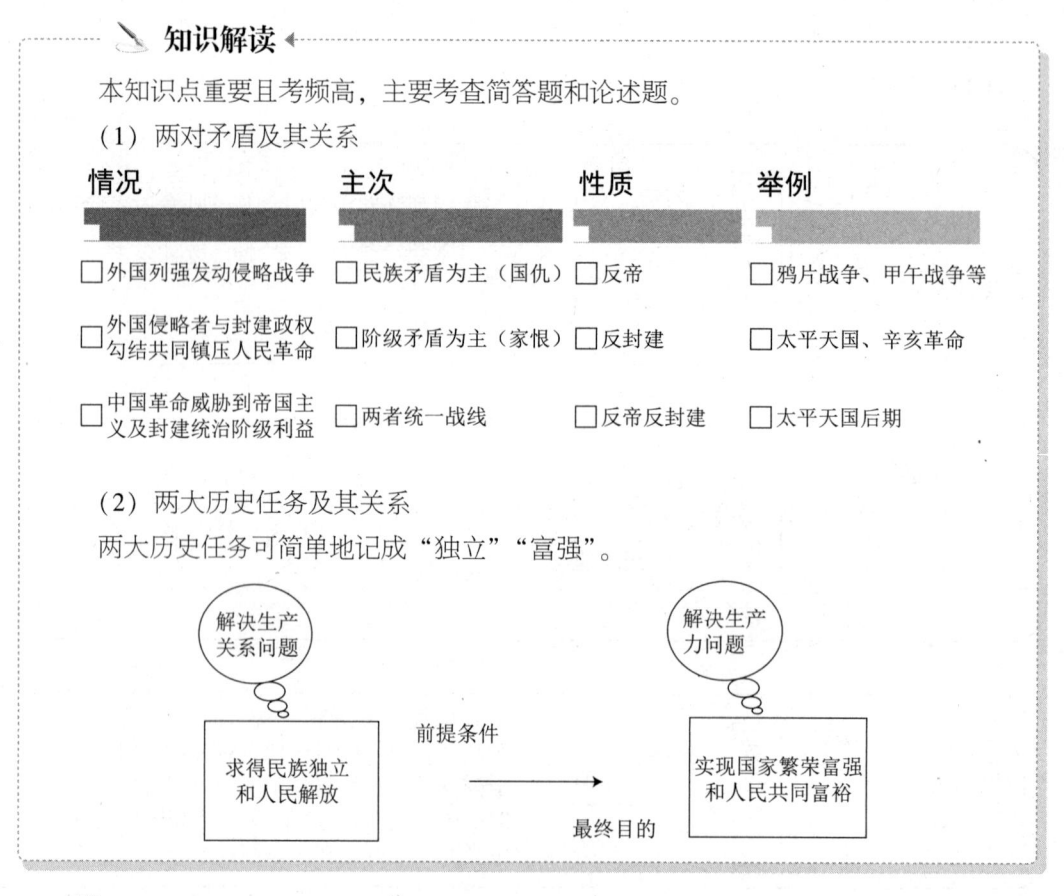

知识解读

本知识点重要且考频高,主要考查简答题和论述题。

(1) 两对矛盾及其关系

情况	主次	性质	举例
☐ 外国列强发动侵略战争	☐ 民族矛盾为主(国仇)	☐ 反帝	☐ 鸦片战争、甲午战争等
☐ 外国侵略者与封建政权勾结共同镇压人民革命	☐ 阶级矛盾为主(家恨)	☐ 反封建	☐ 太平天国、辛亥革命
☐ 中国革命威胁到帝国主义及封建统治阶级利益	☐ 两者统一战线	☐ 反帝反封建	☐ 太平天国后期

(2) 两大历史任务及其关系

两大历史任务可简单地记成"独立""富强"。

解决生产关系问题 → 求得民族独立和人民解放 —前提条件→ 实现国家繁荣富强和人民共同富裕 ← 解决生产力问题

最终目的

真题小练

【选择题】

1. (2017年10月全国)中国半殖民地半封建社会最主要的矛盾是( )
   A. 地主阶级和农民阶级之间的矛盾   B. 资产阶级和工人阶级之间的矛盾
   C. 帝国主义和中华民族之间的矛盾   D. 封建主义和人民大众之间的矛盾

正确答案 C

解析 本题考查中国半殖民地半封建社会的两对主要矛盾。在半殖民地半封建的中国,帝国主义与中华民族的矛盾、封建主义与人民大众的矛盾是两对主要矛盾,而帝国主义与中华民族的矛盾,乃是各种矛盾中的最主要的矛盾,故选C。

【简答题】

2. (2016年4月全国)近代中国社会的主要矛盾和近代以来中华民族面临的历史任务。

答案与解析

(1) 主要矛盾:帝国主义与中华民族的矛盾、封建主义与人民大众的矛盾,而帝国主义与中华民族的矛盾是最主要的矛盾。

（2）历史任务：一是求得民族独立和人民解放；二是实现国家繁荣富强和人民共同富裕。

【论述题】

3.（2016年10月全国）近代中国社会的主要矛盾及其相互关系。

答案与解析

（1）主要矛盾：帝国主义与中华民族的矛盾、封建主义与人民大众的矛盾，其中帝国主义与中华民族的矛盾是最主要的矛盾。

（2）相互关系：当外国列强向中国发动侵略战争时，阶级矛盾降到次要地位，民族矛盾上升到主要地位；当外国侵略者同中国封建政权相勾结，共同镇压中国革命，尤其是封建地主阶级对人民的压迫特别残酷时，阶级矛盾上升为主要矛盾。

4.（2016年4月北京）论述近代以来中华民族面对的历史任务及其相互关系。

答案与解析

（1）近代以来中华民族始终面临着两大历史任务：一是求得民族独立和人民解放；二是实现国家繁荣富强和人民共同富裕。

（2）两大历史任务既相互区别，又相互联系，其区别在于：前者是要从根本上推翻中国半殖民地半封建社会的统治秩序，着重解决生产关系问题；后者是要改变近代中国经济、文化和社会落后的地位和状况，是要充分发展近代民族工商业，着重解决生产力问题。

（3）其联系在于：只有完成第一大任务，才能为第二大任务的完成创造条件。一方面，争取民族独立和人民解放是实现国家繁荣富强和人民共同富裕的前提条件。另一方面，争取民族独立和人民解放的最终目的是使中国走向现代化，实现国家繁荣富强和人民的共同富裕，使中华民族自立于世界民族之林。

第三节　抵御外来侵略　争取民族独立的斗争

本节内容提要

外国列强侵略中国的历史，也是中国人民反对外来侵略、争取民族独立的斗争史。自1840年以来，从林则徐等爱国官员和将士到义和团的勇士们，进行了前赴后继的英勇斗争。尽管这些斗争最终都归于失败，但它粉碎了西方列强瓜分中国的迷梦，并唤醒了中华民族的独立自强意识。

知识点名称	考纲要求	考核内容	考试题型
反抗外来侵略的斗争历程	识记	三元里人民的抗英斗争	选择题
		台湾人民的反侵略斗争	选择题
		为国捐躯的清政府爱国将领	选择题
粉碎瓜分中国的图谋	领会	19世纪末帝国主义列强瓜分中国的图谋及其失败的原因	选择题、简答题、论述题
反侵略斗争的失败和民族意识的觉醒	识记	林则徐、魏源与睁眼看世界	选择题
		严复与"救亡"口号	选择题、简答题
	简单运用	近代中国人民反侵略斗争失败的原因	选择题、简答题
	综合运用	第一次鸦片战争至辛亥革命前夕，一些先进的中国人的民族意识的觉醒	选择题

知识点 ① 反抗外来侵略的斗争历程 ★

1. 人民群众的反侵略斗争

（1）三元里人民的抗英斗争：第一次鸦片战争时期，广州郊区三元里人民于1841年5月英勇抗击英国侵略者，这是中国近代史上中国人民第一次大规模的反侵略武装斗争。

（2）太平天国农民战争后期，太平军曾多次重创外国侵略者。

（3）台湾人民的反侵略斗争：

①1867年，美国派兵侵略台湾，侵略军被台湾人民击退。

②1874年，日本派兵侵略台湾，遭到高山族人民的迎头痛击。

③1895年，《马关条约》签订后清政府将台湾割让日本，台湾人民英勇抗击日本侵略者。

（4）1900年，义和团和部分清军与八国联军进行了殊死搏斗。

2. 爱国官兵的反侵略斗争

（1）第一次鸦片战争

①1841年2月，广东水师提督关天培在虎门为国捐躯。

②1842年6月，江南提督陈化成在吴淞西炮台为国捐躯。

③1842年7月，副都统海龄在镇江为国捐躯。

（2）第二次鸦片战争

①1859年6月，英法联军进攻大沽炮台，守军沉着应战，击沉、击伤军舰多艘。

②1859年6月，提督史荣椿、乐善（蒙古族）在大沽炮台为国捐躯。

(3) 中法战争

①1884年,法舰攻基隆、犯淡水,都被督办台湾事务大臣刘铭传的守军击退。

②1885年年初,法舰炮轰浙江镇海炮台,也被击退。

③1885年3月,冯子材率领清军和当地民众取得镇南关大捷,完全扭转了整个中法战局。

(4) 中日甲午战争

①1894年7月,左宝贵在平壤为国捐躯。

②1894年9月,致远舰管带邓世昌、经远舰管带林永升在黄海战斗中为国捐躯。

③1895年2月,北洋舰队统帅丁汝昌、定远舰管带刘步蟾在威海卫为国捐躯。

> **知识解读**
>
> 人民群众的反侵略斗争要求注意几个历史事件,特别是三元里人民斗争,常考选择题。
>
> **为国捐躯的清政府爱国将领**
>
> | 战争 | 姓名 | 时间 | 牺牲地点 |
> | --- | --- | --- | --- |
> | 第一次鸦片战争 | 关天培 | 1841年2月 | 虎门 |
> | | 陈化成 | 1842年6月 | 吴淞西炮台 |
> | | 海龄 | 1842年7月 | 镇江 |
> | 第二次鸦片战争 | 史荣椿 | 1859年6月 | 大沽炮台 |
> | | 乐善 | 1859年6月 | 大沽炮台 |
> | 中日甲午战争 | 左宝贵 | 1894年7月 | 平壤 |
> | | 邓世昌 | 1894年9月 | 黄海 |
> | | 林永升 | 1894年9月 | 黄海 |
> | | 丁汝昌 | 1895年2月 | 威海卫 |
> | | 刘步蟾 | 1895年2月 | 威海卫 |

真题小练

【选择题】

1.(2018年4月全国)在中国近代史上,人民群众第一次大规模的反侵略武装斗争是( )

A. 三元里人民的抗英斗争　　B. 太平天国抗击洋枪队的斗争

C. 台湾人民的抗日斗争　　　D. 义和团抗击八国联军的斗争

正确答案 A

解析 本题考查三元里人民的抗英斗争。第一次鸦片战争时期，广州郊区三元里人民于1841年5月英勇抗击英国侵略者，这是中国近代史上中国人民第一次大规模的反侵略武装斗争，故选A。

2.（2017年10月北京）1841年2月，为抵抗列强侵略战死虎门的广东水师提督是（　　）

　　A. 陈化成　　　　　　B. 关天培
　　C. 海龄　　　　　　　D. 史荣椿

正确答案 B

解析 本题考查为国捐躯的清政府爱国将领。1841年2月，广东水师提督关天培为抵抗英国侵略者战死虎门，故选B。

3.（2017年4月北京）1885年3月，率领清军取得镇南关大捷，完全扭转中法战局的清军首领是（　　）

　　A. 关天培　　　　　　B. 冯子材
　　C. 刘铭传　　　　　　D. 左宝贵

正确答案 B

解析 本题考查爱国官兵的反侵略斗争。1885年3月，冯子材率领清军和当地民众取得镇南关大捷，完全扭转了整个中法战局，故选B。

牛刀小试

【选择题】

1. 中国近代史上中国人民第一次大规模的反侵略武装斗争——广州三元里人民起义，发动的时间是（　　）

　　A. 1840年　　　　　　B. 1841年
　　C. 1842年　　　　　　D. 1843年

正确答案 B

解析 本题考查三元里人民的抗英斗争。第一次鸦片战争时期，广州郊区三元里人民于1841年5月英勇抗击英国侵略者，这是中国近代史上中国人民第一次大规模的反侵略武装斗争，故选B。

2. 1874年日本派兵侵略的我国领土是（　　）

　　A. 香港　　　　　　　B. 澳门
　　C. 青岛　　　　　　　D. 台湾

正确答案 D

解析 本题考查台湾人民的反侵略斗争。1874年，日本陆军中将西乡从道率部侵入台湾琅峤，遭到高山族人民的迎头痛击，故选D。

知识点 ② 粉碎瓜分中国的图谋 ★

1. 边疆危机和瓜分危机

（1）边疆危机：19世纪70至80年代，帝国主义列强开始蚕食中国的边疆地区。

（2）瓜分危机：中日甲午战争后，帝国主义列强对中国的侵略和瓜分达到高潮。

帝国主义列强在中国划分的势力范围				
英国	法国	德国	日本	俄国
长江流域	云南	山东	台湾	东北地区
香港	广西		福建	新疆地区
西藏	广东			

（3）门户开放：在19世纪末西方列强瓜分中国的狂潮中，美国由于来得较迟，便于1899年9月至11月间照会各国，提出了"门户开放"政策，即美国可以获得他国在中国获得的所有权益。

2. 义和团运动与列强瓜分中国图谋的破产

（1）19世纪末帝国主义列强瓜分中国图谋失败的原因。

①重要原因：帝国主义列强之间的矛盾和相互制约。瓜分中国，变中国为自己的殖民地是外国列强的共同图谋，但是他们彼此之间又有许多矛盾、冲突，甚至可能爆发战争。因此，他们保全清政府，以使其成为统治中国的工具。

②根本原因：中国人民进行了不屈不挠的反侵略斗争。在义和团反帝爱国运动期间，中国人民以其不畏强暴、敢与敌人血战到底的气概，打击了侵略者，使他们不敢为所欲为地瓜分中国。

（2）义和团运动虽然存在历史局限性，但是遏制了外国列强瓜分中国的图谋。

> **知识解读**
>
> 本知识点着重注意提出"门户开放"政策的国家是美国，常考选择题。区分帝国主义列强在中国划分势力范围，注意列强瓜分中国图谋破产的重要原因与根本原因。

真题小练

【选择题】

1. （2015年10月全国）在19世纪末西方列强瓜分中国的狂潮中，提出"门户开放"政策的国家是（ ）

A. 美国　　　　B. 日本　　　　C. 俄国　　　　D. 德国

正确答案 A

解析 本题考查19世纪末帝国主义列强瓜分中国的图谋。在19世纪末西方列强瓜分中国的狂潮中，美国由于来得较迟，便于1899年9月至11月间照会各国，提出了"门户开放"政策，即美国可以获得他国在中国获得的所有权益，故选A。

【论述题】

2. （2017年10月全国）19世纪末帝国主义列强瓜分中国的图谋未能实现的原因。

答案与解析

（1）一个重要原因是帝国主义列强之间的矛盾和相互制约。

（2）瓜分中国，变中国为自己的殖民地是外国列强的共同图谋，但是他们彼此之间又有许多矛盾、冲突，甚至可能爆发战争。因此，他们保全清政府，以使其成为统治中国的工具。

（3）最根本的原因是中国人民进行了不屈不挠的反侵略斗争。

（4）在义和团反帝爱国运动期间，中国人民以其不畏强暴、敢与敌人血战到底的气概，打击了侵略者，使他们不敢为所欲为地瓜分中国。

牛刀小试

【选择题】

1899年11月，强租广州湾，把云南、两广划为势力范围的帝国主义国家是（　　）

A. 英国　　　　　　　　　　B. 法国

C. 意大利　　　　　　　　　D. 日本

正确答案 B

解析 本题考查19世纪末帝国主义列强瓜分中国的图谋。1899年11月，法国强租广州湾，并要求清政府不得把云南、两广割让给他国，滇、桂、粤三省便成了法国的势力范围，故选B。

知识点③ 反侵略斗争的失败和民族意识的觉醒★★★

1. 反侵略斗争的失败及其原因

（1）社会制度腐败，这是反侵略战争失败的根本原因。腐朽的清王朝为了维护自身统治，不惜出卖国家和民族利益，实行"防民甚于防寇"的政策。

（2）经济技术落后，中国在武器装备、军队素质、综合实力等方面远远落后于西方列强，这是反侵略战争失败的重要原因。

2. 民族意识的觉醒

（1）"师夷长技以制夷"的主张和早期的维新思想

代表人物	贡献
林则徐	①近代中国睁眼看世界的第一人。 ②组织翻译了英国人慕瑞的《地理大全》，编成了《四洲志》。
魏源	在《四洲志》的基础上编纂了《海国图志》，提出"师夷长技以制夷"的思想。

(2) 救亡图存与振兴中华

代表人物	贡献
严复	①在《救亡决论》一文中提出了"救亡"的口号。 ②翻译了《天演论》，用"物竞天择""适者生存"的社会进化论思想，激发人们的危机意识和民族意识。 ③大声疾呼，中国如果不能自强，就会"弱者先绝"、亡国灭种，失去民族生存的权利。
康有为	疾呼中华民族面临着成为"笼中之鸟、釜底之鱼、牢中之囚"的危险，要求中国人要发愤自救。

(3) 救亡图存成了时代的主旋律

1894年11月，孙中山创立革命团体——兴中会，喊出了"振兴中华"这个时代的最强音。

> **知识解读**
>
> 近代中国人民反侵略斗争失败的根本原因是社会制度的腐败，失败的重要原因是经济技术的落后，常考选择题和简答题。注意区分民族意识觉醒的代表人物及其贡献。

真题小练

【选择题】

1. （2016年10月北京）近代中国睁眼看世界的第一人是（　　）

A. 林则徐　　　　B. 魏源

C. 马建忠　　　　D. 郑观应

正确答案 A

解析 本题考查民族意识觉醒的代表人物及其贡献。林则徐是近代中国睁眼看世界的第一人。1839年，他组织翻译了英国人慕瑞的《地理大全》，编成了《四洲志》，故选A。

2. （2018年10月北京）1843年，魏源编纂的提出"师夷长技以制夷"思想的著作是（　　）

A.《地理大全》　　　B.《海国图志》

C.《四洲志》　　　　D.《救亡决论》

正确答案 B

解析 本题考查民族意识觉醒的代表人物及其贡献。1843 年，魏源在《四洲志》的基础上编纂了《海国图志》，综述世界各国历史、地理及中国应采取的对外政策，提出了"师夷长技以制夷"的思想，主张学习外国先进的军事和科学技术，以期国家富强来抵御侵略，故选 B。

【简答题】

3.（2018 年 10 月全国）旧民主主义革命时期中国人民反侵略战争失败的原因。

答案与解析

（1）社会制度腐败，这是反侵略战争失败的根本原因。腐朽的清王朝为了维护自身统治，不惜出卖国家和民族利益，实行"防民甚于防寇"的政策。

（2）经济技术落后，中国在武器装备、军队素质、综合实力等方面远远落后于西方列强，这是反侵略战争失败的重要原因。

牛刀小试

【选择题】

1. 自 1840 年至 1919 年，中国人民反抗外来侵略斗争失败的最根本原因是（　　）

A. 军队素质较差　　　　B. 经济技术落后

C. 综合实力太弱　　　　D. 社会制度腐败

正确答案 D

解析 本题考查近代中国人民反侵略斗争失败的原因。自 1840 年至 1919 年，中国人民为反对外来侵略进行了英勇斗争，但都失败了，究其原因：一是社会制度的腐败，二是经济技术的落后，而前者是最根本的原因，故选 D。

【简答题】

2. 中日甲午战争后，严复提出的救亡思想的主要内容是什么？

答案与解析

（1）严复在《救亡决论》一文中提出了"救亡"的口号。

（2）严复翻译了《天演论》，用"物竞天择""适者生存"的社会进化论思想，激发人们的危机意识和民族意识。

（3）严复疾呼，中国如果不能自强，就会"弱者先绝"、亡国灭种，失去民族生存的权利。

第二章 对国家出路的早期探索

本章思维导图

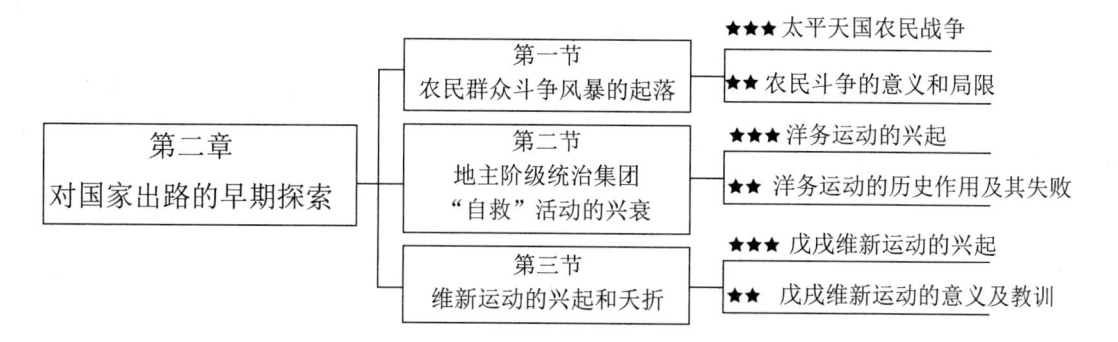

```
                          第一节                    ★★★ 太平天国农民战争
                          农民群众斗争风暴的起落      ★★ 农民斗争的意义和局限
第二章                     第二节                    ★★★ 洋务运动的兴起
对国家出路的早期探索        地主阶级统治集团          ★★ 洋务运动的历史作用及其失败
                          "自救"活动的兴衰
                          第三节                    ★★★ 戊戌维新运动的兴起
                          维新运动的兴起和夭折      ★★ 戊戌维新运动的意义及教训
```

第一节 农民群众斗争风暴的起落

本节内容提要

19世纪中叶，外国资本主义入侵激化了中国社会各种矛盾，广大农民饥寒交迫，纷纷揭竿而起。1851年，洪秀全在广西金田村发动起义，建号太平天国。太平天国是中国历史上空前规模的农民战争，前后坚持了14年之久，势力先后扩展到18个省，其规模之大、时间之长、影响之深，达到了历代农民战争的最高峰。

知识点名称	考纲要求	考核内容	考试题型
太平天国农民战争	识记	洪秀全与金田起义	选择题
	识记	天京事变	选择题
	领会	《天朝田亩制度》的性质和主要内容	选择题、简答题
	领会	《资政新篇》的性质和主要内容	选择题、简答题、论述题

续表

知识点名称	考纲要求	考核内容	考试题型
农民斗争的意义和局限	简单运用	太平天国失败的原因和教训	选择题、简答题、论述题
	综合运用	太平天国的历史意义	论述题

知识点① 太平天国农民战争★★★

1. 金田起义和太平天国政权的建立

（1）金田起义：1851年1月，洪秀全率领拜上帝教教众在广西省桂平县金田村发动起义，建号太平天国。

（2）永安建制：1851年9月，太平军攻克永安后驻扎半年，进行封王建制和整顿军纪等工作。永安建制使太平天国政权初具规模，有利于起义的发展。

（3）定都天京：1853年3月，太平军攻克南京，改名天京，定为太平天国首都。

2. 《天朝田亩制度》

（1）主要内容：

①颁布于1853年冬，是最能体现太平天国社会理想和这次农民战争特点的纲领性文件。

②确立了平均分配土地的方案，根据"凡天下田，天下人同耕"的原则，田地分为9等，好坏搭配，不论男女老幼按人口平均分配，16岁以上分一整份，16岁以下分一半。

③规定了农副业产品的生产与分配，都以农村政权的基层组织"两"来实行管理，每25户为一两。

（2）性质：

①《天朝田亩制度》是一个以解决土地问题为中心的比较完整的社会改革方案。

②《天朝田亩制度》并没有超出农民小生产者的狭隘眼界。

③《天朝田亩制度》表明农民起义难以建立起足以替代腐朽制度的新的社会制度。

3. 《资政新篇》

（1）太平天国后期，洪仁玕提出《资政新篇》，作为统筹全局的建议，《资政新篇》是中国近代史上第一个比较系统的发展资本主义的方案。

（2）主要内容：

①政治方面：主张"禁朋党之弊"，加强中央集权，制定法律、制度；设"暗柜"，用以监督官员，改革弊政。

②经济方面：主张发展近代工矿、交通、邮政、金融等事业；吸取外国的科学技术，奖励科技发明和机器制造；提出"准富者请人雇工"，即提倡资本主义的雇佣劳动制。

③思想文化方面：提出设新闻官、新闻馆；主张革除缠足、溺婴等社会陋习；提倡兴办学校、医院和社会福利事业。

④外交方面：主张同世界各国交往、通商；强调允许外国人为天国献策，但不得毁谤国法。

（3）性质：《资政新篇》是一个带有鲜明的资本主义色彩的改革与建设方案，但通篇未涉及农民问题和土地问题。

4. 从天京事变到太平天国的失败

（1）定都天京后，农民起义队伍中固有的矛盾与弱点逐渐暴露，其领导者追求享乐和争权夺利，最终引发了天京事变。

（2）1856年9月，天京事变发生，东王杨秀清、北王韦昌辉先后被杀，翼王石达开率部出走后败亡。

（3）天京事变是太平天国由盛到衰的转折点，它大大地削弱了太平天国的领导和军事力量，造成了严重的危机。

（4）1864年6月，洪秀全病逝。7月，天京被湘军攻破。太平天国农民战争失败。

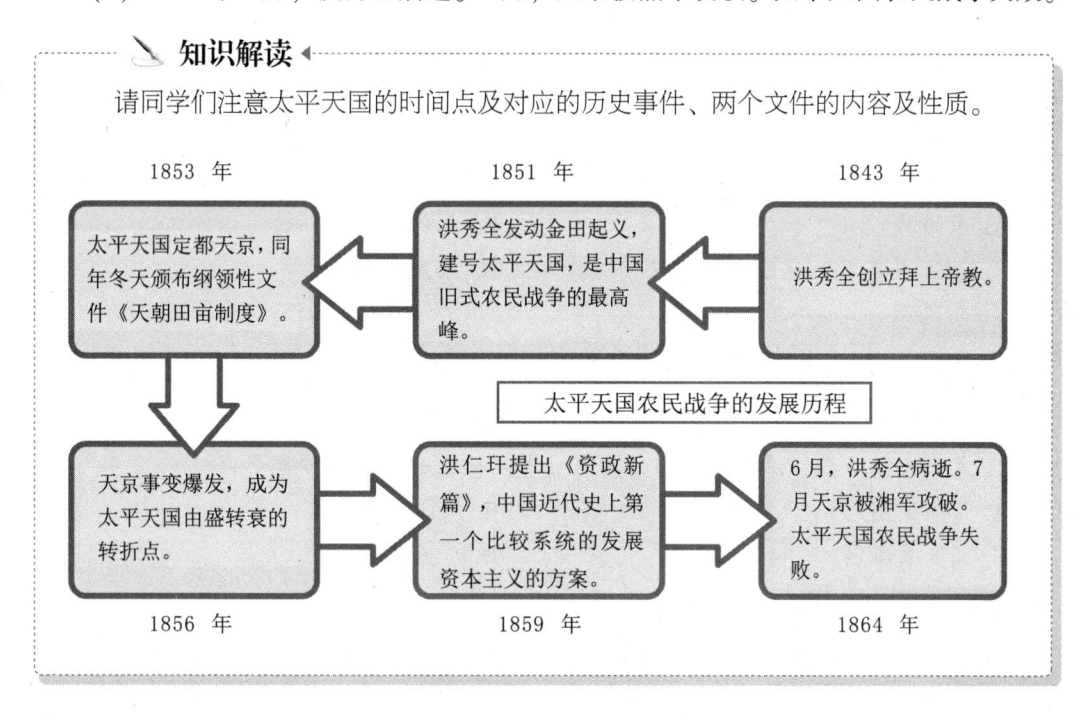

知识解读

请同学们注意太平天国的时间点及对应的历史事件、两个文件的内容及性质。

1853年	1851年	1843年
太平天国定都天京，同年冬天颁布纲领性文件《天朝田亩制度》。	洪秀全发动金田起义，建号太平天国，是中国旧式农民战争的最高峰。	洪秀全创立拜上帝教。

太平天国农民战争的发展历程

天京事变爆发，成为太平天国由盛转衰的转折点。	洪仁玕提出《资政新篇》，中国近代史上第一个比较系统的发展资本主义的方案。	6月，洪秀全病逝。7月天京被湘军攻破。太平天国农民战争失败。
1856年	1859年	1864年

真题小练

【选择题】

1. （2018年10月北京）1851年，洪秀全率领拜上帝教教众发动起义。洪秀全发动起义的地点是（　　）

A. 金田　　　　B. 东乡　　　　C. 永安　　　　D. 天京

正确答案 A

解析 本题考查洪秀全与金田起义。1851年1月，洪秀全率领拜上帝教教众在广西省桂平县金田村发动起义，建号太平天国，故选A。

【简答题】

2. （2015年10月北京）简述《天朝田亩制度》的主要内容。

答案与解析

(1)《天朝田亩制度》颁布于1853年冬，是最能体现太平天国社会理想和这次农民战争特点的纲领性文件。

(2)《天朝田亩制度》确立了平均分配土地的方案，根据"凡天下田，天下人同耕"的原则，田地分为9等，好坏搭配，不论男女老幼按人口平均分配，16岁以上分一整份，16岁以下分一半。

(3)《天朝田亩制度》规定了农副业产品的生产与分配，都以农村政权的基层组织"两"来实行管理，每25户为一两。

牛刀小试

【选择题】

1. 太平天国由盛转衰的转折点是（　　）
   A. 长沙战役　　　　　　　B. 北伐受挫
   C. 天京事变　　　　　　　D. 安庆失守

正确答案 C

解析 本题考查天京事变对太平天国的影响。天京事变是太平天国由盛到衰的转折点，它大大地削弱了太平天国的领导和军事力量，造成了严重的危机。

2. 太平天国后期，洪仁玕提出的具有资本主义色彩的改革方案是（　　）
   A. 《海国图志》　　　　　B. 《四洲志》
   C. 《资政新篇》　　　　　D. 《盛世危言》

正确答案 C

解析 本题考查《资政新篇》的性质。太平天国后期，"干王"洪仁玕提出《资政新篇》，作为统筹全局的建议，其是一个带有鲜明资本主义色彩的社会发展方案。

知识点② 农民斗争的意义和局限 ★★

1. 太平天国的历史意义

(1) 它沉重打击了封建统治阶级，强烈撼动了清政府的统治根基。太平天国起义坚持了14年之久，革命的势力先后扩展到18个省，其规模之大，时间之长，影响之深，是以往历次农民起义都比不上的。

（2）它是中国旧式农民战争的最高峰。它把千百年来农民对拥有土地的渴望，在《天朝田亩制度》中比较完整地表达了出来。《资政新篇》则是中国近代史上第一个比较系统的发展资本主义的方案，这反映了太平天国某些领导人在后期试图通过向外国学习来寻求出路的一种努力。

（3）太平天国起义冲击了孔子和儒家经典的正统权威。这在一定程度上削弱了封建统治的精神支柱。

（4）太平天国农民战争有力地打击了外国侵略势力。

（5）在19世纪中叶的亚洲民族解放运动中，太平天国起义是其中时间最久、规模最大、影响最深的一次。它和亚洲其他国家的民族解放运动汇合在一起，冲击了西方殖民主义在亚洲的统治。

2. 太平天国失败的原因和教训

（1）失败的原因：

①太平天国失败的根本原因，是缺乏先进阶级的领导。农民阶级不是新的生产力和生产关系的代表，带有小生产者所固有的阶级局限性。

②太平天国的失败还在于没有科学理论的指导。太平天国是以拜上帝教来发动、组织群众的，但是，拜上帝教教义不是科学的思想理论。

③太平天国领导人笼统地把信奉上帝的西方人都视为"洋兄弟"，说明他们对外国资本主义列强缺乏理性的认识。

（2）失败的教训：在半殖民地半封建社会，农民具有伟大的革命力量，但它不能担负起领导反帝反封建斗争取得胜利的重任。

> **知识解读**
>
> 请同学们牢记太平天国的历史意义、失败的原因和失败的教训，常考查简答题、论述题。中国近代史上第一个比较系统的发展资本主义的方案是《资政新篇》，太平天国失败的根本原因是缺乏先进阶级的领导，上述内容常考查选择题。

真题小练

【论述题】

（2010年1月全国）太平天国农民革命失败的原因和教训。

答案与解析

（1）失败的原因：

①太平天国失败的根本原因，是缺乏先进阶级的领导。农民阶级不是新的生产力和生产关系的代表，带有小生产者所固有的阶级局限性。

②太平天国的失败还在于没有科学理论的指导。太平天国是以拜上帝教来发动、组织群众的，但是，拜上帝教教义不是科学的思想理论。

③太平天国领导人笼统地把信奉上帝的西方人都视为"洋兄弟",说明他们对外国资本主义列强缺乏理性的认识。

(2) 失败的教训:在半殖民地半封建社会,农民具有伟大的革命力量,但它不能担负起领导反帝反封建斗争取得胜利的重任。

牛刀小试

【论述题】
太平天国农民战争的历史意义。

答案与解析

(1) 它沉重打击了封建统治阶级,强烈撼动了清政府的统治根基。它坚持了14年之久,革命的势力先后扩展到18个省,其规模之大,时间之长,影响之深,是以往历次农民起义都比不上的。

(2) 它是中国旧式农民战争的最高峰。它把千百年来农民对拥有土地的渴望,在《天朝田亩制度》中比较完整地表达了出来。《资政新篇》则是中国近代史上第一个比较系统的发展资本主义的方案。

(3) 它冲击了孔子和儒家经典的正统权威。这在一定程度上削弱了封建统治的精神支柱。

(4) 它有力地打击了外国侵略势力。

(5) 在19世纪中叶的亚洲民族解放运动中,太平天国起义是其中时间最久、规模最大、影响最深的一次。它和亚洲其他国家的民族解放运动汇合在一起,冲击了西方殖民主义在亚洲的统治。

第二节 地主阶级统治集团"自救"活动的兴衰

本节内容提要

洋务运动是在19世纪60年代清政府镇压太平天国农民起义的过程中和第二次鸦片战争结束后兴起的。当时,民族矛盾与阶级矛盾交织在一起,内忧外患一起袭来,面对统治危机,地主阶级统治集团内部的洋务派进行了一系列"自救"活动。

知识点名称	考纲要求	考核内容	考试题型
洋务运动的兴起	识记	奕䜣与洋务派	选择题
	领会	总理各国事务衙门	选择题
		洋务派举办的洋务事业	选择题、简答题、论述题

续表

知识点名称	考纲要求	考核内容	考试题型
洋务运动的历史作用及其失败	简单运用	洋务运动失败的原因	选择题、简答题、论述题
	综合运用	洋务运动的历史作用	选择题、简答题、论述题

知识点 ① 洋务运动的兴起★★★

1. 洋务派的形成

（1）概念：19世纪60年代，为挽救清王朝的危机，封建统治阶级中的部分成员主张仿造西方的武器装备，学习西方的科学技术，以"自强""求富"为目标，兴办洋务。这些官员被称为洋务派。

（2）代表人物：奕䜣、曾国藩、李鸿章、左宗棠、张之洞、刘坤一等，其中恭亲王奕䜣是洋务派的首领。

（3）指导思想：冯桂芬对兴办洋务事业的指导思想最先作出比较完整的表述。他说，以中国之伦常名教为原本，辅以诸国富强之术。这个思想后来被进一步概括为"中学为体，西学为用"。

（4）中央机关：1861年，清政府设立总理各国事务衙门，作为综理洋务的中央机关，任命恭亲王奕䜣、大学士桂良、户部侍郎文祥为总理衙门大臣。

（5）洋务派举办洋务是从近代军用工业着手的，其目的首先是为了镇压太平天国起义；同时，也是为了加强海防、边防，抵御外国侵略。

2. 洋务新政的兴办

（1）兴办近代企业

①军用工业：洋务派最早兴办的是军用工业。

主要军用工业		
名称	创办人	注释
江南制造总局	曾国藩、李鸿章	第一个规模较大可称之为近代军事工业的兵工厂，位于上海
金陵机器局	李鸿章	位于南京
马尾船政局	左宗棠	又名福建船政局，福建船政局位于福州
天津机器局	崇厚	位于天津
湖北枪炮厂	张之洞	汉阳兵工厂的前身，位于武汉

②民用企业：从19世纪70年代开始，洋务派开始举办民用企业。其主要目的是解决办军事工业对煤铁等原料的需求、交通运输的需要以及试图以民用企业的利润弥补军用工业的亏空。其主要方式是官办、官督商办、官商合办，其中多数采取官督商办的方式。

（2）建立新式海陆军

①清朝陆军大量使用西方武器装备。

②清朝海军分别建成福建水师、广东水师、南洋水师、北洋水师。其中，北洋水师是清朝海军主力，一直由李鸿章管辖。

（3）创办新式学堂、派遣留学生

①创办新式学堂

类型	名称	注释
翻译学堂	京师同文馆	1862年奕䜣奏请创办，是洋务运动时期最早创办的翻译学堂。
	广方言馆	1863年李鸿章在上海创办。
工艺学堂		培养电报、铁路、矿务、西医等专门人才。
军事学堂	福州船政学堂	
	天津武备学堂	

②派遣留学生：洋务时期派遣的留学生是近代中国向西方派遣的第一批留学生。

知识解读

本知识点重要且考频高，主要考查选择题。

代表人物	指导思想	办事机构	首要目的
恭亲王奕䜣	中学为体 西学为用 （冯桂芬最先作出完整表述）	总理各国事务衙门	镇压太平天国起义

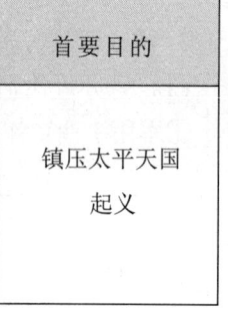

真题小练

【选择题】

1.（2018年10月北京）洋务派举办洋务的首要目的是（　　）

A. 加强海防　　　　　B. 加强边防

C. 抵御外国侵略　　　D. 镇压太平天国起义

正确答案 D

解析 洋务派举办洋务是从近代军用工业着手的，其目的首先是为了镇压太平天国起义；同时，也是为了加强海防、边防，抵御外国侵略，故选D。

2. （2018年10月全国）洋务派创办的第一个规模较大的近代军事工业是（　　）

A. 江南制造总局　　　B. 金陵机器局

C. 马尾船政局　　　　D. 天津机器局

正确答案 A

解析 本题考查洋务派举办的洋务事业。江南制造总局是洋务派办的第一个规模较大可称之为近代军事工业的兵工厂，故选A。

【简答题】

3. （2016年10月全国）洋务运动的指导思想和洋务派举办的洋务事业。

答案与解析

1. 洋务运动的指导思想是"中学为体，西学为用"。
2. 洋务派举办的洋务事业：
（1）兴办近代企业，最早兴办的是军用工业，19世纪70年代开始兴办民用企业。
（2）建立新式海陆军。
（3）创办新式学堂、派遣留学生。

牛刀小试

【选择题】

1. 洋务派最早从事的洋务事业是（　　）

A. 兴办军用工业　　　B. 兴办民用工业

C. 派遣留学生　　　　D. 创立新式学堂

正确答案 A

解析 本题考查洋务派举办的洋务事业。洋务派最早兴办的是军用工业，故选A。

2. 洋务运动时期最早创办的翻译学堂是（　　）

A. 同文馆　　　　　　B. 广方言馆

C. 译书局　　　　　　D. 译书馆

正确答案 A

解析 本题考查洋务派举办的洋务事业。1862年奕䜣奏请创办京师同文馆，是洋务运动时期最早创办的翻译学堂，故选A。

知识点② ▶ 洋务运动的历史作用及其失败 ★★

1. 洋务运动的历史作用

（1）在客观上促进了中国早期工业和民族资本主义的发展。

(2) 开办了一批新式学堂，派出了最早的官派留学生，成为中国近代教育的开端。

(3) 传播了新知识，打开了人们的眼界。

(4) 引起了社会风气和价值观念的变化。

2. 洋务运动失败的原因

(1) 失败标志：中日甲午战争中，洋务派经营多年的北洋海军全军覆没。

(2) 失败原因：

①洋务运动具有封建性。洋务运动的指导思想是"中学为体，西学为用"，洋务派只注重西法练兵和办企业，而不去改变落后的政治制度。

②洋务运动对西方列强具有依赖性。洋务派仰仗西方列强来达到"自强""求富"的目的，这无异于与虎谋皮。

③洋务企业的管理具有腐朽性。洋务派所办的新式企业采取的是封建衙门式的管理方法。

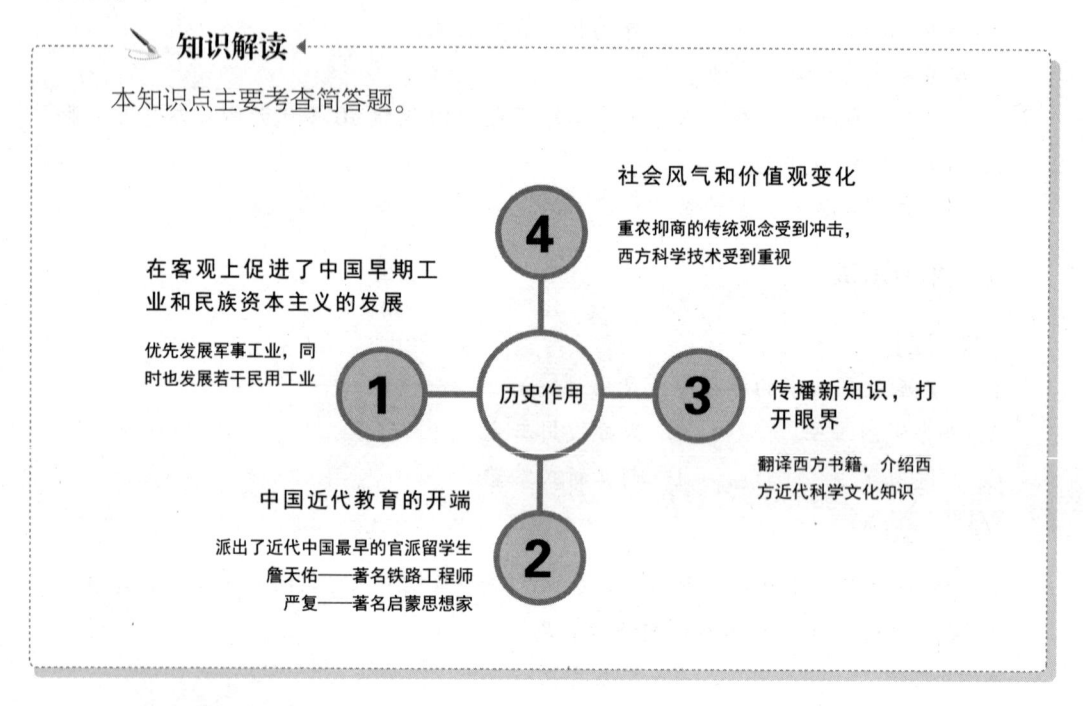

知识解读

本知识点主要考查简答题。

历史作用

1. 在客观上促进了中国早期工业和民族资本主义的发展
   优先发展军事工业，同时也发展若干民用工业

2. 中国近代教育的开端
   派出了近代中国最早的官派留学生
   詹天佑——著名铁路工程师
   严复——著名启蒙思想家

3. 传播新知识，打开眼界
   翻译西方书籍，介绍西方近代科学文化知识

4. 社会风气和价值观变化
   重农抑商的传统观念受到冲击，西方科学技术受到重视

真题小练

【选择题】

1. （2018年10月全国）近代中国向西方派遣第一批留学生是在（　　）
   A. 洋务运动时期
   B. 戊戌维新时期
   C. 清末"新政"时期
   D. 辛亥革命时期

正确答案 A

解析 本题考查洋务运动的兴办与历史作用。洋务派开办了一批新式学堂，派出

了最早的官派留学生，这是中国近代教育的开始，故选 A。

【简答题】

2．（2018 年 4 月全国）简述洋务运动的历史作用。

答案与解析

（1）在客观上促进了中国早期工业和民族资本主义的发展。
（2）开办了一批新式学堂，派出了最早的官派留学生，成为中国近代教育的开端。
（3）传播了新知识，打开了人们的眼界。
（4）引起了社会风气和价值观念的变化。

【论述题】

3．（2014 年 10 月全国）洋务运动失败的主要原因是什么？

答案与解析

（1）洋务运动具有封建性。洋务运动的指导思想是"中学为体，西学为用"，洋务派只注重西法练兵和办企业，而不去改变落后的政治制度。
（2）洋务运动对西方列强具有依赖性。洋务派仰仗西方列强来达到"自强""求富"的目的，这无异于与虎谋皮。
（3）洋务企业的管理具有腐朽性。洋务派所办的新式企业采取的是封建衙门式的管理方法。

第三节 维新运动的兴起和夭折

本节内容提要

中日甲午战争后，帝国主义列强侵略中国进入了一个新的阶段，中国面临空前的民族危机。亡国灭种的威胁迫使中国人去探求新的救国方案。以康有为、梁启超、谭嗣同、严复等为代表的资产阶级维新派掀起了一场维新救亡运动。

知识点名称	考纲要求	考核内容	考试题型
戊戌维新运动的兴起	识记	康有为、梁启超与维新派	选择题
		"百日维新"	选择题
		"戊戌六君子"	选择题
	领会	维新派宣传变法维新主张的活动	选择题
		维新派与守旧派的论战	选择题、简答题

续表

知识点名称	考纲要求	考核内容	考试题型
戊戌维新运动的意义及教训	简单运用	戊戌维新运动失败的原因和教训	简答题、论述题
	综合运用	戊戌维新运动的历史意义和影响	选择题、简答题、论述题

知识点 ① 戊戌维新运动的兴起 ★★★

1. 维新派倡导救亡和变法的活动

(1) 向皇帝上书：康有为联合部分举人在1895年向光绪皇帝发起"公车上书"，他成为倡导维新运动的旗手。

(2) 著书立说：

作者	作品	注释
康有为	《新学伪经考》	
	《孔子改制考》	
	《人类公理》	
梁启超	《变法通义》	
谭嗣同	《仁学》	
严复	译著《天演论》	翻译了英国学者赫胥黎的《进化与伦理》的前两篇。

(3) 介绍外国的变法。康有为向光绪皇帝进呈《日本变政考》等书，希望中国以日本的明治维新为榜样。

(4) 办学会、办报纸、设学堂。

① 主要学会：强学会、南学会、保国会

② 主要报纸：

名称	地点	注释
《时务报》	上海	梁启超任主笔
《国闻报》	天津	严复主办
《湘报》	湖南	

③主要学堂：

名称	地点	注释
万木草堂	广州	康有为主持
时务学堂	长沙	梁启超任中学总教习

2. 维新派与守旧派的论战

1898年3月，洋务派代表张之洞写了《劝学篇》，宣扬"中学为体、西学为用"思想，强调封建制度的纲常名教是不能改变的。这本书成为对抗维新变法的代表作。

（1）论战的主要问题：

①要不要变法。

②要不要兴民权、设议院，实行君主立宪。

③要不要废八股、改科举和兴学堂。

（2）论战的意义：

①实质上是资产阶级思想与封建主义思想在中国的第一次正面交锋。

②论战涉及的领域十分广泛，比较集中地反映了近代中国在文化思想领域中学和西学、新学和旧学之争，进一步开阔了新型知识分子的眼界，为维新变法运动作了思想舆论的准备。

3. 昙花一现的百日维新

（1）百日维新：1898年6月11日，光绪皇帝在维新派的推动下开始变法，史称"百日维新"。

（2）戊戌政变：1898年9月21日，以慈禧太后为代表的守旧派发动政变，废除维新变法。

（3）戊戌六君子：谭嗣同、刘光第、林旭、杨锐、杨深秀、康广仁被守旧派所杀。

（4）变法失败：除京师大学堂和各地新式学堂被保留外，其余主要新政措施均被废弃。

> **知识解读**
>
> 本知识点主要考查选择题和简答题。维新派倡导救亡和变法的活动主要考查选择题，着重注意维新派著书立说、办报纸、设学堂的内容；维新派与守旧派的论战主要考查选择题和简答题，需要牢记这部分内容。

真题小练

【选择题】

1.（2018年10月北京）维新运动时期，影响较大的、由严复主办的报纸是（　　）

A.《时报》　　　　　　　　　　　B.《时务报》

C.《国闻报》　　　　　　　　D.《湘报》

正确答案 C

解析 本题考查维新派倡导救亡和变法的活动。维新变法期间，影响较大的报纸有梁启超任主笔的上海《时务报》、严复主办的天津《国闻报》以及湖南的《湘报》等，故选C。

2．(2018年10月全国) 在中国近代史上，资产阶级思想和封建主义思想的第一次正面交锋是（　　）

　　A. 洋务派与顽固派的论战　　　B. 洋务派与维新派的论战
　　C. 维新派与守旧派的论战　　　D. 革命派与改良派的论战

正确答案 C

解析 本题考查维新派与守旧派的论战。维新派和守旧派的论战，实质上是资产阶级思想与封建主义思想在中国的第一次正面交锋，故选C。

3．(2017年4月北京) 戊戌维新运动失败后，被保留下来的新政措施是（　　）

　　A. 改革行政机构　　　　　　　B. 京师大学堂和各地新式学堂
　　C. 保护、奖励农工商业　　　　D. 裁撤绿营，改练新式陆军

正确答案 B

解析 本题考查昙花一现的百日维新。维新派试图通过光绪皇帝推行的温和的、不彻底的改革，遭到守旧势力的激烈反对。守旧势力发动政变将光绪皇帝软禁，同时搜捕维新派人士。除京师大学堂和各地新式学堂被保留外，其余主要新政措施均被废弃，故选B。

【简答题】

4．(2013年7月全国) 19世纪末，维新派与守旧派论战的主要问题及意义。

答案与解析

(1) 主要问题：
①要不要变法。
②要不要兴民权、设议院，实行君主立宪。
③要不要废八股、改科举和兴学堂。
(2) 意义：
①实质上是资产阶级思想与封建主义思想在中国的第一次正面交锋。
②论战涉及的领域十分广泛，比较集中地反映了近代中国在文化思想领域中学和西学、新学和旧学之争，进一步开阔了新型知识分子的眼界，为维新变法运动作了思想舆论的准备。

牛刀小试

【选择题】

1. 戊戌维新时期，谭嗣同撰写的宣传维新变法的文章是（　　）
A.《人类公理》　　　　　　　　B.《仁学》
C.《变法通义》　　　　　　　　D.《天演论》

正确答案 B

解析 本题考查维新派通过著书立说宣传变法维新主张。康有为写了《新学伪经考》《孔子改制考》和《人类公理》等著作；梁启超写了《变法通义》，谭嗣同写了《仁学》，严复翻译了英国博物学家赫胥黎的《进化与伦理》的前两篇，汉译名为《天演论》，故选B。

2. 1898年，张之洞发表的对抗维新变法的著作是（　　）
A.《新学伪经考》　　　　　　　B.《孔子改制考》
C.《仁学》　　　　　　　　　　D.《劝学篇》

正确答案 D

解析 本题考查维新派与守旧派的论战。维新运动的高涨，引起了守旧势力的反对。1898年3月，洋务派官僚、湖广总督张之洞写了《劝学篇》，宣扬"中学为体、西学为用"思想，强调封建制度的纲常名教是不能改变的。这本书成为对抗维新变法的代表作，故选D。

知识点 ② 戊戌维新运动的意义及教训 ★★

1. 戊戌维新运动的意义

（1）戊戌维新运动是一次爱国救亡运动。在民族危亡的紧急关头，维新派掀起变法图存、维护民族独立和发展资本主义的救国运动，反映了时代的要求。

（2）戊戌维新运动是一场资产阶级性质的政治改革运动。维新派主张用君主立宪制取代君主专制制度，一定程度上冲击了封建制度。

（3）戊戌维新运动是一场思想启蒙运动。维新派大力传播西方社会政治学说，批判封建君权和封建纲常伦理，有利于民主主义思想在中国的传播。

（4）戊戌维新运动在改革社会风气方面也有不可低估的意义。

2. 戊戌维新运动失败的原因和教训

（1）戊戌维新运动失败的原因

主要原因	维新派自身的局限和以慈禧太后为首的强大的守旧势力的反对。
实力弱小	当时,中国民族资本主义经济力量十分弱小,民族资产阶级的社会基础相当狭窄,远不是封建势力的对手。
支持较少	民族资产阶级的政治代表维新派虽然广泛地进行了变法维新的舆论动员,但所争取到的有力支持者甚少,只有不掌握实权的皇帝和少数帝党官僚。
失败结局	维新派既无严密的组织,又不掌握军队,也没有发动群众的支持,把希望完全寄托在一个没有实权的皇帝身上,其结果只能是失败。

（2）维新派自身的弱点和局限

①不敢否定封建主义：

政治	经济	思想
不敢根本否定封建君主制度,而是幻想通过和平、合法的手段实现君主立宪制。	要求发展民族资本主义,但却没有触及封建主义的经济基础——封建土地所有制。	提倡学习西方,但却仍要借古代圣贤孔子之名来"托古改制"。

②对帝国主义抱有幻想：维新派大声疾呼救亡图存,却一直幻想西方列强能帮助自己变法维新。而帝国主义列强决不愿意中国成为一个独立强大的资本主义国家。

③脱离人民群众：维新派的活动范围很有限,基本上局限于官僚士大夫和知识分子。维新派不仅脱离人民群众,而且害怕人民群众。

（3）戊戌维新运动失败的教训

戊戌维新以悲剧性的失败而告终,不仅暴露出民族资产阶级的软弱性,同时也说明在半殖民地半封建的中国,企图通过统治者进行自上而下的改良的道路,是行不通的。要想实现国家的独立、民主、富强,必须采用革命的手段。

第二章 对国家出路的早期探索

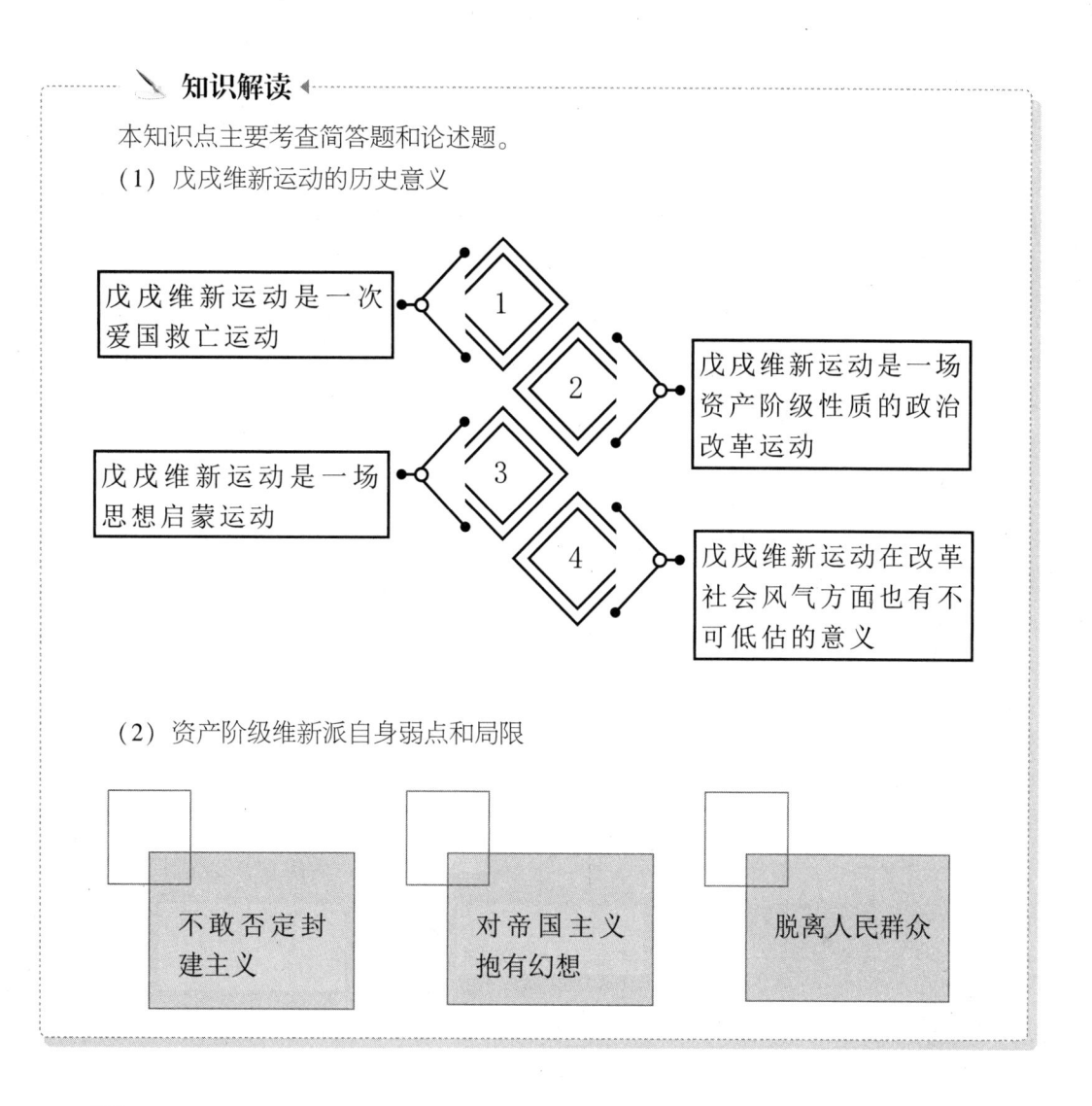

> **知识解读**
>
> 本知识点主要考查简答题和论述题。
>
> （1）戊戌维新运动的历史意义
>
> 1. 戊戌维新运动是一次爱国救亡运动
> 2. 戊戌维新运动是一场资产阶级性质的政治改革运动
> 3. 戊戌维新运动是一场思想启蒙运动
> 4. 戊戌维新运动在改革社会风气方面也有不可低估的意义
>
> （2）资产阶级维新派自身弱点和局限
>
> 不敢否定封建主义　　对帝国主义抱有幻想　　脱离人民群众

真题小练

【论述题】

1.（2019年4月全国）戊戌维新运动的历史意义。

答案与解析

（1）戊戌维新运动是一次爱国救亡运动。在民族危亡的紧急关头，维新派掀起变法图存、维护民族独立和发展资本主义的救国运动，反映了时代的要求。

（2）戊戌维新运动是一场资产阶级性质的政治改革运动。维新派主张用君主立宪制取代君主专制制度，在一定程度上冲击了封建制度。

（3）戊戌维新运动是一场思想启蒙运动。维新派大力传播西方社会政治学说，批判封建君权和封建纲常伦理，有利于民主主义思想在中国的传播。

（4）戊戌维新运动在改革社会风气方面也有不可低估的意义。

2. (2015年4月全国) 试述戊戌维新运动失败的原因和教训。

答案与解析

1. 戊戌维新运动失败的主要原因在于维新派自身的局限和以慈禧太后为首的强大的守旧势力的反对。当时，中国民族资本主义经济力量十分弱小，民族资产阶级的社会基础相当狭窄，远不是封建势力的对手。民族资产阶级的政治代表维新派虽然广泛地进行了变法维新的舆论动员，但所争取到的有力支持者甚少，只有不掌握实权的皇帝和少数帝党官僚。维新派既无严密的组织，又不掌握军队，也没有发动群众的支持，把希望完全寄托在一个没有实权的皇帝身上，其结果只能是失败。

2. 维新派自身的弱点和局限主要有以下三个方面：

(1) 不敢否定封建主义。在政治上，维新派不敢根本否定封建君主制度，而是幻想通过和平、合法的手段实现君主立宪制，让资产阶级及开明绅士的代表参加政权。在经济上，维新派要求发展民族资本主义，但却没有触及封建主义的经济基础——封建土地所有制。在思想上，维新派提倡学习西方，但却仍要借古代圣贤孔子之名来"托古改制"。

(2) 对帝国主义抱有幻想。维新派大声疾呼救亡图存，却一直幻想西方列强能帮助自己变法维新。而帝国主义列强决不愿意中国成为一个独立强大的资本主义国家。

(3) 脱离人民群众。维新派的活动范围很有限，基本上局限于官僚士大夫和知识分子。维新派不仅脱离人民群众，而且害怕人民群众。

3. 戊戌维新以悲剧性的失败而告终，不仅暴露出民族资产阶级的软弱性，同时也说明在半殖民地半封建的中国，企图通过统治者进行自上而下改良的道路，是行不通的。要想实现国家的独立、民主、富强，必须采用革命的手段。

牛刀小试

【简答题】

19世纪末，维新派对封建主义妥协的主要表现。

答案与解析

(1) 在政治上，维新派不敢根本否定封建君主制度，而是幻想通过和平、合法的手段实现君主立宪制。

(2) 在经济上，维新派要求发展民族资本主义，但却没有触及封建主义的经济基础——封建土地所有制。

(3) 在思想上，维新派提倡学习西方，但却仍要借古代圣贤孔子之名来"托古改制"。

第三章 辛亥革命

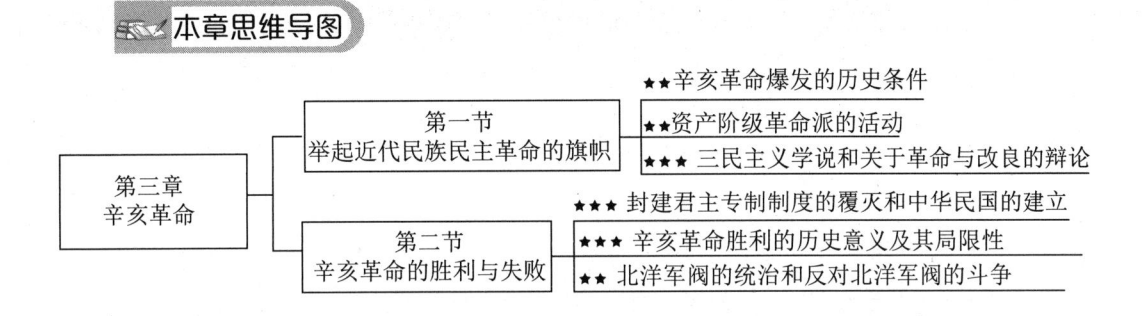

本章思维导图

- 第三章 辛亥革命
  - 第一节 举起近代民族民主革命的旗帜
    - ★★ 辛亥革命爆发的历史条件
    - ★★ 资产阶级革命派的活动
    - ★★★ 三民主义学说和关于革命与改良的辩论
  - 第二节 辛亥革命的胜利与失败
    - ★★★ 封建君主专制制度的覆灭和中华民国的建立
    - ★★★ 辛亥革命胜利的历史意义及其局限性
    - ★★ 北洋军阀的统治和反对北洋军阀的斗争

第一节 举起近代民族民主革命的旗帜

以孙中山为代表的资产阶级革命派举起民族民主革命的旗帜，成立了中国第一个资产阶级性质的政党——中国同盟会，提出了三民主义学说并同改良派展开了论战，进行了多次武装起义，揭开了资产阶级民主革命的新篇章。

知识点名称	考纲要求	考核内容	考试题型
辛亥革命爆发的历史条件	领会	清末"新政"及其破产	选择题、简答题、论述题
	领会	资产阶级革命派的阶级基础和骨干力量	选择题
资产阶级革命派的活动	识记	孙中山与兴中会的建立	选择题
	识记	中国同盟会	选择题
三民主义学说和关于革命与改良的辩论	简单运用	三民主义学说的基本内容	选择题、简答题、论述题
	综合运用	革命派与改良派的论战及其意义	选择题、简答题、论述题

知识点① ▶ 辛亥革命爆发的历史条件 ★★

1. 民族危机加深，社会矛盾激化

（1）日俄战争：1904年至1905年，日、俄两国为了争夺在华利益在中国东北进行战争，清政府宣布"局外中立"，结果日本战胜俄国，俄国将所攫得的中国东北南部所有一切权益"转让"给日本。

（2）民变四起：发生拒俄、拒法、抵制美货等爱国运动以及收回利权运动和保路运动等。

2. 清末"新政"及其破产

（1）背景：清王朝为取得外国列强的信任，平息国内日益高涨的民怨，安抚统治阶级内部各派，拉拢民族资产阶级改良派，于1901年4月设立督办政务处，宣布实行"新政"。

（2）新政内容：

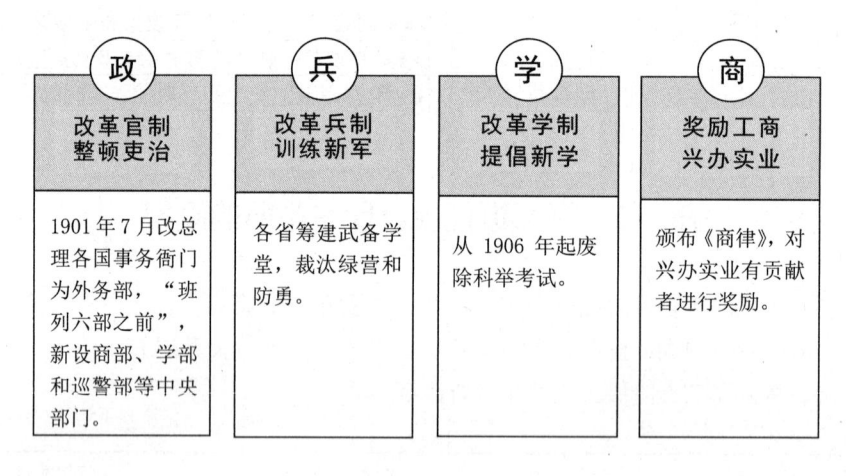

政	兵	学	商
改革官制整顿吏治	改革兵制训练新军	改革学制提倡新学	奖励工商兴办实业
1901年7月改总理各国事务衙门为外务部，"班列六部之前"，新设商部、学部和巡警部等中央部门。	各省筹建武备学堂，裁汰绿营和防勇。	从1906年起废除科举考试。	颁布《商律》，对兴办实业有贡献者进行奖励。

（3）预备立宪：迫于内外压力，1906年清政府宣布"预备仿行宪政"，1908年颁布《钦定宪法大纲》，制定了一个学习日本实行君主立宪的宪法，且规定了9年的预备立宪期限。

（4）"新政"破产：预备立宪未能挽救清王朝，反而激化了社会矛盾，加重了危机。主要原因在于清政府改革的根本目的是为了延续其统治。

3. 资产阶级革命派的阶级基础和骨干力量

（1）阶级基础：中国资产阶级民主革命是由以孙中山为首的资产阶级革命派首先发动的，其阶级基础是中国民族资产阶级。

（2）骨干力量：一批资产阶级、小资产阶级知识分子。

知识解读

本知识点主要考查选择题、简答题和论述题,其中简答题和论述题考查清末新政。世事乱而革命起,辛亥革命的爆发条件有三个:第一,民族危机加深,社会矛盾激化;第二,清末"新政"破产;第三,孙中山领导了民族资本主义的民主革命。

民族危机加深 社会矛盾激化	• 1904年至1905年,日、俄两国为了争夺在华利益在中国东北进行战争,清政府宣布"局外中立"。
清末"新政"及其破产	• 预备立宪未能挽救清王朝,反而激化了社会矛盾,加重了危机。主要原因在于清政府改革的根本目的是为了延续其统治。
资产阶级革命派的阶级基础和骨干力量	• 阶级基础:中国民族资产阶级 • 骨干力量:一批资产阶级、小资产阶级知识分子。

真题小练

【选择题】

1.(2018年10月全国)1904年至1905年,为争夺在华利益而在中国东北进行战争的帝国主义国家是(   )

A. 日本与俄国　　　　B. 美国与英国
C. 英国与日本　　　　D. 美国与俄国

正确答案 A

解析 本题考查外国列强对中国的侵略日益扩大,民族危机加深。1904年至1905年,日、俄两国为了争夺在华利益在中国东北进行战争,清政府宣布"局外中立",结果日本战胜俄国,俄国将所攫得的中国东北南部所有一切权益"转让"给日本,故选A。

2.(2012年1月全国)我国的科举制度正式废除于(   )

A. 1905年　　　　B. 1906年
C. 1907年　　　　D. 1908年

正确答案 B

解析 本题考查清末"新政"的内容。1906年起,清政府正式废除科举考试,故选B。

3.(2017年4月北京)以孙中山为首的中国资产阶级革命派的阶级基础是(   )

A. 工人阶级　　　　　　　B. 农民阶级
C. 民族资产阶级　　　　　D. 小资产阶级

正确答案 C

解析 本题考查资产阶级革命派的阶级基础和骨干力量。中国资产阶级民主革命是由以孙中山为首的资产阶级革命派首先发动的，其阶级基础是中国民族资产阶级，故选 C。

【论述题】

4.（2014年4月北京）试述清末"新政"的主要内容及其破产原因。

答案与解析

（1）清王朝为取得外国列强的信任，平息国内日益高涨的民怨，安抚统治阶级内部各派，拉拢民族资产阶级改良派，于1901年4月设立督办政务处，宣布实行"新政"。

（2）清末"新政"涉及面很宽。一是改革官制，整顿吏治，1901年7月改总理各国事务衙门为外务部，"班列六部之前"，新设商部、学部和巡警部等中央部门；二是改革兵制，训练新军，各省筹建武备学堂，裁汰绿营和防勇；三是改革学制，提倡新学，从1906年起废除科举考试；四是奖励工商，兴办实业，颁布《商律》，对兴办实业有贡献者进行奖励。

（3）迫于内外压力，1906年清政府宣布"预备仿行宪政"，1908年颁布《钦定宪法大纲》，制定了一个学习日本实行君主立宪的宪法，且规定了9年的预备立宪期限。

（4）预备立宪未能挽救清王朝，反而激化了社会矛盾，加重了危机。主要原因在于清政府改革的根本目的是为了延续其统治。

知识点② 资产阶级革命派的活动 ★★

1. 孙中山与资产阶级民主革命的开始

（1）1894年，孙中山在美国檀香山组织了中国第一个资产阶级革命组织——兴中会。

（2）兴中会以"驱除鞑虏，恢复中国，创立合众政府"为誓词，决心推翻清政府，建立资产阶级政权。

2. 资产阶级革命派的宣传与组织工作

（1）著书立说

作者	作品	主要内容
章炳麟	《驳康有为论革命书》	歌颂革命是"启迪民智，除旧布新"的良药，强调中国人有能力建立民主共和制度。

续表

作者	作品	主要内容
邹容	《革命军》	阐述了在中国进行民主革命的正义性和必要性，号召人民推翻清朝统治，建立"中华共和国"。
陈天华	《警世钟》	抨击了外国列强瓜分中国的罪恶图谋，揭露了清政府的卖国行径，号召人民推翻这个"洋人的朝廷"。
	《猛回头》	

(2) 革命团体的成立
①黄兴为会长的华兴会；
②蔡元培为会长的光复会；
③科学补习所；
④岳王会。

(3) 近代中国第一个全国性的资产阶级性质的政党——中国同盟会。
中国同盟会的成立标志着中国资产阶级民主革命进入了一个新阶段。

中国同盟会概况	
成立时间	1905年
总理	孙中山
执行部庶务	黄兴
纲领	驱除鞑虏，恢复中华，创立民国，平均地权
机关报	《民报》
成立地点	日本东京

知识解读

本知识点主要考查选择题。

(1) 注意区分革命团体的两个第一：①中国第一个资产阶级革命组织——兴中会；②近代中国第一个全国性的资产阶级性质的政党——中国同盟会。请同学们注意组织与政党的区别，常考查选择题。

名称	兴中会	中国同盟会
成立时间	1894年	1905年
成立地点	美国檀香山	日本东京
纲领	驱除鞑虏，恢复中国，创立合众政府	驱除鞑虏，恢复中华，创立民国，平均地权
地位	中国第一个资产阶级革命组织	近代中国第一个全国性的资产阶级革命政党

（2）着重掌握资产阶级革命派著书立说的全部内容，属于高频且重要内容，常考查选择题。

（3）注意中国同盟会的机关报为《民报》，考查选择题。

真题小练

【选择题】

1.（2018年10月北京）1894年，孙中山建立的中国第一个资产阶级革命组织是（　　）

　　A. 兴中会　　　　　　B. 光复会

　　C. 中国同盟会　　　　D. 岳王会

正确答案 A

解析 本题考查孙中山与资产阶级民主革命的开始。1894年，孙中山在美国檀香山组织了中国第一个资产阶级革命组织——兴中会，故选A。

2.（2015年10月全国）近代中国历史上第一个全国性的资产阶级革命政党是（　　）

　　A. 兴中会　　　　　　B. 中国同盟会

　　C. 中华革命党　　　　D. 中国国民党

正确答案 B

解析 本题考查资产阶级革命派的组织工作。1905年8月20日，孙中山、黄兴等人在东京成立中国同盟会。中国同盟会是近代中国第一个全国性的资产阶级性质的政党，它的成立标志着中国资产阶级民主革命进入了一个新阶段，故选B。

3.（2018年4月北京）20世纪初，资产阶级革命派著书立说，宣传革命。其中，揭露外国列强瓜分中国的罪恶图谋，号召人民推翻这个"洋人的朝廷"的著作是（　　）

　　A.《中国问题的真解决》　　B.《驳康有为论革命书》

　　C.《革命军》　　　　　　　D.《警世钟》和《猛回头》

正确答案 D

解析 本题考查资产阶级革命派的宣传工作。陈天华的《警世钟》和《猛回头》，抨击了外国列强瓜分中国的罪恶图谋，揭露了清政府的卖国行径，号召人民推翻这个"洋人的朝廷"，故选D。

牛刀小试

【选择题】

1. 20世纪初，在资产阶级民主革命思想传播中，发表《驳康有为论革命书》的是（　　）

A. 孙中山　　　　　　　　　　B. 邹容
C. 章炳麟　　　　　　　　　　D. 陈天华

正确答案 C

解析 本题考查资产阶级革命派的宣传工作。章炳麟的《驳康有为论革命书》，歌颂革命是"启迪民智，除旧布新"的良药，强调中国人有能力建立民主共和制度，故选C。

2. 1905年，中国同盟会成立后的机关报是（　　）

A.《时务报》　　　　　　　　B.《国闻报》
C.《新民丛报》　　　　　　　D.《民报》

正确答案 D

解析 本题考查资产阶级革命派的组织工作的内容。1905年8月20日，孙中山、黄兴等人在东京成立中国同盟会，同盟会以"驱除鞑虏，恢复中华，创立民国，平均地权"为纲领，机关报为《民报》，故选D。

知识点 ③ ▶ 三民主义学说和关于革命与改良的辩论 ★★★

1. 三民主义学说

（1）时间：1905年11月，孙中山在《民报》发刊词中，将中国同盟会纲领概括为民族、民权、民生三大主义，后被称为"三民主义"。

（2）内容：

民族主义	・驱除鞑虏，恢复中华 ・一是以革命手段推翻清王朝，二是变"次殖民地"的中国为独立的中国。
民权主义	・创立民国 ・推翻封建君主专制制度，建立资产阶级的民主共和国。
民生主义	・平均地权 ・基本方案是：由国家核定地价，按地价征税，涨价归公，按价收买。

(3) 局限：

①民族主义没有明确的反帝主张，也没有明确地把汉族军阀、官僚、地主作为革命对象，从而给了这部分人后来从内部和外部破坏革命以可乘之机。

②民权主义没有明确广大劳动人民在国家中的地位，也难以保障人民的真正权利。

③民生主义没有正面触及封建土地所有制，不能满足农民的土地要求，难以成为发动群众的理论武器。

(4) 意义："三民主义"是一个比较完备的民主主义的革命纲领，产生了积极影响，推动了革命思想的传播和革命运动的发展。

2. 关于革命与改良的辩论

(1) 背景：1905 年至 1907 年，以孙中山为代表的革命派和以康有为为代表的改良派，分别以《民报》和《新民丛报》为主要舆论阵地展开论战。

(2) 主要问题：

主要问题	编号	
要不要以革命手段推翻清政府	01	← 论战的焦点
要不要推翻帝制，实行共和	02	
要不要社会革命	03	

(3) 结果：这场大论战以革命派的胜利告终。

(4) 意义：

> 划清了革命与改良的界限，使人们清楚地认识到实行民主革命的必要性，从而加入革命的行列。

> 使资产阶级民主思想和三民主义思想得到了更加广泛的传播，为推翻清朝统治的革命斗争奠定了思想基础。

(5) 局限性：

①革命派未能认清帝国主义的本质，不仅不敢旗帜鲜明地提出反帝口号，反而希望争取帝国主义的支持。

②革命派停留在对民主制度形式的理解上，缺乏对民主建政的深入认识。

③革命派未能把土地制度改革和反对封建主义联系起来,从而无法真正解决农民土地问题。

知识解读

本知识点属于重要且高频知识点,需要着重学习,主要考查选择题、简答题、论述题。重点掌握以下内容:第一,三民主义的内容(民族、民权、民生)和意义;第二,革命派与改良派辩论的内容(三个"要不要")和意义。

真题小练

【选择题】

1. (2017年10月北京)孙中山三民主义学说中,民权主义的主要内容是( )
   A. 驱除鞑虏   B. 恢复中华
   C. 创立民国   D. 平均地权

正确答案 C

解析 本题考查三民主义学说的基本内容。民权主义的内容是"创立民国",即推翻封建君主专制制度,建立资产阶级的民主共和国,故选C。

2. (2017年4月北京)1905至1907年,革命派与改良派展开论战,论战的焦点是( )
   A. 要不要以革命手段推翻清政府   B. 要不要废除科举制
   C. 要不要推翻帝制、实行共和   D. 要不要社会革命

正确答案 A

解析 本题考查革命派与改良派的论战。革命派与改良派的论战主要围绕以下问题展开:第一,要不要以革命手段推翻清政府。这是论战的焦点。第二,要不要推翻帝制,实行共和。第三,要不要社会革命。故选A。

【论述题】

3. (2016年4月全国)试述孙中山三民主义学说的主要内容及其意义。

答案与解析

(1) 主要内容:

①民族主义包括"驱除鞑虏,恢复中华"。一是以革命手段推翻清王朝,二是变"次殖民地"的中国为独立的中国。

②民权主义的内容是"创立民国"。即推翻封建君主专制制度,建立资产阶级的民主共和国。

③民生主义的内容是"平均地权"。基本方案是：核定地价，按价征税，涨价归公，按价收买。

(2) 意义：三民主义是一个比较完备的民主主义的革命纲领，推动了革命思想的传播和革命运动的发展。

4.（2018年4月全国）1905至1907年资产阶级革命派与改良派的论战及意义。

答案与解析

(1) 1905年至1907年，以孙中山为代表的革命派和以康有为为代表的改良派，分别以《民报》和《新民丛报》为主要舆论阵地展开论战。

(2) 论战主要围绕以下问题展开：
①要不要以革命手段推翻清政府。这是论战的焦点。
②要不要推翻帝制，实行共和。
③要不要社会革命。

(3) 这场大论战以革命派的胜利告终。

(4) 重要意义：
①划清了革命与改良的界限。
②使资产阶级民主思想和三民主义思想得到了更加广泛的传播。

牛刀小试

【选择题】

1. 孙中山创立的三民主义学说中，民生主义的内容是（　　）

A. 驱除鞑虏　　　　　　　B. 恢复中华
C. 创立民国　　　　　　　D. 平均地权

正确答案 D

解析 本题考查三民主义学说的基本内容。民生主义的内容是"平均地权"。基本方案是：在革命胜利后，所有的土地所有者均要向国家申报自己的土地数目，由国家核定地价，按地价征税，土地价格上涨之后，收入增加部分应当归国家所有，为国民共享。故选D。

【论述题】

2. 1905年至1907年资产阶级革命派与改良派进行论战的意义及革命派的局限性。

答案与解析

(1) 论战的意义：
①划清了革命与改良的界限，使人们清楚地认识到实行民主革命的必要性，从而加入革命的行列。
②使资产阶级民主思想和三民主义思想得到了更加广泛的传播，为推翻清朝统治

的革命斗争奠定了思想基础。

（2）革命派的局限性：

①革命派未能认清帝国主义的本质，不仅不敢旗帜鲜明地提出反帝口号，反而希望争取帝国主义的支持。

②革命派停留在对民主制度形式的理解上，缺乏对民主建政的深入认识。

③革命派未能把土地制度改革和反对封建主义联系起来，从而无法真正解决农民土地问题。

第二节　辛亥革命的胜利与失败

本节内容提要

1911年10月10日，武昌起义爆发。武昌起义掀起了辛亥革命的高潮，推翻了封建君主专制制度，创建了中华民国，是一次比较完全意义上的资产阶级革命。但它没有改变中国社会半殖民地半封建的性质，胜利的果实被以袁世凯为代表的北洋军阀所窃取。以孙中山为代表的资产阶级革命派为捍卫资产阶级民主革命的成果进行了不屈的斗争，但屡遭失败。

知识点名称	考纲要求	考核内容	考试题型
封建君主专制制度的覆灭和中华民国的建立	识记	保路风潮	选择题、简答题
		武昌起义	选择题
		《中华民国临时约法》	选择题、简答题、论述题
	领会	中华民国南京临时政府的性质	简答题、论述题
辛亥革命胜利的历史意义及其局限性	简单运用	辛亥革命的局限性	简答题、论述题
	综合运用	辛亥革命胜利的历史意义	选择题、简答题、论述题
北洋军阀的统治和反对北洋军阀的斗争	识记	袁世凯与复辟帝制	选择题
	领会	"二次革命"	选择题
		护法运动	选择题
	简单运用	北洋军阀的统治以及孙中山反对北洋军阀的斗争	选择题、简答题、论述题

知识点① ▶ 封建君主专制制度的覆灭和中华民国的建立 ★★★

1. 各地武装起义与保路风潮

（1）黄花岗起义：

时间	地点	领导人
1911年4月	广州	黄兴
主要内容	黄兴亲自带领革命志士在广州举行起义，起义失败后，遇难者有72人被葬于广州红花岗（后改名为黄花岗），史称黄花岗起义。	

（2）保路运动：

时间	地点	规模最大、斗争最激烈的省份
1911年5月	湖北、湖南、广东、四川	四川
爆发原因	(1) 清政府为筹集借款，宣布"铁路干线收归国有"，并将粤汉、川汉铁路的路权出卖给帝国主义，引起湖北、湖南、广东、四川四省民众的强烈反对，保路运动由此发生。 (2) 四川总督赵尔丰下令向请愿群众开枪，当场打死30多人，广大群众忍无可忍，掀起了全川的武装暴动。	

2. 武昌起义和各地响应

（1）武昌起义：

时间	革命团体	革命党人推选的军政府都督
1911年10月	湖北新军中的共进会和文学社	黎元洪
影响	武昌起义引来了全国响应，掀起了辛亥革命的高潮。	

（2）封建帝制覆灭：1912年2月12日，清帝退位，中国封建帝制终于覆灭。

3. 中华民国临时政府宣告成立

（1）时间：1912年1月1日，孙中山在南京宣誓就职临时大总统，宣告中华民国临时政府正式成立，改国号为"中华民国"，以1912年为中华民国元年。

（2）性质：

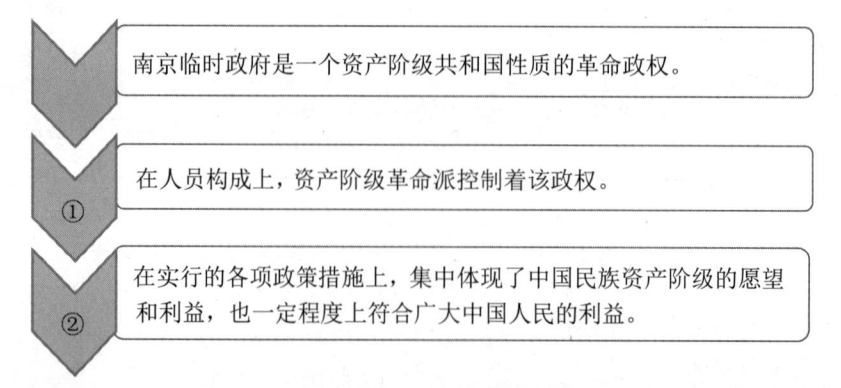

南京临时政府是一个资产阶级共和国性质的革命政权。

① 在人员构成上，资产阶级革命派控制着该政权。

② 在实行的各项政策措施上，集中体现了中国民族资产阶级的愿望和利益，也一定程度上符合广大中国人民的利益。

(3) 临时参议院颁布《中华民国临时约法》，是中国历史上第一部具有资产阶级共和国宪法性质的法典。

(4) 局限性：

①企图用承认清政府与列强所定的一切不平等条约和所欠的一切外债，来换取列强承认中华民国。

②没有提出可以满足农民土地要求的政策和措施，反而以保护私有财产为借口，维护封建土地制度以及官僚、地主所占有的土地和财产。

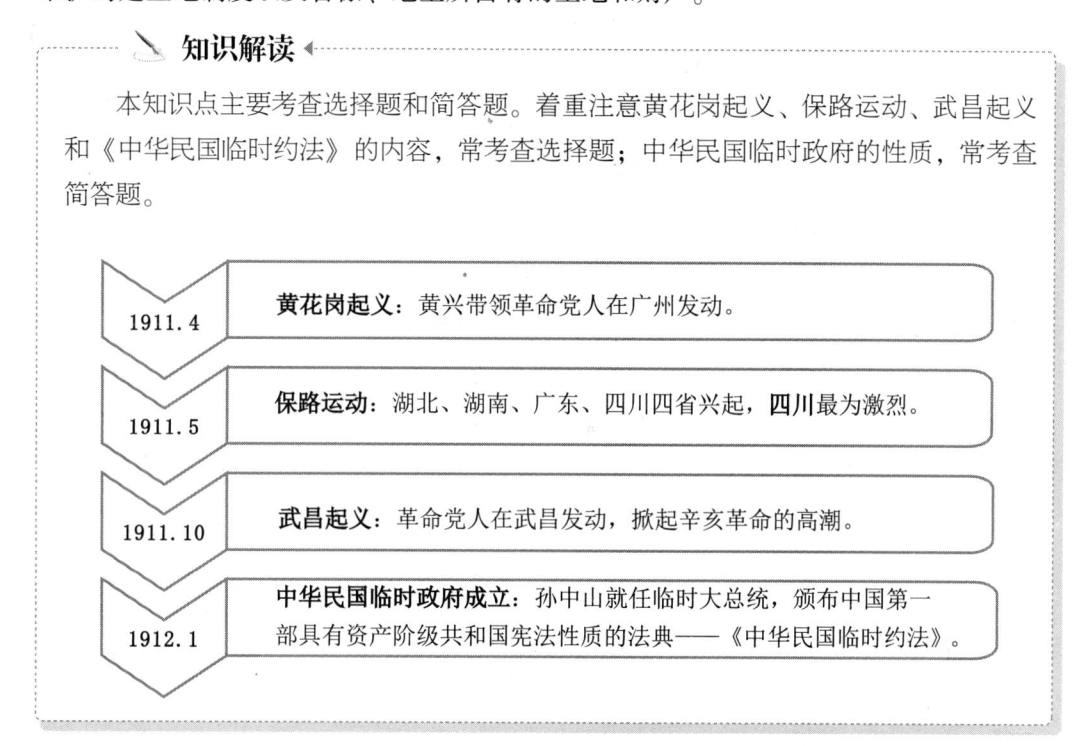

知识解读

本知识点主要考查选择题和简答题。着重注意黄花岗起义、保路运动、武昌起义和《中华民国临时约法》的内容，常考查选择题；中华民国临时政府的性质，常考查简答题。

时间	事件
1911.4	**黄花岗起义**：黄兴带领革命党人在广州发动。
1911.5	**保路运动**：湖北、湖南、广东、四川四省兴起，**四川**最为激烈。
1911.10	**武昌起义**：革命党人在武昌发动，掀起辛亥革命的高潮。
1912.1	**中华民国临时政府成立**：孙中山就任临时大总统，颁布中国第一部具有资产阶级共和国宪法性质的法典——《中华民国临时约法》。

真题小练

【选择题】

1. (2019年10月全国) 在1911年爆发的保路运动中，规模最大、斗争最激烈的省份是（　　）

A. 四川　　　　　　　　　　B. 湖南

C. 广东　　　　　　　　　　D. 湖北

正确答案 A

解析 本题考查保路运动。1911年5月，清政府宣布"铁路干线收归国有"，并将粤汉、川汉铁路的路权出卖给帝国主义，引起湖北、湖南、广东、四川四省民众的强烈反对，保路运动兴起，四川省尤其强烈，故选A。

2. (2017年10月北京) 武昌起义后，革命党人推选的新成立的湖北军政府都督是（ ）

A. 孙中山　　　　　　　　B. 黎元洪

C. 宋教仁　　　　　　　　D. 黄兴

正确答案 B

解析 本题考查武昌起义。1911年10月10日晚，新军工程第八营的革命党人打响了武昌起义第一枪，当夜占领武昌。三日之内，革命党人控制了武汉三镇，成立湖北军政府，推黎元洪为都督，故选B。

【简答题】

3. (2017年10月全国) 1912年建立的中华民国临时政府的性质。

答案与解析

(1) 南京临时政府是一个资产阶级共和国性质的革命政权。

(2) 在人员构成上，资产阶级革命派控制着该政权。

(3) 在实行的各项政策措施上，集中体现了中国民族资产阶级的愿望和利益，也一定程度上符合广大中国人民的利益。

牛刀小试

【选择题】

1. 1911年4月，资产阶级革命派在黄兴亲自带领下发动了（ ）

A. 惠州起义　　　　　　　B. 河口起义

C. 广州起义　　　　　　　D. 武昌起义

正确答案 C

解析 本题考查黄花岗起义。1911年4月27日，在黄兴的亲自带领下，120多名革命志士在广州举行起义。起义失败后，遇难者有72人被葬于广州红花岗（后改名为黄花岗），史称黄花岗起义，故选C。

2. 中国历史上第一部具有资产阶级共和国宪法性质的法典是（ ）

A. 《中华民国宪法》　　　　B. 《钦定宪法大纲》

C. 《中华民国约法》　　　　D. 《中华民国临时约法》

正确答案 D

解析 本题考查《中华民国临时约法》的地位。1912年3月，临时参议院颁布《中华民国临时约法》，这是中国历史上第一部具有资产阶级共和国宪法性质的法典，故选D。

知识点 ② 辛亥革命胜利的历史意义及其局限性 ★★★

1. 辛亥革命胜利的历史意义

辛亥革命是一次比较完全意义上的资产阶级民主革命，具有伟大的历史意义：

（1）推翻了清王朝在中国的统治，沉重打击了中外反动势力在中国的统治，为中国人民革命斗争的发展开辟了道路。

（2）结束了统治中国两千多年的封建君主专制制度，建立了中国历史上第一个资产阶级共和政府。

（3）传播了民主共和的理念，推动了中华民族的思想解放。

（4）推动了近代中国社会变革，推动了民族资本主义经济的发展，促进了社会风气的改变和人们的精神解放。

（5）打击了帝国主义在华势力，推动了亚洲各国民族解放运动的高涨。

2. 辛亥革命的局限性

（1）没有提出彻底的反对帝国主义和反对封建主义的革命纲领。

（2）没有充分发动和依靠民众。

（3）没有建立坚强有力的革命政党。

知识解读

掌握辛亥革命是一次比较完全意义上的资产阶级民主革命，常考查选择题。了解辛亥革命的局限性，重点掌握、熟记辛亥革命的历史意义。（为了方便记忆，记住五字箴言：清、国、思、变、帝）

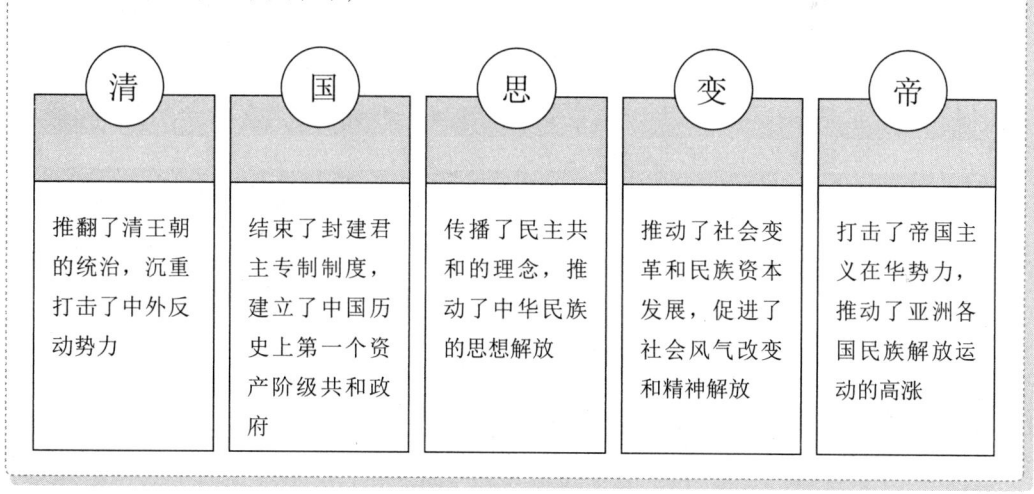

清	国	思	变	帝
推翻了清王朝的统治，沉重打击了中外反动势力	结束了封建君主专制制度，建立了中国历史上第一个资产阶级共和政府	传播了民主共和的理念，推动了中华民族的思想解放	推动了社会变革和民族资本发展，促进了社会风气改变和精神解放	打击了帝国主义在华势力，推动了亚洲各国民族解放运动的高涨

真题小练

【选择题】

1.（2010年10月上海）中国历史上第一次比较完全意义上的资产阶级民主革命是

指（　　）

A. 辛亥革命　　　　　B. 戊戌维新运动

C. "二次革命"　　　　D. 新文化运动

正确答案 A

解析 本题考查辛亥革命的历史地位。辛亥革命是一次比较完全意义上的资产阶级民主革命，具有伟大的历史意义，故选 A。

【简答题】

2.（2014年7月全国）辛亥革命的历史局限性是什么？

答案与解析

(1) 没有提出彻底的反对帝国主义和反对封建主义的革命纲领。

(2) 没有充分发动和依靠民众。

(3) 没有建立坚强有力的革命政党。

【论述题】

3.（2018年10月北京）论述辛亥革命胜利的历史意义。

答案与解析

(1) 辛亥革命推翻了清王朝在中国的统治，沉重打击了中外反动势力在中国的统治，为中国人民革命斗争的发展开辟了道路。

(2) 辛亥革命结束了统治中国两千多年的封建君主专制制度，建立了中国历史上第一个资产阶级共和政府。

(3) 辛亥革命传播了民主共和的理念，推动了中华民族的思想解放。

(4) 辛亥革命推动了近代中国社会变革，推动了民族资本主义经济的发展，促进了社会风气的改变和人们的精神解放。

(5) 辛亥革命打击了帝国主义在华势力，推动了亚洲各国民族解放运动的高涨。

知识点③ 北洋军阀的统治和反对北洋军阀的斗争★★

1. 北洋军阀的统治

(1) 1912年2月12日，袁世凯逼迫清帝退位；2月15日，临时参议院选举袁世凯为临时大总统；3月10日，袁世凯在北京就职；4月1日，孙中山正式辞去临时大总统职务。

(2) 袁世凯窃夺辛亥革命的果实之后，建立了代表大地主和买办资产阶级利益的北洋军阀政权，开始了北洋军阀统治中国的时期。

(3) 1914年5月，袁世凯炮制《中华民国约法》，用总统制取代内阁制。

(4) 1915年12月，袁世凯公然进行帝制复辟活动。1916年，在举国反对下被迫取消帝制。

（5）1917年6月，前清官僚张勋率"辫子军"北上，拥清废帝溥仪复辟，仅12天就在全国人民的声讨中破产了。

2. 反对北洋军阀的斗争

以孙中山为首为捍卫资产阶级民主革命成果所进行的斗争。

斗争	时间	目的	注释
发动"二次革命"	1913年	反对袁世凯刺杀宋教仁和"善后大借款"	李烈钧在江西湖口通电讨袁，黄兴在南京宣布讨袁，上海、安徽、湖南、广东、福建等地也先后响应。战争主要在九江、南京一带进行，史称"赣宁之役"。
组织中华革命党	1914年		孙中山在东京正式成立，1919年改组为中国国民党。
发动护国战争	1915年	反对袁世凯称帝	蔡锷宣布云南独立。
发动第一次护法运动	1917年	反对"北洋军阀"破坏《中华民国临时约法》和拒绝恢复国会	第二次护法运动的失败标志着资产阶级领导的旧民主主义革命走到了历史的尽头。
发动第二次护法运动	1920年		

◀ 知识解读 ▶

本知识点主要考查选择题和简答题。

在北洋军阀的统治中注意《中华民国约法》和张勋复辟；掌握在辛亥革命失败后，以孙中山为首的资产阶级革命派为捍卫革命成果进行的一系列斗争。

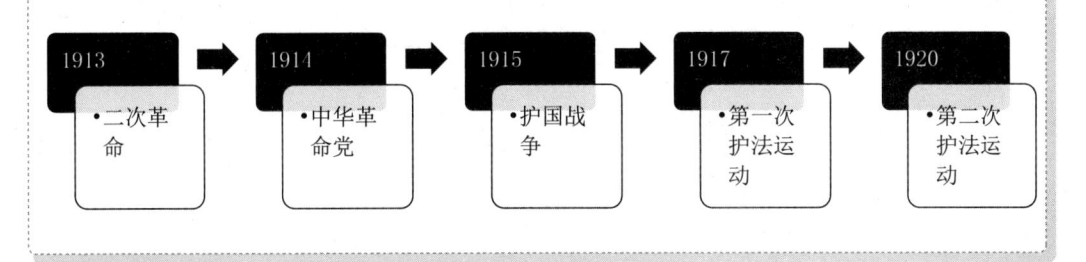

1913 ➤ 1914 ➤ 1915 ➤ 1917 ➤ 1920
·二次革命 ·中华革命党 ·护国战争 ·第一次护法运动 ·第二次护法运动

真题小练

【选择题】

1.（2014年10月北京）1917年6月，率领"辫子军"北上，拥护清朝废帝复辟的前清官僚是（　　）

A. 袁世凯　　B. 黎元洪　　C. 溥仪　　D. 张勋

正确答案 D

解析 1917年6月，前清官僚张勋率"辫子军"北上，拥清废帝溥仪复辟，仅12天就在全国人民的声讨中破产了，故选D。

2.（2018年4月全国）为反对袁世凯的独裁和卖国行径，孙中山在1913年领导革命党人发动了（ ）

　　A. 二次革命　　　B. 护国战争　　　C. 护法战争　　　D. 北伐战争

正确答案 A

解析 本题考查反对北洋军阀的斗争。为反对袁世凯刺杀宋教仁和"善后大借款"，1913年7月，孙中山领导革命党人宣布讨袁，战争主要在九江、南京一带进行，史称"赣宁之役"，又称"二次革命"，故选A。

【简答题】

3.（2019年4月全国）辛亥革命失败后，孙中山为捍卫资产阶级民主革命成果所进行的斗争。

答案与解析

（1）反对袁世凯刺杀宋教仁和"善后大借款"，发动"二次革命"。

（2）反对袁世凯称帝，发动护国运动。

（3）反对北洋军阀破坏《中华民国临时约法》和拒绝恢复国会，发动第一次、第二次护法运动。

牛刀小试

【选择题】

1.1914年7月，孙中山在东京正式成立了（ ）

　　A. 兴中会　　　B. 中国同盟会　　　C. 中华革命党　　　D. 中国国民党

正确答案 C

解析 本题考查反对北洋军阀的斗争。1914年7月，孙中山在东京正式成立中华革命党，中华革命党的社会影响远不如同盟会，故选C。

2."二次革命"期间，在江西湖口通电讨袁的革命党人是（ ）

　　A. 孙中山　　　B. 黄兴　　　C. 李烈钧　　　D. 蔡锷

正确答案 C

解析 本题考查反对北洋军阀的斗争。"二次革命"期间，李烈钧在江西湖口通电讨袁，不久黄兴在南京宣布讨袁，其他地方如上海、安徽、湖南、广东、福建等地也先后响应，故选C。

第四章 开天辟地的大事变

本章思维导图

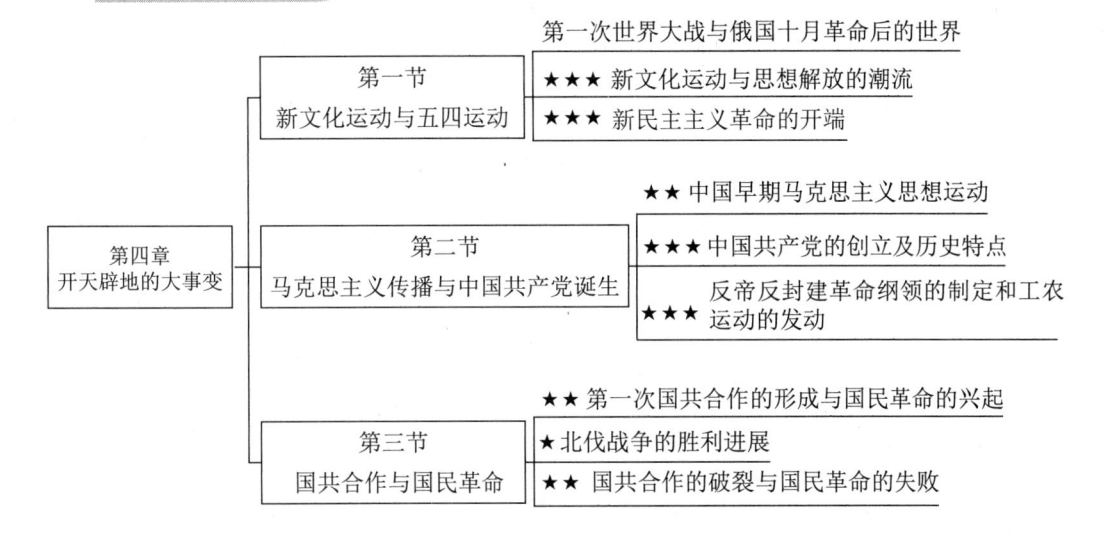

- 第四章 开天辟地的大事变
  - 第一节 新文化运动与五四运动
    - 第一次世界大战与俄国十月革命后的世界
    - ★★★ 新文化运动与思想解放的潮流
    - ★★★ 新民主主义革命的开端
  - 第二节 马克思主义传播与中国共产党诞生
    - ★★ 中国早期马克思主义思想运动
    - ★★★ 中国共产党的创立及历史特点
    - ★★★ 反帝反封建革命纲领的制定和工农运动的发动
  - 第三节 国共合作与国民革命
    - ★★ 第一次国共合作的形成与国民革命的兴起
    - ★ 北伐战争的胜利进展
    - ★★ 国共合作的破裂与国民革命的失败

第一节 新文化运动与五四运动

本节内容提要

20世纪初，中国掀起了一场猛烈抨击封建思想的文化启蒙运动，即以提倡民主和科学为主要内容的新文化运动。新文化运动的初期，以资产阶级民主主义为思想武器。1917年俄国十月社会主义革命的胜利，给中国送来了马克思列宁主义。1919年爆发的五四爱国运动，是中国近代史上一个划时代的事件，是新民主主义革命的伟大开端。

知识点名称	考纲要求	考核内容	考试题型
第一次世界大战与俄国十月革命后的世界	无	——	——

续表

知识点名称	考纲要求	考核内容	考试题型
新文化运动与思想解放的潮流	识记	陈独秀与新文化运动的兴起	选择题
	领会	俄国十月革命对中国革命的影响	选择题、简答题、论述题
	简单运用	五四以前新文化运动的局限	简答题
	综合运用	新文化运动的主要内容及历史意义	选择题、简答题、论述题
新民主主义革命的开端	识记	五四运动	选择题
	领会	五四运动爆发的社会历史条件	简答题
	简单运用	五四运动的直接导火线及直接斗争目标	选择题
	综合运用	新民主主义革命的开端，五四运动的历史意义	选择题、简答题、论述题

知识点 ① 第一次世界大战与俄国十月革命后的世界

1. 第一次世界大战：1914年至1918年发生了第一次世界大战，战后形成了"凡尔赛—华盛顿体系"。

2. 十月革命：1917年11月7日（俄历10月25日），俄国爆发十月革命，建立了人类历史上第一个社会主义国家。

3. 十月革命给世界人民的解放事业开辟了现实的道路，建立了一条从西方无产阶级到东方被压迫民族反对国际帝国主义的革命阵线。从此，中国反帝反封建的民主革命成为世界无产阶级社会主义革命的一部分。

> **知识解读**
>
> 本知识点内容是帮助同学们了解中国新民主主义革命展开的时代背景和国际环境，注意从此开始中国反帝反封建的民主革命成为世界无产阶级社会主义革命的一部分。

知识点② 新文化运动与思想解放的潮流★★★

1. 新文化运动及其意义

（1）标志：1915年9月，陈独秀在上海创办《青年杂志》（后改名为《新青年》），成为新文化运动兴起的标志。

（2）主要内容：

①新文化运动的主要内容是提倡民主和科学。民主主要是指资产阶级的民主思想和民主制度，提倡个性解放，平等自由。科学，狭义是指自然科学，广义是指社会科学，即提倡以科学的精神和科学方法来研究社会。

②新文化运动还提倡白话文、新文学，主张文学革命。

（3）第一篇白话文小说：1918年5月，鲁迅发表《狂人日记》，这是新文学运动的第一篇白话文小说。

（4）意义：

文化革命	思想解放	创造条件
它是资产阶级民主主义的新文化同封建主义旧文化的斗争，是辛亥革命在思想文化领域的延续，沉重打击了封建专制主义。	它大力宣传了民主和科学，启发了人们的理智和民主主义觉悟，将人们从封建专制所造成的蒙昧中解放出来，开启了思想解放的潮流。	它为中国先进分子接受马克思主义作了准备，为以五四运动为开端的中国新民主主义革命创造了思想文化上的条件。

2. 五四以前新文化运动的局限

（1）新文化运动的倡导者没有揭示封建专制主义得以存在的社会根源，把资产阶级共和国方案失败的根本原因归之于思想文化。他们提倡的资产阶级民主主义，并不能为人们提供一种思想武器去认识中国，并有效地对中国社会进行改造。

（2）他们把改造国民性置于优先地位，但是离开改造产生封建思想的社会环境的革命实践，仅仅依靠少数人的呐喊，依靠有限的宣传手段，其目标难以实现。

（3）他们中不少人在思想方法上存在绝对肯定或绝对否定的形式主义偏向。这种形式主义地看问题的方法，影响了这个运动后来的发展。

3. 俄国十月革命和马克思主义在中国的传播

（1）俄国十月革命对中国革命的影响：

1. 十月革命给予中国先进分子一个启示，即经济文化落后的国家也可以用社会主义思想指引自己走向解放之路。

2. 十月革命后，苏维埃俄国号召反对帝国主义，以新的平等姿态对待中国，推动了社会主义思想在中国的传播。

3. 十月革命中工人和士兵的广泛发动并由此赢得胜利的事实，昭示中国先进分子以新的方法开展革命。

4. 十月革命后，中国思想界产生了一批赞成十月革命、具有初步共产主义思想的知识分子。

（2）李大钊最先由民主主义者转变为共产主义者，在中国大地率先举起马克思主义旗帜。

> **知识解读**
>
> 本知识点属于重要且高频知识点，请同学们重点掌握。
>
> （1）新文化运动的重要学习内容：
>
> | 标志 | 提倡民主 | 提倡科学 | 文学革命 |
> | --- | --- | --- | --- |
> | 1915年9月，陈独秀在上海创办《青年杂志》（后改名为《新青年》）。 | 民主主要是指资产阶级的民主思想和民主制度，提倡个性解放，平等自由。 | 科学，狭义是指自然科学，广义是指社会科学，即提倡以科学的精神和科学方法来研究社会。 | 新文化运动还提倡白话文、新文学，主张文学革命。 |
>
> （2）掌握俄国十月革命对中国革命的影响，常考查简答题、论述题；李大钊在中国大地率先举起马克思主义旗帜，常考查选择题。

真题小练

【选择题】

1.（2018年4月全国）1918年5月，鲁迅发表的第一篇白话文小说是（　　）
A.《阿Q正传》　　　　　　　　B.《狂人日记》

C. 《药》　　　　　　　D. 《孔乙己》

正确答案 B

解析 本题考查新文化运动的内容。新文化运动提倡白话文、反对文言文，提倡新文学、反对旧文学，主张文学革命。1918年5月，鲁迅发表《狂人日记》，这是新文学运动的第一篇白话文小说，故选B。

【论述题】

2. （2019年10月全国）俄国十月革命对中国革命的影响。

答案与解析

（1）十月革命给予中国先进分子一个启示，即经济文化落后的国家也可以用社会主义思想指引自己走向解放之路。

（2）十月革命后，苏维埃俄国号召反对帝国主义，以新的平等姿态对待中国，推动了社会主义思想在中国的传播。

（3）十月革命中工人和士兵的广泛发动并由此赢得胜利的事实，昭示中国先进分子以新的方法开展革命。

（4）十月革命后，中国思想界产生了一批赞成十月革命、具有初步共产主义思想的知识分子。

牛刀小试

【论述题】

新文化运动的主要内容和意义是什么？

答案与解析

（1）主要内容：

①新文化运动的主要内容是提倡民主和科学。民主主要是指资产阶级的民主思想和民主制度，提倡个性解放，平等自由。科学，狭义是指自然科学，广义是指社会科学，即提倡以科学的精神和科学方法来研究社会。

②新文化运动还提倡白话文、新文学，主张文学革命。

（2）意义：

①它是资产阶级民主主义的新文化同封建主义旧文化的斗争，是辛亥革命在思想文化领域的延续，沉重打击了封建专制主义。

②它大力宣传了民主和科学，启发了人们的理智和民主主义觉悟，将人们从封建专制所造成的蒙昧中解放出来，开启了思想解放的潮流。

③它为中国先进分子接受马克思主义作了准备，为以五四运动为开端的中国新民主主义革命创造了思想文化上的条件。

知识点 ③ ▶ 新民主主义革命的开端 ★★★

1. 五四运动的爆发

（1）背景：

①它发生在俄国十月革命所开辟的世界无产阶级社会主义革命的新时代。

②第一次世界大战期间，中国的工人阶级和民族资产阶级的力量壮大起来。

③新文化运动掀起的思想解放潮流的推动，为五四运动准备了群众基础和骨干力量。

（2）直接导火线：巴黎和会上中国外交的失败。

（3）发展：1919 年 5 月 4 日，北京学生发起"五四运动"；1919 年 6 月 5 日，上海工人开始罢工。五四运动的中心从北京转到上海，运动的主力从学生转为工人，形成了一个以工人阶级为主力军，包括城市小资产阶级和民族资产阶级在内的、全国规模的、具有广泛群众性的爱国政治运动。

2. 五四运动的历史特点和历史意义

（1）五四运动是中国近代史上一次彻底反帝反封建的革命运动，把中国人民反帝反封建的斗争提升到一个新水平。

（2）五四运动广泛地动员和组织了群众，是一场真正群众性的革命运动。青年学生起了先锋作用，工人阶级第一次作为独立了的政治力量登上历史舞台，在运动后期发挥了主力军作用。

（3）五四运动促进了马克思主义在中国的广泛传播，促进了马克思主义同中国工人运动的结合，为中国共产党的成立作了思想和干部上的准备。

（4）五四运动是中国新民主主义革命的开端。五四运动后，无产阶级逐渐代替资产阶级成为近代中国民族民主革命的领导者。

> **知识解读**
>
> 五四运动是中国新民主主义的开端，在中国历史上有着重要的地位。
>
> 了解五四运动的导火索是巴黎和会上中国外交的失败。掌握五四运动的历史特点和历史意义。记忆技巧，共四个词（一个彻底、一个开端、一个群众、一个马克思）。

真题小练

【选择题】

1.（2019 年 4 月全国）五四运动爆发的直接导火线是（　　）

A. 北洋军阀接受日本提出的"二十一条"

B. 北洋军阀与日本签订"西原借款"合同

C. 巴黎和会上中国外交的失败

D. 华盛顿会议上中国外交的受挫

正确答案 C

解析 本题考查五四运动的爆发。五四运动的直接导火线是巴黎和会上中国外交的失败，外交失败激起了全国人民的强烈愤怒，故选C。

【论述题】

2. （2014年10月北京）试述五四运动的历史特点和历史意义。

答案与解析

（1）五四运动是中国近代史上一次彻底反帝反封建的革命运动，把中国人民反帝反封建的斗争提升到一个新水平。

（2）五四运动广泛地动员和组织了群众，是一场真正群众性的革命运动。青年学生起了先锋作用，工人阶级第一次作为独立了的政治力量登上历史舞台，在运动后期发挥了主力军作用。

（3）五四运动促进了马克思主义在中国的广泛传播，促进了马克思主义同中国工人运动的结合，为中国共产党的成立作了思想和干部上的准备。

（4）五四运动是中国新民主主义革命的开端。五四运动后，无产阶级逐渐代替资产阶级成为近代中国民族民主革命的领导者。

牛刀小试

【选择题】

1. 五四运动时期，第一次作为独立的政治力量登上历史舞台，并在运动后期发挥了主力军作用的是（   ）

A. 小资产阶级 B. 民族资产阶级
C. 工人阶级   D. 农民阶级

正确答案 C

解析 本题考查五四运动的历史特点。五四运动广泛地动员和组织了群众，是一场真正群众性的革命运动。青年学生起了先锋作用，工人阶级第一次作为独立的政治力量登上历史舞台，在运动后期发挥了主力军作用，故选C。

2. 中国近代史上第一次彻底反帝反封建的革命运动是（   ）

A. 辛亥革命   B. 五四运动
C. 五卅运动   D. 国民革命

正确答案 B

解析 本题考查五四运动的历史特点。五四运动是中国近代史上一次彻底反帝反封建的革命运动，把中国人民反帝反封建的斗争提升到一个新水平，故选B。

第二节　马克思主义传播与中国共产党诞生

本节内容提要

五四运动以后，建立一个以马克思主义理论为指导的工人阶级政党的任务被提上日程。中国共产党第一次全国代表大会的召开标志着中国共产党的成立。

知识点名称	考纲要求	考核内容	考试题型
中国早期马克思主义思想运动	识记	李大钊与马克思主义在中国的传播	选择题、简答题
	领会	早期马克思主义思想运动的历史特点	选择题、简答题
中国共产党的创立及历史特点	识记	中国共产党的早期组织	选择题
		中共一大	选择题
	简单运用	中国共产党的早期组织及其活动	选择题
		中国共产党人的初心和使命	——
	综合运用	中国共产党的成立是中华民族发展史上开天辟地的大事变	简答题、论述题
反帝反封建革命纲领的制定和工农运动的发动	识记	中共二大	选择题
	领会	中国共产党成立初期领导发动的工农运动	选择题
	简单运用	中国共产党制定的民主革命纲领及其意义	选择题、简答题

知识点① 中国早期马克思主义思想运动 ★★

1. 早期马克思主义者的队伍

(1) 代表人物

类型	代表
五四运动前的新文化运动的精神领袖	李大钊、陈独秀
五四运动中的左翼骨干	毛泽东、杨匏安、蔡和森、周恩来
一部分原中国同盟会会员、辛亥革命时期的活动家	董必武、吴玉章、林伯渠

（2）1919年，李大钊发表《我的马克思主义观》，比较全面系统地介绍了马克思的学说，指出马克思主义是唯物史观、经济学说和社会主义理论的统一。

（3）1920年9月，陈独秀发表《谈政治》一文，表明他站到了马克思主义的旗帜之下。

2. 早期马克思主义思想运动

（1）主要表现

①马克思主义著作的翻译和出版：1920年8月，由陈望道翻译的《共产党宣言》第一个中文全译本在上海出版。

②研究和宣传马克思主义的社团纷纷涌现：1920年3月，在李大钊指导下，邓中夏、高君宇等在北京大学成立马克思学说研究会。5月，陈独秀在上海成立马克思主义研究会。

③若干进步刊物的创办。

（2）历史特点：

①重视对马克思主义基本理论的学习，同第二国际的社会民主主义划清界限，坚持了马克思主义的革命原则和正确方向。

②注意从中国的实际出发，初步形成了马克思主义应当与中国实际相结合的思想（尽管在当时还没有明确提出这个命题）。

③开始提出知识分子应当忠于民众，到民间去，同劳动群众相结合的思想。

> **知识解读**
>
> 本知识点主要考查选择题和简答题。
>
> 1. 了解中国早期马克思主义者的队伍及早期马克思主义思想活动
>
> （1）队伍：老中青三代。老——一部分原中国同盟会会员、辛亥革命时期的活动家；中——新文化运动的精神领袖；青——五四运动中的左翼骨干。
>
> （2）刊物：对马克思主义著作的翻译（第一个中文全译本为1920年陈望道翻译的《共产党宣言》）和对马克思主义理论的研究（1920年3月，在北京大学成立马克思学说研究会；1920年5月，在上海成立马克思主义研究会）。
>
> 2. 识记早期研究、传播马克思主义思想运动的特点（总共三点，口诀：理论联系实际，从群众中来到群众中去）
>
> （1）理论：重视对马克思主义基本理论的学习。
>
> （2）实际：注意从中国实际出发。
>
> （3）群众：知识分子应当同劳动群众相结合。

真题小练

【选择题】

1.（2019年4月全国）1919年，发表《我的马克思主义观》一文的是（   ）

A. 陈独秀　　　　B. 李大钊　　　　C. 蔡和森　　　　D. 杨匏安

正确答案 B

解析 本题考查早期马克思主义者的队伍。1919年，李大钊发表《我的马克思主义观》，比较全面系统地介绍了马克思的学说，指出马克思主义是唯物史观、经济学说和社会主义理论的统一。故选B。

2.（2014年10月全国）《共产党宣言》第一个中文全译本的译者是（　　）

A. 李大钊　　　　B. 陈独秀　　　　C. 毛泽东　　　　D. 陈望道

正确答案 D

解析 本题考查马克思主义著作的翻译和出版。1920年8月，由陈望道翻译的《共产党宣言》第一个中文全译本在上海出版，故选D。

【简答题】

3.（2018年4月全国）中国早期马克思主义信仰者及其代表人物。

答案与解析

（1）五四运动前的新文化运动的精神领袖，其代表是李大钊、陈独秀。

（2）五四运动中的左翼骨干，其代表是毛泽东、杨匏安、蔡和森、周恩来等。

（3）一部分原中国同盟会会员、辛亥革命时期的活动家，以董必武、吴玉章、林伯渠等为代表。

牛刀小试

【选择题】

1. 1920年，陈独秀发表的表明他站到了马克思主义的旗帜之下的文章是（　　）

A.《法俄革命之比较观》　　　　B.《庶民的胜利》
C.《布尔什维主义的胜利》　　　D.《谈政治》

正确答案 D

解析 本题考查早期马克思主义者的队伍。1920年9月，陈独秀发表《谈政治》一文，表明他站到了马克思主义的旗帜之下，故选D。

【简答题】

2. 简述早期马克思主义思想运动的基本特点。

答案与解析

（1）重视对马克思主义基本理论的学习，同第二国际的社会民主主义划清界限，坚持了马克思主义的革命原则和正确方向。

（2）注意从中国的实际出发，初步形成了马克思主义应当与中国实际相结合的思想（尽管在当时还没有明确提出这个命题）。

（3）开始提出知识分子应当忠于民众，到民间去，同劳动群众相结合的思想。

知识点② 中国共产党的创立及历史特点 ★★★

1. 中国共产党的早期组织及其活动

（1）1920年2月，陈独秀、李大钊交换了建党的意见，相约在北京和上海进行筹建活动，史称"南陈北李，相约建党"。

（2）中国第一个地方共产党组织成立：1920年8月，上海共产主义小组在上海成立，陈独秀任书记，成员有李汉俊、李达等。

（3）北京共产主义小组成立：1920年10月，李大钊、张申府、张国焘发起成立北京共产党早期组织，李大钊为书记。

（4）工会：1920年11月，李中主持成立了共产党早期组织领导的第一个产业工会——上海机器工会，出版《机器工人》。

2. 中国共产党第一次全国代表大会

（1）1921年7月23日，中国共产党第一次全国代表大会在上海举行，最后一次会议移至浙江嘉兴南湖的一条游船上举行（这条游船后来被称为"红船"）。

（2）中共一大通过了《中国共产党第一个纲领》和《中国共产党第一个决议》，规定党成立后的中心任务是开展工人运动，以共产主义精神教育工人。

（3）中共一大选举产生了由陈独秀、张国焘、李达三人组成的中央局作为党的领导机构，陈独秀担任中央局书记。

3. 中国共产党成立的历史特点和意义

（1）历史特点：

①一方面，它成立于俄国十月革命胜利、第二国际修正主义破产之后，得到了列宁领导的共产国际代表的指导和帮助，是以俄国布尔什维克为榜样、按照列宁的建党原则建立起来的。它所接受的是没有被修正主义阉割的马克思主义的完整的科学世界观和社会革命论。

②另一方面，它是在半殖民地半封建中国的工人运动基础上产生的。中国工人阶级具有坚强的革命性，在这个阶级中不存在欧洲那种工人贵族阶层，没有社会改良主义的基础。

③中国共产党一开始就是一个以马克思列宁主义理论为指导思想的党，是一个区别于第二国际社会改良党的新型工人阶级革命政党。

（2）中国共产党人的初心和使命：为中国人民谋幸福，为中华民族谋复兴。

（3）历史意义：

领导核心	指导思想	沟通世界
它标志着中国革命终于有了一个坚强的领导核心。中国共产党不仅代表中国工人阶级的利益，而且代表中国人民和中华民族的利益。它的成立使中国革命有了可信赖的组织者和领导者，使中国工人阶级有了自己的司令部。	中国革命从此有了一个科学的指导思想。中国共产党以马克思列宁主义基本原理观察和分析中国的问题，为中国人民指明了斗争的目标、革命的前途和走向胜利的道路。	沟通了中国革命与世界革命的联系，把中华民族的解放运动同世界无产阶级社会主义革命运动相联结并成为其中一部分，使中国革命有了新的前途。

总之，自从有了中国共产党，中国革命的面目就焕然一新了；中国人民谋求民族独立、人民解放和国家富强、人民幸福的斗争就有了主心骨，中国人民就从精神上由被动转为主动。

知识解读

本知识点主要考查选择题、简答题和论述题。

了解中国共产党的最早组织是1920年8月成立的上海共产主义小组，第一个产业工会是上海机器工会。

掌握中国共产党成立的历史意义：三个核心词（领导核心、指导思想、沟通世界）。

真题小练

【选择题】

1.（2016年10月全国）1920年11月，中国共产党早期组织领导建立的第一个产业工会是（　　）

A. 上海机器工会　　　　　　　　B. 上海印刷工会

C. 上海纺织工会　　　　　　　　D. 中华全国总工会

正确答案 A

解析 本题考查中国共产党的早期组织及其活动。1920年11月，李中主持成立了共产党早期组织领导的第一个产业工会——上海机器工会,出版《机器工人》,故选A。

【论述题】

2. (2018年10月全国) 中国共产党成立的历史意义。

答案与解析

(1) 它标志着中国革命终于有了一个坚强的领导核心。它的成立使中国革命有了可信赖的组织者和领导者。

(2) 中国革命从此有了一个科学的指导思想。中国共产党以马克思列宁主义基本原理观察和分析中国的问题,为中国人民指明了斗争的目标、革命的前途和走向胜利的道路。

(3) 沟通了中国革命与世界革命的联系,把中华民族的解放运动同世界无产阶级社会主义革命运动相联结并成为其中一部分,使中国革命有了新的前途。

(4) 自从有了中国共产党,中国革命的面目就焕然一新了。

牛刀小试

【选择题】

1. 1920年,陈独秀等人建立的中国共产党早期组织是 ( )
A. 上海共产主义小组 B. 北京共产主义小组
C. 武汉共产主义小组 D. 广州共产主义小组

正确答案 A

解析 本题考查中国共产党的早期组织及其活动。中国共产党的最早组织是1920年8月在中国工人阶级最密集的中心城市——上海成立的。陈独秀任书记,成员有李汉俊、李达等,故选A。

【论述题】

2. 怎样认识中国共产党成立的历史特点?

答案与解析

(1) 一方面,它成立于俄国十月革命胜利、第二国际修正主义破产之后,得到了列宁领导的共产国际代表的指导和帮助,是以俄国布尔什维克为榜样、按照列宁的建党原则建立起来的。它所接受的是没有被修正主义阉割的马克思主义的完整的科学世界观和社会革命论。

(2) 另一方面,它是在半殖民地半封建中国的工人运动基础上产生的。中国工人阶级具有坚强的革命性,在这个阶级中不存在欧洲那种工人贵族阶层,没有社会改良主义的基础。

(3) 中国共产党一开始就是一个以马克思列宁主义理论为指导思想的党,是一个区别于第二国际社会改良党的新型工人阶级革命政党。

知识点 ③ 反帝反封建革命纲领的制定和工农运动的发动 ★★★

1. 反帝反封建革命纲领的制定

（1）1922年7月，中国共产党第二次全国代表大会在上海召开。大会通过了《中国共产党第二次全国代表大会宣言》《中国共产党章程》以及8个决议案。

（2）中共二大在中国近代史上第一次明确提出了反帝反封建的民主革命纲领，解决了分清敌友这个革命的首要问题。

2. 发动工农群众开展革命斗争

（1）工人运动方面：

时间	内容
1921.8	中国共产党在上海成立中国劳动组合书记部，这是党领导工人运动的专门机关。
1922.1	香港海员为要求增加工资举行罢工，迫使港英当局答应增加工资。这是中国工人阶级第一次直接同帝国主义势力进行的有组织的较量，成为第一次工人运动高潮的**起点**。
1922.9	在毛泽东、刘少奇、李立三的领导下，安源路矿工人举行大罢工。由于采取了恰当的斗争策略以及工人们的英勇斗争和社会各界的声援，罢工取得胜利。
1923.2	2月4日，京汉铁路工人为成立总工会举行了总同盟罢工（即京汉铁路工人罢工）。2月7日，北京政府调动军警镇压罢工，制造了震惊中外的"二七惨案"。之后，各地的工会组织除广东、湖南外都遭封闭，全国工人运动暂时转入了低潮。

（2）农民运动方面：1921年9月，沈定一等在浙江省萧山县衙前村成立了第一个农民协会，组织农民开展反抗地主压迫与剥削的斗争。

> **知识解读**
>
> 本知识点主要考查选择题。
>
> 注意中国共产党领导工人运动的专门机关是中国劳动组合书记部，掌握第一次工人运动的各项内容。
>
> 着重注意中共二大在中国近代史上第一次明确提出了反帝反封建的民主革命纲领，常考查选择题。

真题小练

【选择题】

1. (2018年4月北京) 在中国近代史上第一次明确提出反帝反封建的革命纲领,解决了分清敌友这个问题的中国共产党代表大会是( )
   A. 中共一大 B. 中共二大
   C. 中共三大 D. 中共四大

正确答案 B

解析 本题考查中共二大的内容。中共二大在中国近代史上第一次明确提出了反帝反封建的民主革命纲领,解决了分清敌友这个革命的首要问题。历史证明,只有用马克思主义武装起来的中国共产党才能为中国革命指明方向,故选B。

2. (2018年4月全国) 中国共产党领导建立的第一个农民协会是在( )
   A. 湖南省湘潭县 B. 广东省海丰县
   C. 浙江省萧山县 D. 福建省上杭县

正确答案 C

解析 本题考查中国共产党领导的农民运动。1921年9月,沈定一等在浙江省萧山县衙前村成立了第一个农民协会,组织农民开展反抗地主压迫与剥削的斗争,故选C。

牛刀小试

【选择题】

1. 1921年8月,中国共产党成立的领导工人运动的专门机关是( )
   A. 职工运动委员会 B. 中国劳动组合书记部
   C. 中华全国总工会 D. 省港罢工委员会

正确答案 B

解析 本题考查中国共产党领导的工人运动。1921年8月,中国共产党在上海成立中国劳动组合书记部,这是党领导工人运动的专门机关,故选B。

2. 1922年1月,中共领导的第一次工人运动高潮的起点是( )
   A. 香港海员罢工 B. 安源路矿罢工
   C. 京汉大罢工 D. 省港大罢工

正确答案 A

解析 本题考查中国共产党领导的工人运动。1922年1月,香港海员为要求增加工资举行罢工。在苏兆征、林伟民等领导下,罢工坚持了56天,迫使港英当局答应增加工资。这是中国工人阶级第一次直接同帝国主义势力进行的有组织的较量,成为第一次工人运动高潮的起点,故选A。

第三节　国共合作与国民革命

本节内容提要

1924年1月，中国共产党同中国国民党的第一次合作正式形成，国共两党的合作极大地推进了中国革命。北伐战争的胜利进展以及工农运动的蓬勃开展，将国民革命推向高潮。由于国民党右派的叛变以及中共中央的右倾错误，1927年7月，国共合作破裂，国民革命失败。

知识点名称	考纲要求	考核内容	考试题型
第一次国共合作的形成与国民革命的兴起	识记	中共三大	选择题
		国民党一大	选择题
		中共四大	选择题
	领会	第一次国共合作的政治基础及组织形式	选择题、简答题
		国民革命的兴起	选择题
北伐战争的胜利进展	识记	北伐战争	选择题
	简单运用	北伐战争的胜利进展及其原因	简答题、论述题
国共合作的破裂与国民革命的失败	综合运用	国民革命的意义以及失败的原因与教训	简答题

知识点① 第一次国共合作的形成与国民革命的兴起 ★★

1. 第一次国共合作的形成

（1）1923年6月，中国共产党在广州召开第三次全国代表大会。

①大会集中讨论了建立革命统一战线的问题，决定全体共产党员以个人名义加入国民党。

②大会强调在共产党员加入国民党时，党必须在政治上、思想上、组织上保持自己的独立性。

③大会正确制定了建立革命统一战线的方针政策，有力推动了第一次国共合作的形成。

（2）1924年1月，中国国民党第一次全国代表大会在广州召开。大会通过的宣言对三民主义作了新的阐释。

①民族主义突出了反对帝国主义的内容，强调对外争取中华民族的完全独立，同时主张国内各民族一律平等。

②民权主义强调民权为一般平民所共有，不应为"少数人所得而私"。

③民生主义在"平均地权"基础上增加了"节制资本"的原则，并提出改善工农的生活状况。

（3）国共合作的政治基础：新三民主义（民族、民权、民生）。国民党新三民主义和中国共产党在民主革命阶段的纲领基本一致，成为国共合作的政治基础和革命统一战线的共同纲领。

（4）国民党一大实际上确立了"联俄、联共、扶助农工"三大政策。

（5）国民党一大的成功召开，标志着以第一次国共合作为基础的革命统一战线正式形成。

2. 国民革命的兴起

（1）工农运动的恢复和发展：1924年7月，广州沙面租界工人罢工的胜利成为工人运动从低潮转向高潮的信号。

（2）1924年5月，中国国民党陆军军官学校（简称黄埔军校）成立，同年11月，周恩来担任黄埔军校政治部主任。

（3）1924年10月，直系将领冯玉祥发动北京政变，电邀孙中山北上"共商国是"。

（4）1925年1月，中国共产党第四次全国代表大会召开，大会的中心议题是讨论党如何领导即将到来的革命高潮。

（5）1925年5月，五卅运动爆发，成为全国范围的大革命风暴兴起的标志。

（6）1925年6月，省港大罢工爆发，罢工前后坚持了16个月，是中国工人运动史上前所未有的壮举。

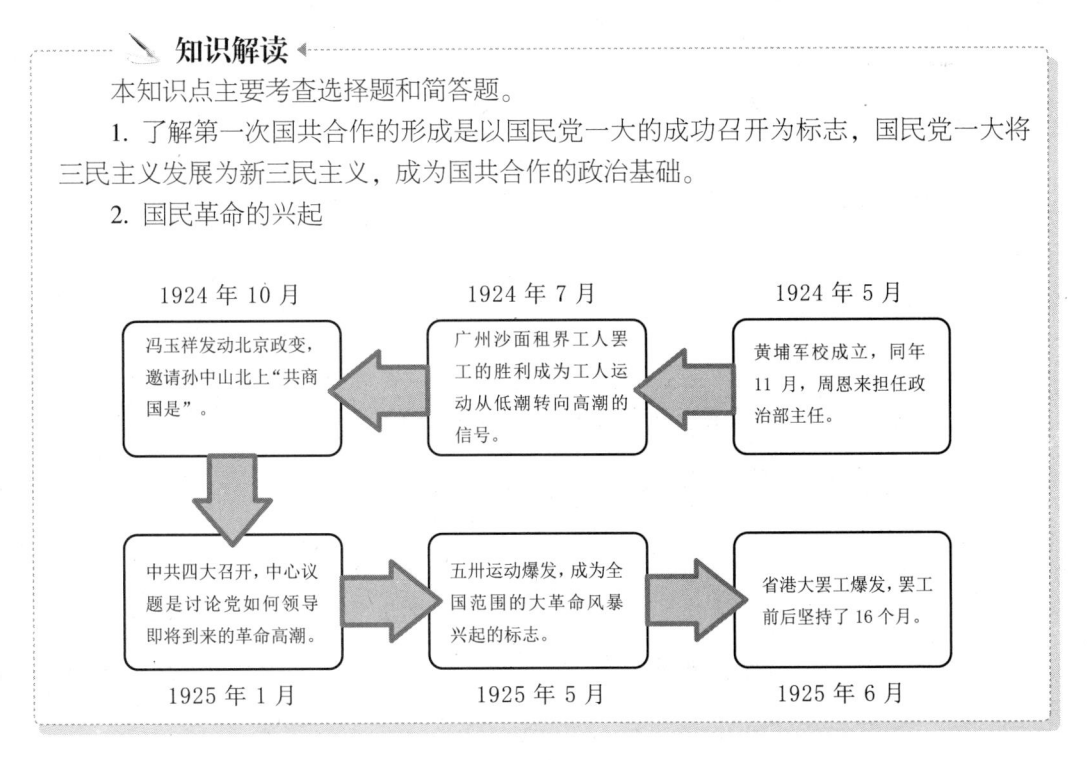

> **知识解读**
>
> 本知识点主要考查选择题和简答题。
>
> 1. 了解第一次国共合作的形成是以国民党一大的成功召开为标志，国民党一大将三民主义发展为新三民主义，成为国共合作的政治基础。
>
> 2. 国民革命的兴起
>
> | 1924年10月 | 1924年7月 | 1924年5月 |
> |---|---|---|
> | 冯玉祥发动北京政变，邀请孙中山北上"共商国是"。 | ← 广州沙面租界工人罢工的胜利成为工人运动从低潮转向高潮的信号。 | ← 黄埔军校成立，同年11月，周恩来担任政治部主任。 |
> | ↓ | | |
> | 中共四大召开，中心议题是讨论党如何领导即将到来的革命高潮。 | → 五卅运动爆发，成为全国范围的大革命风暴兴起的标志。 | → 省港大罢工爆发，罢工前后坚持了16个月。 |
> | 1925年1月 | 1925年5月 | 1925年6月 |

📝 **真题小练**

【选择题】

1. （2018年10月全国）第一次国共合作的政治基础是（   ）
   A. 三民主义   B. 新三民主义
   C. 新民主主义   D. 社会主义

   正确答案 B

   解析 本题考查第一次国共合作。新三民主义和中国共产党在民主革命阶段的纲领基本一致，成为国共合作的政治基础和革命统一战线的共同纲领，故选 B。

2. （2018年4月北京）第一次国共合作时期，标志着工人运动从低潮转向高潮的信号是（   ）
   A. 广州沙面租界工人罢工   B. 五四运动
   C. 省港大罢工   D. 上海工人武装起义

   正确答案 A

   解析 本题考查国民革命的兴起。1924年7月，广州沙面租界工人罢工的胜利成为工人运动从低潮转向高潮的信号，故选 A。

【简答题】

3. （2013年4月全国）中国国民党一大对三民主义的新阐释是什么？

   答案与解析

   （1）民族主义突出了反对帝国主义的内容，强调对外争取中华民族的完全独立，同时主张国内各民族一律平等。

   （2）民权主义强调民权为一般平民所共有，不应为"少数人所得而私"。

   （3）民生主义在"平均地权"基础上增加了"节制资本"的原则，并提出改善工农的生活状况。

🔍 **牛刀小试**

【选择题】

1. 实际确立"联俄、联共、扶助农工"三大政策的国民党代表大会是（   ）
   A. 国民党一大   B. 国民党二大
   C. 国民党三大   D. 国民党四大

   正确答案 A

   解析 本题考查第一次国共合作。国民党一大实际上确立了"联俄、联共、扶助农工"三大政策。大会的成功召开，标志着以第一次国共合作为基础的革命统一战线正式形成，故选 A。

2. 第一次国共合作建立后，全国范围的大革命风暴兴起的标志是（　　）
A. 护国战争　　　　　　B. 护法运动
C. 北伐战争　　　　　　D. 五卅运动

正确答案 D

解析 本题考查国民革命的兴起。1925年5月，五卅运动爆发，成为全国范围的大革命风暴兴起的标志，故选D。

知识点 ② ▶ 北伐战争的胜利进展 ★

1. 国共合作下的北伐战争

（1）1925年，国民政府所辖各部队统一改编为国民革命军。1926年7月9日，国民革命军举行誓师典礼，北伐战争正式开始。

（2）北伐战争的直接目标：打倒帝国主义支持的北洋军阀：吴佩孚、孙传芳、张作霖。

（3）北伐战争的战略方针：首先进军两湖，消灭吴佩孚；然后引兵东向，消灭孙传芳；最后，北上解决张作霖。

（4）北伐战争胜利进军的原因：

①国共合作的实现，革命统一战线的建立，特别是共产党员和共青团员的先锋模范作用是北伐胜利的重要原因。

②北伐战争是反对帝国主义和封建军阀的正义的革命战争，得到广大工农群众的大力支持。

③北伐战争得到苏联政府的多方面援助，特别是派出的军事顾问帮助北伐军制定了正确的军事战略战术。

2. 工农运动的普遍高涨

（1）1927年2月，在中国人民反帝斗争的影响下，收回了汉口、九江的英租界。

（2）1927年3月，周恩来领导上海工人发动第三次武装起义，占领了上海除租界外的全部市区。

（3）1926年11月，中共中央成立农民运动委员会，毛泽东担任书记。

知识解读

本知识点主要考查方式为简答题，一般考查北伐战争的内容。

1925年，为了打倒北洋军阀，国共联手进行革命，熟记两个知识点：

1. 北伐的战略方针分为三步走：（1）两湖吴佩孚；（2）东向孙传芳；（3）北上张作霖。

2. 北伐的胜利原因：（1）国共合作；（2）群众支持；（3）苏联援助。

真题小练

【简答题】

1.（2016年10月全国）1926年至1927年，北伐战争直接打击的目标和战略方针。

答案与解析

（1）北伐的直接目标是打倒帝国主义支持的北洋军阀：吴佩孚、孙传芳、张作霖。

（2）北伐的战略方针：首先进军两湖，消灭吴佩孚；然后引兵东向，消灭孙传芳；最后，北上解决张作霖。

2.（2015年4月全国）北伐战争胜利进军的主要原因是什么？

答案与解析

（1）国共合作的实现，革命统一战线的建立，特别是共产党员和共青团员的先锋模范作用是北伐胜利的重要原因。

（2）北伐战争是反对帝国主义和封建军阀的正义的革命战争，得到广大工农群众的大力支持。

（3）北伐战争得到苏联政府的多方面援助，特别是派出的军事顾问帮助北伐军制定了正确的军事战略战术。

知识点 ③ 国共合作的破裂与国民革命的失败 ★★

1. 国民党右派发动反共政变

（1）国民党右派的反共政变

时间	反共政变
1926年3月	蒋介石制造中山舰事件。
1926年5月	蒋介石制造整理党务案事件。
1927年4月12日	蒋介石在上海以"清党"名义捕杀共产党员和革命群众，史称"四·一二"政变。
1927年7月15日	①汪精卫在其辖区对共产党员和革命群众进行大屠杀，史称"七·一五"政变。②标志着第一次国共合作全面破裂，大革命失败。

（2）1927年4月27日至5月9日，中国共产党第五次全国代表大会召开。这次大会没有担负起挽救革命的任务。

2. 国民革命失败的原因

（1）客观原因：一是敌我力量悬殊，反革命力量十分强大；二是革命统一战线内部出现剧烈分化，蒋介石、汪精卫先后分裂统一战线，制造反共政变，使革命力量遭到严重损失。

（2）主观原因：以陈独秀为首的中共中央领导机关在大革命后期犯了右倾机会主义错误。

3. 国民革命的意义：

（1）沉重打击了帝国主义和封建主义的统治势力，中国人民的觉悟程度和组织程度有了明显的提高，实际上是迎接未来革命胜利的一次伟大的演习。

（2）扩大了中国共产党在中国人民中的政治影响，宣传了党在民主革命阶段的纲领，使党经受了一次大革命的洗礼，积累了初步的经验。

> **知识解读**
>
> 本知识点主要考查选择题、简答题。
>
> 注意国民党右派发动反共政变的几个事件，常考查选择题：
>
> （1）1926年3月、5月，蒋介石先后制造中山舰事件、整理党务案事件。
>
> （2）1927年4月12日，蒋介石发动"四·一二"政变。
>
> （3）1927年7月15日，汪精卫发动"七·一五"政变，标志着第一次国共合作破裂，大革命失败。

真题小练

【选择题】

1.（2014年4月北京）标志着第一次国共合作破裂和大革命失败的事件是（　　）

A. "四·一二政变"　　B. "七·一五政变"

C. 中山舰事件　　　　D. 整理党务案

正确答案 B

解析 本题考查国民党右派发动反共政变。1927年7月15日，汪精卫发动"七·一五"政变，标志着第一次国共合作破裂，大革命失败，故选B。

【简答题】

2.（2008年10月全国）1924年至1927年国民革命的历史意义。

答案与解析

（1）沉重打击了帝国主义和封建主义的统治势力，中国人民的觉悟程度和组织程度有了明显的提高，实际上是迎接未来革命胜利的一次伟大的演习。

（2）扩大了中国共产党在中国人民中的政治影响，宣传了党在民主革命阶段的纲领，使党经受了一次大革命的洗礼，积累了初步的经验。

牛刀小试

【选择题】

1927年，蒋介石在上海制造了捕杀共产党员和革命群众的（　　）

A. 中山舰事件　　　　B. 整理党务案

C. 四·一二政变　　　D. "七·一五"政变

正确答案 C

解析　本题考查国民党右派发动反共政变。1927年4月12日，蒋介石在上海以"清党"名义捕杀共产党员和革命群众，史称"四·一二"政变。故选C。

第五章 中国革命的新道路

本章思维导图

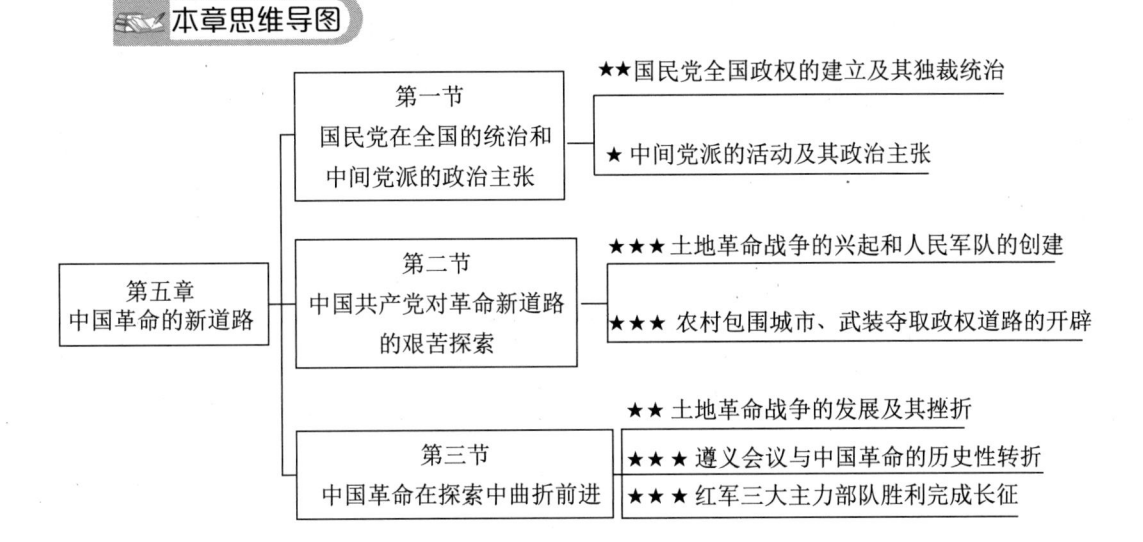

第五章 中国革命的新道路
- 第一节 国民党在全国的统治和中间党派的政治主张
  - ★★国民党全国政权的建立及其独裁统治
  - ★中间党派的活动及其政治主张
- 第二节 中国共产党对革命新道路的艰苦探索
  - ★★★土地革命战争的兴起和人民军队的创建
  - ★★★农村包围城市、武装夺取政权道路的开辟
- 第三节 中国革命在探索中曲折前进
  - ★★土地革命战争的发展及其挫折
  - ★★★遵义会议与中国革命的历史性转折
  - ★★★红军三大主力部队胜利完成长征

第一节 国民党在全国的统治和中间党派的政治主张

本节内容提要

国民革命失败后，以蒋介石为代表的国民党集团建立了在全国的独裁统治。在国民党统治下，中国经济社会发展遭遇严重障碍。民族资产阶级、上层小资产阶级及其知识分子中的一些人，在国共两党之间组建新的中间党派，试图寻找一条通过改良主义在中国发展资本主义的道路。

知识点名称	考纲要求	考核内容	考试题型
国民党全国政权的建立及其独裁统治	识记	东北易帜	选择题
	简单运用	官僚资本	选择题
	综合运用	国民党的独裁统治	选择题、简答题
		国民党统治下的中国社会经济	选择题、简答题
中间党派的活动及其政治主张	领会	中间党派及其社会基础	选择题
	简单应用	中国国民党临时行动委员会	选择题

知识点 ① 国民党全国政权的建立及其独裁统治 ★★

1. 国民党在全国统治的建立

(1) 宁汉合流：1927年七·一五政变后，国民党的南京国民政府和武汉国民政府仍然互相对峙。经过几番周折，宁、汉合流。1928年2月，南京国民政府改组，武汉国民政府不复存在。

(2) 东北易帜：

时间	人物	内容
1928年12月29日	张学良	宣布"遵守三民主义，服从国民政府，改易旗帜"，史称"东北易帜"。
标志		北洋军阀不再作为独立的政治力量继续存在，国民党在全国范围内建立了自己的统治。

(3) 1928年10月，国民党中央常务委员会通过《训政纲领》，彻底废除了北洋政府时期还在形式上存在的议会制度。

(4) 国民党独裁统治的表现：①建立庞大的军队；②建立密布全国的特务系统；③大力推行保甲制度；④厉行文化专制主义。

2. 国民党统治下的中国社会经济

(1) 中国社会经济（见下图）：

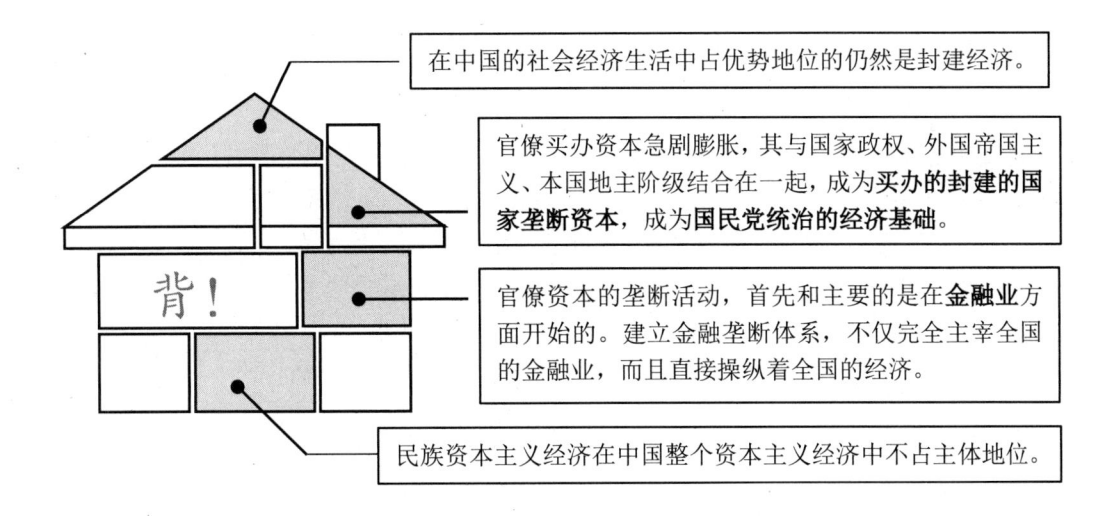

- 在中国的社会经济生活中占优势地位的仍然是封建经济。
- 官僚买办资本急剧膨胀，其与国家政权、外国帝国主义、本国地主阶级结合在一起，成为**买办的封建的国家垄断资本**，成为**国民党统治的经济基础**。
- 官僚资本的垄断活动，首先和主要的是在**金融业**方面开始的。建立金融垄断体系，不仅完全主宰全国的金融业，而且直接操纵着全国的经济。
- 民族资本主义经济在中国整个资本主义经济中不占主体地位。

（2）国民党的反动统治代表着帝国主义、封建主义和官僚资本主义的利益，在当时，推翻国民党的反动统治成为新民主主义革命的主要目标。

（3）近代中国民族资本主义经济的特点：

①在国民经济中所占比重很小，始终没有成为中国社会经济的主要形式。

②工业资本所占的比重小，商业资本和金融资本所占的比重大。

③以纺织、食品等轻工业为主，缺乏重工业的基础，不能构成一个完整的工业体系。

④企业规模狭小、技术设备落后、劳动生产率低。

⑤和外国垄断资本、本国官僚资本以及封建势力有千丝万缕的联系。

知识解读

本知识点着重注意东北易帜和官僚资本的内容，常考查选择题。

以张学良宣布"东北易帜"为标志，国民党在全国范围内建立了统治。国民党统治时期，官僚买办资本急剧膨胀，成为买办的封建的国家垄断资本和国民党统治的经济基础。国民党官僚资本首先和主要在金融业方面开始垄断活动，建立了金融垄断体系，直接操纵全国经济。帝国主义的侵略，封建主义的剥削和官僚资本的垄断，严重阻碍了中国经济与社会的发展，国民党的反动统治代表着帝国主义、封建主义和官僚资本主义的利益，在当时，推翻其统治成为新民主主义革命的主要目标。

真题小练

【选择题】

1.（2018年10月全国）1928年12月，在东北宣布"服从南京国民政府，改易旗帜"的是（　　）

A. 孙传芳　　　　　　　　　　　　B. 吴佩孚

C. 张作霖　　　　　　　　　　D. 张学良

正确答案 D

解析 本题考查国民党在全国统治建立的标志。张学良于1928年12月29日发出通告，宣布"遵守三民主义，服从国民政府，改易旗帜"。北洋军阀不再作为独立的政治力量继续存在，国民党在全国范围内建立了自己的统治，故选D。

2. （2019年10月全国）国民党在全国统治建立后，官僚资本的垄断活动首先和主要是（　　）
   A. 从农业方面开始的　　　　B. 从工业方面开始的
   C. 从商业方面开始的　　　　D. 从金融业方面开始的

正确答案 D

解析 本题考查国民党统治下的中国社会经济。国民党在全国的统治建立后，官僚资本的垄断活动首先和主要是从金融业方面开始的，故选D。

【简答题】

3. （2009年4月全国）近代中国民族资本主义经济的特点是什么？

答案与解析

(1) 在国民经济中所占比重很小，始终没有成为中国社会经济的主要形式。
(2) 工业资本所占的比重小，商业资本和金融资本所占的比重大。
(3) 以纺织、食品等轻工业为主，缺乏重工业的基础，不能构成一个完整的工业体系。
(4) 企业规模狭小、技术设备落后、劳动生产率低。
(5) 和外国垄断资本、本国官僚资本以及封建势力有千丝万缕的联系。

牛刀小试

【选择题】

1928年10月，国民党中央常务委员会通过了（　　）
A. 《中华民国临时约法》　　　B. 《中华民国约法》
C. 《军政纲领》　　　　　　　D. 《训政纲领》

正确答案 D

解析 本题考查国民党在全国的统治。1928年10月，国民党中央常务委员会通过《训政纲领》，彻底废除了北洋时期还在形式上存在的议会制度，故选D。

知识点② 中间党派的活动及其政治主张 ★

1. 中间党派的社会基础：主要是民族资产阶级、上层小资产阶级及知识分子。
2. 主要中间党派：

名称	代表人物	注释
中国国民党临时行动委员会	邓演达	1930年8月正式成立，又称第三党
乡村建设派	梁漱溟	
中华职业教育社	黄炎培	
中国青年党	曾琦、李璜、左舜生	又称醒狮派、国家主义派
中国国家社会党	张君劢、张东荪、罗隆基	又称再造派

知识解读

本知识点主要考查选择题，重点在于识记中间党派的名称和代表人物，着重注意1930年8月，邓演达领导成立的中国国民党临时行动委员会。

中国国民党临时行动委员会	
时间	1930年8月正式成立
领导人	邓演达
成员	一部分国民革命时期的国民党左派和一些国民革命失败后因为各种原因脱离共产党组织的人士
主张	政治上主张进行"平民革命"，推翻国民党的独裁统治，建立各级平民政权；经济上主张实行土地国有，实现"耕者有其田"
斗争	大力策动军事反蒋活动，商定武装起义计划

真题小练

【选择题】

（2017年10月全国）1930年8月，邓演达领导成立的中间党派是（　　）

A. 中国青年党　　　　　　　　　　B. 中国国家社会党

C. 中国国民党临时行动委员会　　　D. 中国国民党革命委员会

正确答案 C

解析 本题考查中间党派的活动。1930年8月，邓演达领导成立了中国国民党临时行动委员会，故选C。

牛刀小试

【选择题】

在20世纪二三十年代，影响较大的中间派别中，以黄炎培为首的是（　　）

A. 第三党　　　　　　　　　　　　B. 乡村建设派

C. 国家社会党　　　　　　　　D. 中华职业教育社

正确答案 D

解析 本题考查中间党派的活动。在20世纪二三十年代，影响较大的中间派别中，以黄炎培为首的是中华职业教育社，故选D。

第二节　中国共产党对革命新道路的艰苦探索

本节内容提要

1927年国民革命失败后，中国共产党独立领导工农大众开展土地革命和武装斗争。在复兴中国革命的艰难征程中，以毛泽东为代表的中国共产党人走出了一条农村包围城市、武装夺取政权的革命新道路。

知识点名称	考纲要求	考核内容	考试题型
土地革命战争的兴起和人民军队的创建	识记	革命危机时刻加入共产党的代表人物	—
		八七会议	选择题、简答题
		毛泽东与湘赣边界秋收起义	选择题、简答题
	领会	南昌起义的意义	简答题
		井冈山农村革命根据地创建的意义	选择题、简答题
农村包围城市，武装夺取政权道路的开辟	识记	《星星之火，可以燎原》	选择题
		兴国土地法	选择题
	领会	红军反"围剿"作战的胜利	选择题
		土地革命中的阶级路线和土地分配方法	选择题
	简单应用	中国红色政权存在和发展的原因及条件	简答题、论述题
		"工农武装割据"	选择题
	综合应用	以毛泽东为代表的中国共产党人对革命新道路的艰辛探索	选择题、简答题、论述题

知识点 ① 土地革命战争的兴起和人民军队的创建 ★★★

1. 探索中国革命新道路的艰难环境

（1）1927年大革命失败后，中国革命形势转入低潮，中国共产党面临严重困难。

（2）在革命的危急时刻，教育家徐特立、文学家郭沫若以及在国民革命军中担任领导职务的贺龙、彭德怀等加入了共产党的队伍。

2. 中国共产党人发动武装斗争和土地革命

（1）八七会议

八七会议	
背景	1927年8月7日，中共中央在汉口秘密召开紧急会议（即八七会议）。
内容	①彻底清算了大革命后期陈独秀的右倾机会主义错误，确定了土地革命和武装斗争的方针，并选出了以瞿秋白为首的中央临时政治局。 ②毛泽东在发言中着重阐述了农民问题和武装斗争对于中国革命的极端重要性。强调党"以后要非常注意军事。须知政权是由枪杆子中取得的"。
意义	①给正处在思想混乱和组织涣散中的中国共产党指明了出路。 ②是由大革命失败到土地革命战争兴起的一个历史转折点。

（2）南昌起义

南昌起义	
背景	1927年8月1日，以周恩来为书记的前敌委员会及贺龙、叶挺、朱德、刘伯承等人，率领共产党掌握或影响下的北伐军2万多人在南昌举行起义。
意义	①它打响了武装反抗国民党反动统治的第一枪，体现了中国共产党人为实行中国人民的根本利益和中华民族的解放事业而前赴后继的革命精神。 ②它成为共产党独立领导革命战争、创建人民军队和武装夺取政权的伟大开端。 ③它揭开了土地革命战争的序幕。

（3）秋收起义

秋收起义	
背景	1927年9月9日，毛泽东作为中央特派员领导的湘赣边界秋收起义爆发。
特点	①它放弃了"左派国民党"运动的旗号，公开打出了"工农革命军"的旗帜。 ②它不仅是军队的行动，而且有数量众多的工农武装参加。

（4）三湾改编

	三湾改编
背景	秋收起义部队在攻打长沙遭遇严重挫折后，以毛泽东为书记的前敌委员会改变原定部署，带领起义部队转移，随后在三湾村对起义部队进行改编。
内容	①将原有的一个师缩编为一个团。 ②在部队中建立共产党各级组织，将党的支部建在连上。 ③成立各级士兵委员会，部队内部实行民主管理。
意义	成为建设共产党领导的新型人民军队的重要开端。

（5）创建井冈山根据地

	创建井冈山根据地
背景	1927年10月7日，毛泽东率领部队抵达江西宁冈县茅坪，开始了创建井冈山农村革命根据地的斗争。
意义	①它点燃了"工农武装割据"的星星之火，为共产党领导的其他各地的起义武装树立了榜样； ②它从实践上开辟了一条在敌我力量十分悬殊的情况下，共产党深入农村保存和发展革命力量的正确道路。

（6）广州起义

	广州起义
背景	1927年12月11日，中共广东省委书记张太雷和叶挺、叶剑英等领导发动了广州起义。
内容	起义军一度成立了苏维埃政府，但在敌人的强势进攻下，起义最终失败。

> **知识解读**
>
> 本知识点重要且考频高，请同学们重点掌握该知识点。
> （1）八七会议作为中国共产党历史上的一个转折点，具有重大历史意义，属于考试重点。
> （2）三大起义：其中南昌起义和秋收起义是重点，应着重注意。

第五章　中国革命的新道路

名称	时间	领导人	重点内容
南昌起义	1927年8月1日	以周恩来为书记的前敌委员会及贺龙、叶挺、朱德、刘伯承等人	意义：①它打响了武装反抗国民党反动统治的第一枪，体现了中国共产党人为实行中国人民的根本利益和中华民族的解放事业而前赴后继的革命精神。②它成为共产党独立领导革命战争、创建人民军队和武装夺取政权的伟大开端。③它揭开了土地革命战争的序幕。
秋收起义	1927年9月9日	毛泽东	特点：①它放弃了"左派国民党"运动的旗号，公开打出了"工农革命军"的旗帜。②它不仅是军队的行动，而且有数量众多的工农武装参加。
广州起义	1927年12月11日	张太雷、叶挺、叶剑英	——

（3）三湾改编的内容常考查简答题，其意义一般考查选择题。

（4）井冈山根据地是中国共产党创立的第一个农村根据地。

真题小练

【选择题】

1. （2018年10月北京）1927年8月，中共在汉口召开的确定了土地革命和武装斗争方针的会议是（　　）

　　A. 汉口会议　　　　　　　　B. 八七会议

　　C. 中共四大　　　　　　　　D. 中共五大

正确答案 B

解析 本题考查八七会议的地位。1927年8月7日，中共中央在汉口秘密召开紧急会议（即八七会议）。会议彻底清算了大革命后期陈独秀的右倾机会主义错误，确定了土地革命和武装斗争的方针，并选出了以瞿秋白为首的中央临时政治局，故选B。

【简答题】

2. （2017年4月全国）简述毛泽东领导的湘赣边界秋收起义的特点。

答案与解析

（1）它放弃了"左派国民党"运动的旗号，公开打出了"工农革命军"的旗帜。

（2）它不仅是军队的行动，而且有数量众多的工农武装参加。

【论述题】

3. （2018年10月北京）论述南昌起义及其历史作用。

答案与解析

(1) 1927年8月1日，以周恩来为书记的前敌委员会及贺龙、叶挺、朱德、刘伯承等人，率领共产党掌握或影响下的北伐军2万多人在南昌举行起义。

(2) 历史作用：

①它打响了武装反抗国民党反动统治的第一枪，体现了中国共产党人为实行中国人民的根本利益和中华民族的解放事业而前赴后继的革命精神。

②它成为共产党独立领导革命战争、创建人民军队和武装夺取政权的伟大开端。

③它揭开了土地革命战争的序幕。

牛刀小试

【简答题】

1. 简述三湾改编的主要内容。

答案与解析

(1) 将原有的一个师缩编为一个团。

(2) 在部队中建立共产党各级组织，将党的支部建在连上。

(3) 成立各级士兵委员会，部队内部实行民主管理。

2. 简述井冈山革命根据地创建的历史意义。

答案与解析

(1) 它点燃了"工农武装割据"的星星之火，为共产党领导的其他各地的武装起义树立了榜样；

(2) 它从实践上开辟了一条在敌我力量十分悬殊的情况下，共产党深入农村保存和发展革命力量的正确道路。

知识点② 农村包围城市、武装夺取政权道路的开辟 ★★★

1. 中国共产党人对中国革命新道路的探索

(1) 农村包围城市、武装夺取政权道路的开辟，是1927年以后中国革命发展的客观规律，是党和人民的集体智慧，而毛泽东是其中的杰出代表。

(2) 《中国的红色政权为什么能够存在?》和《井冈山的斗争》

《中国的红色政权为什么能够存在?》和《井冈山的斗争》	
背景	1928年10月和11月，毛泽东在这两篇文章中科学回答了红色政权存在和发展的原因和条件。

续表

《中国的红色政权为什么能够存在?》和《井冈山的斗争》	
根本原因	中国是一个几个帝国主义国家间接统治的经济政治发展极端不平衡的半殖民地半封建的大国。
客观条件	国民革命的影响。
	全国革命形势的继续向前发展。
主观条件	相当力量的正式红军的存在。
	共产党组织的坚强有力和各项政策的正确贯彻执行。
意义	毛泽东第一次明确提出了"工农武装割据"的思想,阐述了共产党领导的土地革命、武装斗争与根据地建设这三者之间的辩证统一关系。

(3)《星星之火,可以燎原》

《星星之火,可以燎原》	
背景	1930年1月,随着红军的壮大和根据地的扩大,毛泽东撰写了《星星之火,可以燎原》。
内容	红军、游击队和红色区域的建立和发展,是半殖民地中国在无产阶级领导之下的农民斗争的最高形式,是半殖民地农民斗争发展的必然结果,并且无疑义的是促进全国革命高潮的最重要因素。
意义	在实际上批评了共产国际和中共党内某些人坚持的"城市中心论",提出了以乡村为中心的思想,初步形成了农村包围城市、武装夺取政权的理论。

(4)《反对本本主义》

《反对本本主义》	
背景	1930年5月,毛泽东在《反对本本主义》一文中,深刻阐明了坚持辩证唯物主义的思想路线、坚持理论与实际相结合的极端重要性。
内容	明确提出"中国革命斗争的胜利要靠中国同志了解中国情况"。
意义	表现了毛泽东开辟新道路、开创新理论的革命首创精神。

(5)古田会议

古田会议	
背景	1929年12月下旬,红四军党的第九次代表大会在福建上杭县古田村召开(史称古田会议)。

续表

古田会议	
内容	①会议通过的毛泽东起草的决议案，确立了思想建党、政治建军原则，规定红军是一个执行革命的政治任务的武装集团，必须绝对服从共产党的领导，必须担负打仗、筹款和做群众工作的任务，必须加强政治工作。 ②决议案强调，必须加强思想和政治路线的教育，纠正党内的错误思想。
意义	创造性地解决了在农村环境中、在党组织和军队以农民为主要成分的环境下，如何从加强思想建设入手，保持党的无产阶级先锋队性质和建设党领导的新型人民军队的问题，这是人民军队完全区别于一切旧军队的政治特质和根本优势，对于中国革命新道路的开辟和坚持具有重要的意义。

2. 红军反"围剿"作战的胜利与土地革命的深入

（1）1930年10月，蒋介石集中重兵向南方各根据地的红军发动大规模的"围剿"。

（2）1930年10月至1931年7月，红一方面军在毛泽东、朱德等指挥下，粉碎了国民党军队的三次"围剿"，形成了中央革命根据地。

（3）农民土地问题，是中国共产党领导的新民主主义革命的一个基本问题。开展土地革命，就是要消灭封建地主的土地所有制，实行农民的土地所有制。

（4）《井冈山土地法》

《井冈山土地法》	
背景	1928年12月，毛泽东在井冈山主持制定了中国共产党历史上第一个土地法（史称《井冈山土地法》）。
意义	以立法的形式，首次肯定了广大农民获得土地的权利。
局限	由于缺乏经验，这个土地法存在着没收一切土地归苏维埃政府所有、禁止土地买卖等不适合中国农村实际的错误规定。

（5）《兴国土地法》

《兴国土地法》	
背景	1929年4月，毛泽东在兴国发布第二个土地法（史称《兴国土地法》）。
内容	将"没收一切土地"改为"没收一切公共土地及地主阶级的土地"。
意义	这是一个原则性的改正，保护了中农的利益。

（6）毛泽东还和邓子恢等规定了土地革命中的阶级路线和土地分配方法：
①坚定地依靠贫农、雇农，联合中农，限制富农，保护中小工商业者，消灭地主阶级。
②以乡为单位，按人口平分土地，在原耕地的基础上，实行抽多补少、抽肥补瘦。
（7）国民党统治区的左翼文化运动

代表人物	作品	注释
鲁迅	杂文	
瞿秋白	评论	
茅盾	《子夜》	
田汉	《义勇军进行曲》	作词
聂耳		谱曲
邹韬奋	《生活周刊》	主办者

> **知识解读**
>
> 本知识点重要且考频高，请同学们重点掌握该知识点。
> （1）毛泽东的理论著作，要注意进行区分。
>
> | 时间 | 文章 | 重点内容 |
> | --- | --- | --- |
> | 1928年10月和11月 | 《中国的红色政权为什么能够存在？》和《井冈山的斗争》 | ①红色政权存在和发展的原因和条件。②第一次明确提出了"工农武装割据"的思想。 |
> | 1930年1月 | 《星星之火，可以燎原》 | ①提出了以乡村为中心的思想。②初步形成了农村包围城市、武装夺取政权的理论。 |
> | 1930年5月 | 《反对本本主义》 | ①深刻阐明了坚持辩证唯物主义的思想路线、坚持理论与实际相结合的极端重要性。②明确提出"中国革命斗争的胜利要靠中国同志了解中国情况"。 |
>
> （2）古田会议确立了思想建党、政治建军原则。
> （3）1930年至1931年，红一方面军在取得三次反"围剿"斗争胜利的基础上建立了中央革命根据地，常考查选择题。
> （4）《井冈山土地法》和《兴国土地法》

《井冈山土地法》

- 1928年，中国共产党历史上第一个土地法
- 优点：以立法的形式，首次肯定了广大农民获得土地的权利
- 不足：没收一切土地，禁止土地买卖的规定，不符合农村实际

《兴国土地法》

- 1929年，中国共产党历史上第二个土地法
- 改进：将"没收一切土地"改为"没收一切公共土地及地主阶级土地"
- 意义：一个原则性的修正，保护了中农的利益

真题小练

【选择题】

1.（2016年10月全国）1930年1月，毛泽东提出以乡村为中心思想的重要著作是（ ）

A.《井冈山的斗争》　　　　　　B.《星星之火，可以燎原》

C.《反对本本主义》　　　　　　D.《中国革命和中国共产党》

正确答案 B

解析 本题考查毛泽东对中国革命新道路的探索。1930年1月，毛泽东在《星星之火，可以燎原》中提出了以乡村为中心的思想，初步形成了农村包围城市、武装夺取政权的理论，故选B。

2.（2014年4月全国）1930年到1931年，在红一方面军三次反"围剿"斗争胜利的基础上形成了（ ）

A. 鄂豫皖革命根据地　　　　　　B. 左右江革命根据地

C. 湘鄂西革命根据地　　　　　　D. 中央革命根据地

正确答案 D

解析 本题考查红军反"围剿"作战的胜利。从1930年10月到1931年7月，红一方面军在毛泽东、朱德等指挥下，连续粉碎了国民党军队的三次"围剿"，形成拥有21座县城、250万人口、5万平方公里土地的中央革命根据地，故选D。

3.（2008年10月上海）中国共产党历史上第一个土地法是（ ）

A.《井冈山土地法》

B.《兴国土地法》

C.《关于清算、减租及土地问题的指示》

D.《中国土地法大纲》

正确答案 A

解析 本题考查土地革命的内容。1928年12月，毛泽东在井冈山主持制定了中国

共产党历史上第一个土地法（史称《井冈山土地法》），以立法的形式，首次肯定了广大农民获得土地的权利，故选A。

【简答题】

4. （2016年10月北京）简述中国红色政权存在和发展的原因和条件。

答案与解析

（1）中国是一个几个帝国主义国家间接统治的经济政治发展极端不平衡的半殖民地半封建的大国。这是红色政权能够存在和发展的根本原因。

（2）国民革命的影响，全国革命形势的继续向前发展。这是红色政权存在和发展的两个客观条件。

（3）相当力量的正式红军的存在；共产党组织的坚强有力和各项政策的正确贯彻执行。这是红色政权存在和发展的两个主观条件。

牛刀小试

【选择题】

1. 中国共产党确立了思想建党、政治建军原则的会议是（　　）
A. 中共二大　　　　　　B. 中共三大
C. 八七会议　　　　　　D. 古田会议

正确答案 D

解析 本题考查古田会议的内容。1929年12月下旬，红四军党的第九次代表大会在福建上杭县古田村召开（史称古田会议）。会议通过的毛泽东起草的决议案，确立了思想建党、政治建军原则，规定红军是一个执行革命的政治任务的武装集团，必须绝对服从共产党的领导，必须担负打仗、筹款和做群众工作的任务，必须加强政治工作，故选D。

2. 《义勇军进行曲》的词作者是（　　）
A. 田汉　　　　　　　　B. 聂耳
C. 鲁迅　　　　　　　　D. 瞿秋白

正确答案 A

解析 本题考查国民党统治区的左翼文化运动。在根据地军民进行军事上反"围剿"作战的同时，国民党统治区的共产党人和文化界进步人士在文化战线上开展了反"围剿"斗争，形成了左翼文化运动。鲁迅的杂文，瞿秋白的评论，茅盾的小说《子夜》，田汉作词、聂耳谱曲的《义勇军进行曲》，邹韬奋主办的《生活周刊》等，对于传播进步思想、推动抗日救亡运动起到了重要作用，故选A。

第三节 中国革命在探索中曲折前进

📖 本节内容提要

在以毛泽东为代表的中国共产党人的领导下,土地革命战争胜利发展,农村革命根据地不断扩大。以王明为代表的"左"倾教条主义错误使中国革命一度陷于绝境。遵义会议的胜利召开,成为中国革命的历史性转折。红军长征一结束,中国革命的新局面就开始了。

知识点名称	考纲要求	考核内容	考试题型
土地革命战争的发展及其挫折	识记	中华苏维埃第一次全国代表大会	选择题
		"赣南会议"	选择题
		福建反"罗明路线"的斗争	——
	领会	革命根据地的建设	——
		20世纪二三十年代中国共产党内连续出现"左"倾错误的原因	简答题
	简单应用	王明"左"倾教条主义的主要错误及其危害	选择题
遵义会议与中国革命的历史性转折	识记	中央红军的战略大转移	选择题
	综合应用	遵义会议的召开及其意义	选择题、简答题、论述题
红军三大主力部队胜利完成长征	简单应用	长征精神	简答题、论述题
	综合应用	红军长征的胜利及其意义	选择题、简答题、论述题

知识点 ① 土地革命战争的发展及其挫折 ★★

1. 农村革命根据地的建设

（1）中华苏维埃第一次全国代表大会

时间	1931年11月
内容	通过了《中华苏维埃共和国宪法大纲》以及土地法令、劳动法等法律文件
	选举产生了中华苏维埃共和国中央执行委员会
	宣告了中华苏维埃共和国临时中央政府的成立
主席	毛泽东当选为中央执行委员会主席（临时中央政府主席）

（2）中华苏维埃共和国实行各级工农兵代表大会制度，是中国历史上第一个全国性的工农民主政权，是中国共产党在局部地区执政的重要尝试。

2．"左"倾教条主义的危害，土地革命战争的严重挫折

（1）土地革命战争前中期中国共产党党内的"左"倾错误。

时间	名称	内容
1927年11月至1928年4月	"左"倾盲动错误	认为革命形势在不断高涨，盲目要求"创造总暴动的局面"。
1930年6月至9月	以李立三为代表的"左"倾冒险主义	认为中国革命乃至世界革命进入高潮，盲目要求举行全国暴动和集中红军力量攻打和夺取武汉等中心城市。
1931年1月至1935年1月	以陈绍禹（王明）为代表的"左"倾教条主义	①在统一战线问题上，将1927年大革命失败时暂时退出革命阵营，在九一八事变后要求抗日与民主的民族资产阶级视为中国革命最危险的敌人，一味排斥和打击中间势力。②在革命道路问题上，继续坚持以城市为中心，将准备城市工人的总同盟罢工和武装起义作为共产党最主要的任务；指令根据地的红军采取"积极进攻的策略"，配合攻打中心城市。③在土地革命问题上，提出坚决打击富农的主张。④在反"围剿"的军事斗争问题上，实行消极防御的方针。⑤在党内斗争和组织问题上，推行"残酷斗争，无情打击"方针。

（2）20世纪二三十年代，中共党内屡次出现严重的"左"倾错误的原因。

> 八七会议以后，党内一直存在着的浓厚的近乎拼命的冲动，始终没有能够从指导思想上得到认真的清理。

> 全党的马克思主义理论准备不足，理论素养还不高，实践经验也很缺乏。

> 共产国际的干预以及对王明的全力支持，更使许多人失去了识别和抵制能力。

(3) 赣南会议

赣南会议	
背景	1931年11月的中央苏区党组织第一次代表大会（通常称"赣南会议"），在"国际路线"的旗号下，对中央根据地的工作进行了多方面的批评和指责。
内容	①毛泽东的许多正确主张，被指责为"狭隘的经验论""富农路线""极严重的一贯右倾机会主义"。 ②会议根据中共临时中央政治局的指示，取消红一方面军总司令和总政委、总前委书记的名义。
结局	把毛泽东排除在中央根据地红军领导地位之外。

(4) 临时中央政治局迁到中央根据地后，全面推行"左"倾教条主义错误，在福建开展了反对"罗明路线"的斗争，接着又在江西开展反对邓（小平）、毛（泽覃）、谢（唯俊）、古（柏）的斗争。斗争的矛头实际上是对着毛泽东的正确主张的。

(5) "左"倾教条主义给土地革命战争带来严重挫折，导致红军第五次反"围剿"失败，中央红军主力被迫实行战略转移。

> **知识解读**
>
> 本知识点主要考查选择题和简答题。
> （1）1931年11月，当选为中华苏维埃共和国中央执行委员会主席的是毛泽东。
> （2）着重注意土地革命战争前中期中国共产党党内的三次"左"倾错误的时间及主要原因。
>
> "左"倾盲动错误 → "左"倾冒险主义 → "左"倾教条主义
>
> "左"倾盲动错误：1927年11月—1928年4月
> 认为革命形势在不断高涨，盲目要求"创造总暴动的局面"
>
> "左"倾冒险主义：1930年6月—1930年9月
> 以李立三为代表的"左"倾冒险主义，认为中国革命乃至世界革命进入高潮，盲目要求举行全国暴动和集中红军力量攻打和夺取武汉等中心城市。
>
> "左"倾教条主义：1931年1月—1935年1月
> 以陈绍禹（王明）为代表的"左"倾教条主义。

第五章 中国革命的新道路

真题小练

【选择题】

1.（2012年1月全国）1931年1月至1935年1月，中国共产党内出现的主要错误倾向是（ ）
   A. "左"倾盲动主义　　　　B. "左"倾教条主义
   C. "左"倾冒险主义　　　　D. "右"倾机会主义

正确答案 B

解析 本题考查中国共产党党内的三次"左"倾错误的内容。在土地革命战争前中期，"左"倾错误先后三次在中国共产党中央领导机关取得统治地位。第三次是1931年1月至1935年1月以陈绍禹（王明）为代表的"左"倾教条主义，故选B。

【简答题】

2.（2018年4月全国）简述20世纪20年代后期和30年代前期，中共党内屡次出现"左"倾错误的主要原因。

答案与解析

（1）八七会议以后，党内一直存在着的浓厚的近乎拼命的冲动，始终没有能够从指导思想上得到认真的清理。

（2）全党的马克思主义理论准备不足，理论素养还不高，实践经验也很缺乏。

（3）共产国际的干预以及对王明的全力支持，更使许多人失去了识别和抵制能力。

牛刀小试

【选择题】

1. 1930年6月至1930年9月，中国共产党内出现的主要错误倾向是（ ）
   A. "左"倾盲动主义　　　　B. "左"倾教条主义
   C. "左"倾冒险主义　　　　D. "右"倾机会主义

正确答案 C

解析 本题考查中国共产党党内的三次"左"倾错误的内容。在土地革命战争前中期，"左"倾错误先后三次在中国共产党中央领导机关取得统治地位。第二次是1930年6月至9月以李立三为代表的"左"倾冒险主义，认为中国革命乃至世界革命进入高潮，盲目要求举行全国暴动和集中红军力量攻打和夺取武汉等中心城市，故选C。

【简答题】

2. 简述土地革命前中期中国共产党党内的"左"倾错误。

答案与解析

（1）第一次是1927年11月至1928年4月的"左"倾盲动错误，认为革命形势在不断高涨，盲目要求"创造总暴动的局面"。

（2）第二次是1930年6月至9月以李立三为代表的"左"倾冒险主义，认为中国革命乃至世界革命进入高潮，盲目要求举行全国暴动和集中红军力量攻打和夺取武汉等中心城市。

（3）第三次是1931年1月至1935年1月以陈绍禹（王明）为代表的"左"倾教条主义。

知识点 ② 遵义会议与中国革命的历史性转折 ★★★

1. 中央红军实施战略大转移

（1）1934年10月中旬，中共中央机关和中央红军（即红一方面军）8.6万人撤离根据地，向西突围转移，开始了震惊中外的长征。

（2）长征初期，博古等又犯了退却中的逃跑主义错误，导致红军和中央机关人员锐减。在严酷的事实面前，党内人员开始意识到博古等人的错误领导，转而支持毛泽东。

（3）在毛泽东的提议下，中共中央决定改向贵州北部进军，随即占领黔北重镇遵义。

2. 遵义会议

遵义会议	
背景	1935年1月15日至17日，中共中央政治局在遵义召开扩大会议（即遵义会议）。
核心	会议集中全力解决了当时具有决定意义的军事和组织问题。
内容	（1）批评了博古、李德在第五次反"围剿"中的错误，增选毛泽东为中央政治局常委。 （2）会后决定由张闻天代替博古负总的责任。 （3）会后成立了由毛泽东、周恩来、王稼祥组成的新的三人团，全权负责红军的军事行动。
意义	（1）开始确立以毛泽东为代表的马克思主义正确路线在党中央的领导地位。 （2）在极其危急的情况下挽救了中国共产党、挽救了中国工农红军、挽救了中国革命。 （3）成为中国共产党历史上一个生死攸关的转折点。 （4）为党和革命事业转危为安、不断打开新局面提供了最重要的保证。
证明	（1）中国共产党是敢于正视自己的错误，并注意从自己所犯的错误中学习并汲取教训的，具有自我净化和自我发展的能力。 （2）党正是通过总结成功的经验和失误的教训，把党及党所领导的革命事业不断推向前进的。

知识解读

本知识点主要考查选择题、简答题和论述题。

遵义会议作为中国共产党历史上一个生死攸关的转折点,需重点掌握。

(1) 遵义会议集中全力解决了当时具有决定意义的军事和组织问题。

(2) 遵义会议的历史意义

```
开始确立以毛泽东为代表的        在极其危急的情况下挽救了中
马克思主义正确路线在党中        国共产党、挽救了中国工农红
央的领导地位                    军、挽救了中国革命

                   历史意义

成为中国共产党历史上一个生      为党和革命事业转危为安、
死攸关的转折点                  不断打开新局面提供了最重
                                要的保证
```

真题小练

【选择题】

1. (2017年10月全国)第五次"反围剿"斗争失败后,1934年10月开始战略转移的是(　　)

A. 红十五军团　　　　　　　B. 红一方面军

C. 红二方面军　　　　　　　D. 红四方面军

正确答案 B

解析 本题考查中央红军实施战略大转移。1934年10月中旬,中共中央机关和中央红军(即红一方面军)8.6万人撤离根据地,向西突围转移,开始了震惊中外的长征,故选B。

2. (2017年4月全国)1935年1月,中国共产党召开的具有历史转折意义的会议是(　　)

A. 八七会议　　　　　　　　B. 古田会议

C. 遵义会议　　　　　　　　D. 洛川会议

正确答案 C

解析 本题考查遵义会议的召开时间。1935年1月15日至17日,中共中央政治局在遵义召开扩大会议,成为中国共产党历史上一个生死攸关的转折点,故选C。

【简答题】

3.（2016年4月全国）简述遵义会议集中解决的主要问题及其意义。

答案与解析

(1) 遵义会议集中解决了当时具有决定意义的军事和组织问题。
(2) 意义：
①开始确立以毛泽东为代表的马克思主义正确路线在党中央的领导地位。
②在极其危急的情况下挽救了中国共产党、挽救了中国工农红军、挽救了中国革命。
③成为中国共产党历史上一个生死攸关的转折点。
④为党和革命事业转危为安、不断打开新局面提供了最重要的保证。

【论述题】

4.（2017年10月北京）试论遵义会议的内容及其历史意义。

答案与解析

(1) 1935年1月15日至17日，中共中央政治局在遵义召开扩大会议。会议集中全力解决了当时具有决定意义的军事和组织问题。多数人同意毛泽东为代表的正确意见，批评了博古、李德在第五次反"围剿"中的错误。

(2) 会议增选毛泽东为中央政治局常委。会后，中共中央政治局常委分工，由张闻天代替博古负总责，并成立了由毛泽东、周恩来、王稼祥组成的新的三人团，全权负责红军的军事行动。

(3) 遵义会议开始确立以毛泽东为代表的马克思主义正确路线在党中央的领导地位，在极其危急的情况下挽救了中国共产党、挽救了中国工农红军、挽救了中国革命，成为中国共产党历史上一个生死攸关的转折点。这为党和革命事业转危为安、不断打开新局面提供了最重要的保证。

(4) 遵义会议的召开证明，中国共产党是敢于正视自己的错误，并注意从自己所犯的错误中学习并汲取教训的，具有自我净化和自我发展的能力。党正是通过总结成功的经验和失误的教训，不断地把党及党所领导的革命事业不断推向前进的。

知识点③ 红军三大主力部队胜利完成长征 ★★★

1. 长征的胜利结束
(1) 懋功会师

懋功会师	
时间	1935年6月
内容	①中央红军（红一方面军）与张国焘、徐向前等率领的红四方面军在四川懋功（今小金）地区会师。 ②中共中央决定先行北上，并将北上的中央红军（红一方面军）主力改称陕甘支队。

(2) 吴起镇会师

吴起镇会师	
时间	1935 年 10 月
内容	中共中央率陕甘支队（红一方面军）到达陕北吴起镇同红十五军团会合。
标志	中央红军（红一方面军）胜利结束长征。

(3) 甘孜会师

甘孜会师	
时间	1936 年 7 月
内容	①红二、六军团与张国焘、徐向前等率领的红四方面军在西康甘孜（今属四川省）地区会师。 ②红二、六军团合编为红二方面军，贺龙任总指挥，任弼时任政治委员。

(4) 会宁、静宁会师（红军三大主力会师）

会宁、静宁会师	
时间	1936 年 10 月
内容	红二、四方面军先后同红一方面军在甘肃会宁、静宁将台堡（今属宁夏回族自治区）会师。
标志	中国工农红军长征胜利结束。

2. 长征的伟大意义

(1) 历史意义：

关键	条件	精华	火种	精神
中国工农红军的长征是一部伟大的革命英雄主义的史诗。它粉碎了国民党"围剿"红军、消灭革命力量的企图，是中国革命转危为安的关键。	通过长征,中国革命的大本营放在了西北,这为迎接中国人民抗日救亡的新高潮准备了条件。	长征保存并锤炼了中国革命的骨干力量,这是党和红军极为宝贵的精华。	长征播撒了革命的火种。它向沿途的人民群众宣布,只有在中国共产党的领导下,中国各族人民才能翻身得解放。	中国共产党人和红军将士用生命和热血铸就了伟大的长征精神。

(2) 长征精神：

①把全国人民和中华民族的根本利益看得高于一切，坚定革命的理想和信念，坚信正义事业必然胜利的精神。

②为了救国救民，不怕任何艰难险阻，不惜付出一切牺牲的精神。

③坚持独立自主、实事求是，一切从实际出发的精神。

④顾全大局、严守纪律、紧密团结的精神。

⑤紧紧依靠人民群众，同人民群众生死相依、患难与共、艰苦奋斗的精神。

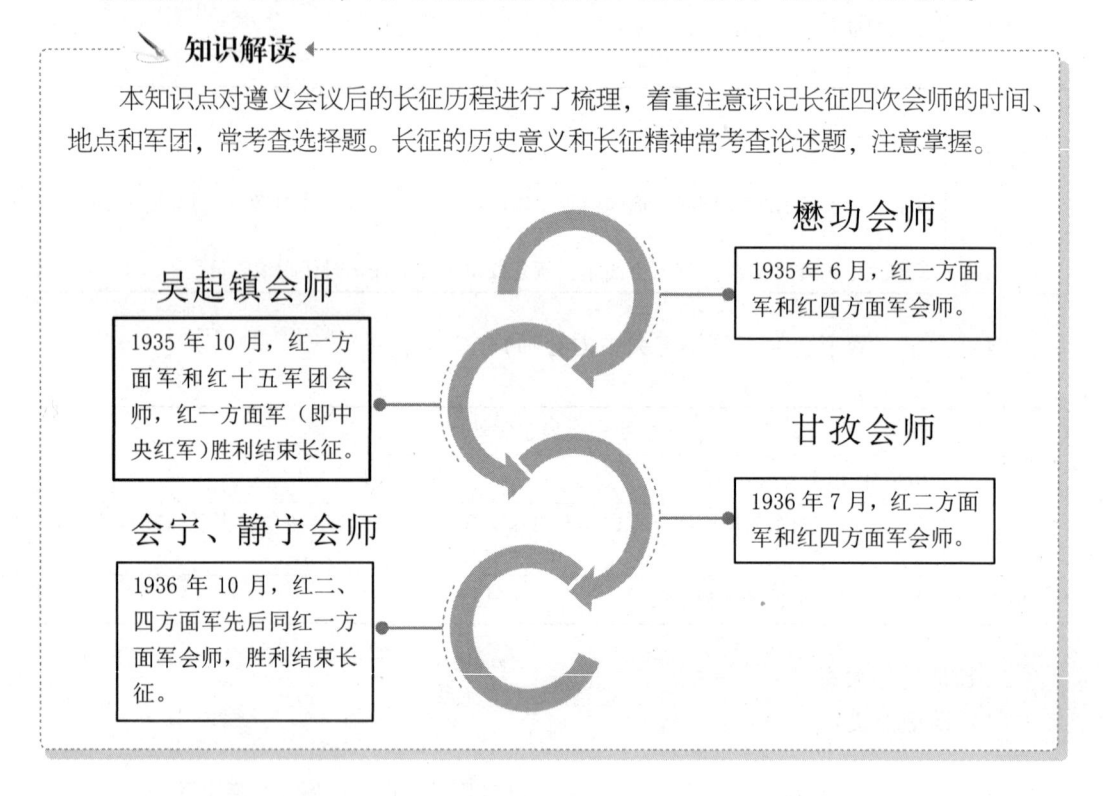

知识解读

本知识点对遵义会议后的长征历程进行了梳理，着重注意识记长征四次会师的时间、地点和军团，常考查选择题。长征的历史意义和长征精神常考查论述题，注意掌握。

懋功会师
1935年6月，红一方面军和红四方面军会师。

吴起镇会师
1935年10月，红一方面军和红十五军团会师，红一方面军（即中央红军）胜利结束长征。

甘孜会师
1936年7月，红二方面军和红四方面军会师。

会宁、静宁会师
1936年10月，红二、四方面军先后同红一方面军会师，胜利结束长征。

真题小练

【选择题】

1.（2019年10月全国）1936年10月，中国工农红军第一、二、四方面军胜利会师于（　　）

A. 陕北保安地区　　　　　　　　B. 陕北洛川地区

C. 陕北瓦窑堡地区　　　　　　　D. 甘肃会宁、静宁地区

正确答案 D

解析 本题考查长征的胜利结束。1936年10月，红二、四方面军先后同红一方面军在甘肃会宁、静宁将台堡（今属宁夏回族自治区）会师，胜利结束长征，故选D。

【简答题】

2.（2011年4月全国）中国工农红军铸就的长征精神是什么？

答案与解析

（1）把全国人民和中华民族的根本利益看得高于一切，坚定革命的理想和信念，坚信正义事业必然胜利的精神；

（2）为了救国救民，不怕任何艰难险阻，不惜付出一切牺牲的精神；

（3）坚持独立自主、实事求是，一切从实际出发的精神；

（4）顾全大局、严守纪律、紧密团结的精神；

（5）紧紧依靠人民群众，同人民群众生死相依、患难与共、艰苦奋斗的精神。

【论述题】

3.（2016年10月全国）论述中国工农红军长征胜利的历史意义。

答案与解析

（1）中国工农红军的长征是一部伟大的革命英雄主义的史诗。它粉碎了国民党"围剿"红军、消灭革命力量的企图，是中国革命转危为安的关键。

（2）通过长征，中国革命的大本营放在了西北，这为迎接中国人民抗日救亡的新高潮准备了条件。

（3）长征保存并锤炼了中国革命的骨干力量，这是党和红军极为宝贵的精华。

（4）长征播撒了革命的火种。它向沿途的人民群众宣布，只有在中国共产党的领导下，中国各族人民才能翻身得解放。

（5）中国共产党人和红军将士用生命和热血铸就了伟大的长征精神。

牛刀小试

【选择题】

1. 毛泽东率领的中央红军于1935年6月抵达四川懋功地区，同张国焘、徐向前等率领的另一支红军主力会师。张，徐二人率领的红军主力是（　　）

  A. 红一方面军　　　　　　　　B. 红二方面军

  C. 红三方面军　　　　　　　　D. 红四方面军

正确答案 D

解析 本题考查懋功会师的内容。中央红军于1935年6月抵达四川懋功（今小金）地区，同1935年5月初离开川陕根据地实行转移到达那里的由张国焘、徐向前等率领的红四方面军会师，故选D。

2. 标志着中央红军长征胜利结束的事件是（　　）

  A. 中央红军到达四川懋功　　　　B. 陕甘支队到达吴起镇

  C. 甘孜会师　　　　　　　　　　D. 会宁、静宁会师

正确答案 B

解析 本题考查吴起镇会师的内容。1935年10月19日,中共中央率陕甘支队到达陕北吴起镇,同在那里的红十五军团会合。至此,中央红军行程二万五千里、纵横十一个省的长征胜利结束,故选B。

第六章 中华民族的抗日战争

本章思维导图

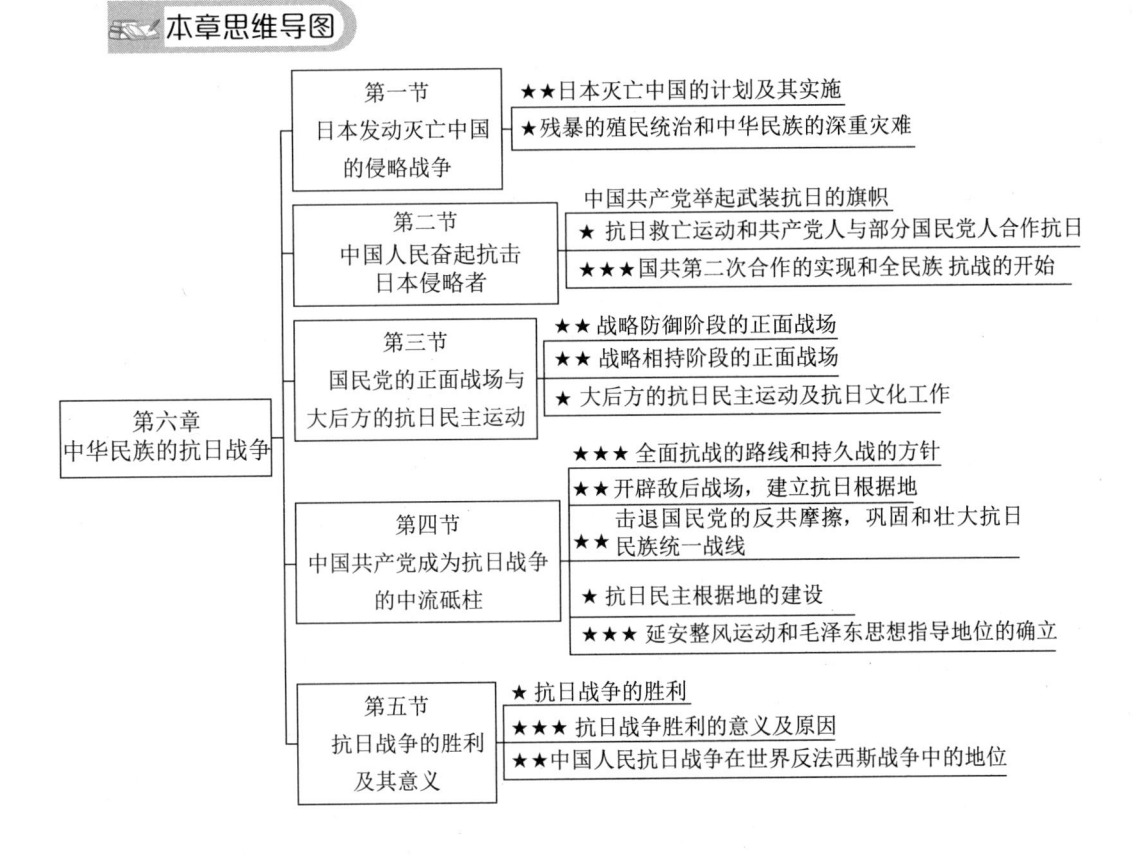

- 第六章 中华民族的抗日战争
  - 第一节 日本发动灭亡中国的侵略战争
    - ★★ 日本灭亡中国的计划及其实施
    - ★ 残暴的殖民统治和中华民族的深重灾难
  - 第二节 中国人民奋起抗击日本侵略者
    - 中国共产党举起武装抗日的旗帜
    - ★ 抗日救亡运动和共产党人与部分国民党人合作抗日
    - ★★★ 国共第二次合作的实现和全民族抗战的开始
  - 第三节 国民党的正面战场与大后方的抗日民主运动
    - ★★ 战略防御阶段的正面战场
    - ★★ 战略相持阶段的正面战场
    - 大后方的抗日民主运动及抗日文化工作
  - 第四节 中国共产党成为抗日战争的中流砥柱
    - ★★★ 全面抗战的路线和持久战的方针
    - ★★ 开辟敌后战场，建立抗日根据地
    - 击退国民党的反共摩擦，巩固和壮大抗日民族统一战线
    - ★ 抗日民主根据地的建设
    - ★★★ 延安整风运动和毛泽东思想指导地位的确立
  - 第五节 抗日战争的胜利及其意义
    - ★ 抗日战争的胜利
    - ★★★ 抗日战争胜利的意义及原因
    - ★★ 中国人民抗日战争在世界反法西斯战争中的地位

第一节 日本发动灭亡中国的侵略战争

本节内容提要

1931年日本发动侵略中国的九一八事变，企图把中国变为其独占的殖民地，实现明治维新以来称霸东亚的梦想。1937年，日本发动七七事变，开始其全面的侵华战争。在长达14年的侵华战争中，日军残酷地掠夺中国人民的财产、屠杀中国人民，给中国人民带来了

深重的灾难。

知识点名称	考纲要求	考核内容	考试题型
日本灭亡中国的计划及其实施	识记	九一八事变	选择题
		华北事变	选择题
		七七卢沟桥事变	选择题
	领会	日本灭亡中国的计划及其实施	选择题
残暴的殖民统治和中华民族的深重灾难	识记	伪"满洲国"	选择题
	简单运用	日本在中国占领区的殖民统治	选择题
	综合运用	日本侵略者给中华民族造成的深重灾难	选择题

知识点① 日本灭亡中国的计划及其实施 ★★

1. 从九一八事变到华北事变

（1）1868年明治维新后，日本迅速成为亚洲唯一的资本主义强国，它推行独霸亚洲的"大陆政策"，通过不断发动对外侵略战争获得国家利益。1927年，日本首相田中义一主持召开"东方会议"，制定了《对华政策纲领》。1929年10月，由美国开始的经济危机席卷整个资本主义世界，日本政府为了摆脱危机，用对外侵略缓和国内矛盾。

（2）九一八事变

九一八事变	
时间	1931年9月18日
内容	日本关东军自行炸毁"南满"铁路沈阳北郊柳条湖的一小段路轨，反诬中国军队所为，随即炮轰东北军驻地北大营；接着，日军分别向沈阳和长春、四平、公主岭等地发起进攻。
标志	①九一八事变成为中国人民抗日战争的起点，揭开了世界反法西斯战争的序幕。 ②日本开始了变中国为其独占殖民地的侵华战争。

（3）华北事变

华北事变	
时间	1935年
内容	①日本在华北制造了一系列事端，向中国政府提出华北政权"特殊化"的要求。 ②国民政府在河北、察哈尔两省的主权大部丧失，华北成为日军可以自由出入的"真空地带"。 ③日本还策划华北五省（河北、察哈尔、绥远、山西、山东）两市（北平、天津）"防共自治运动"。 ④日本在华北地区制造的这一系列事件被称为"华北事变"。

（4）日本对中国东北、华北实施侵略计划时，国民政府正在全力"围剿"共产党领导的工农红军，对日本实行不抵抗主义和"攘外必先安内"的妥协方针，把制止日本侵略寄希望于国际干涉。而国际联盟和英、美等国对日本的姑息、纵容政策，助长了日本进一步侵略中国的气焰。

2. 卢沟桥事变与日本的全面侵华战争

（1）卢沟桥事变（七七事变）

卢沟桥事变（七七事变）	
时间	1937年7月7日
内容	驻丰台日军借口一名士兵失踪，炮轰宛平城，挑起卢沟桥事变。
标志	①卢沟桥事变成为中国全民族抗战的开端，由此开辟了世界反法西斯战争的东方主战场。 ②日本发动全面侵华战争。

（2）日本发动侵华战争的目的，是要变中国为其独占的殖民地，作为建立所谓"大东亚共荣圈"的重要一步。

> **知识解读**
>
> 请同学们注意区分九一八事变、华北事变、卢沟桥事变的时间、内容和标志，常考查选择题。
>
> （1）日本挑起侵略中国的事变
>
> **九一八事变**
> 1931年9月18日
> 日本发动了侵略中国东北地区的九一八事变，开始了变中国为其独占殖民地的侵华战争。
> 九一八事变成为中国人民抗日战争的起点，揭开了世界反法西斯战争的序幕。
>
> **华北事变**
> 1935年
> 日本挑起了侵略中国华北地区的一系列事端，这一系列事件被称为"华北事变"。
>
> **卢沟桥事变**
> 1937年7月7日
> 日本挑起了侵略中国全境的卢沟桥事变（七七事变），发动了全面侵华战争。
> 卢沟桥事变成为中国全民族抗战的开端，由此开辟了世界反法西斯战争的东方主战场。

(2) 九一八事变和卢沟桥事变的区别

九一八事变	卢沟桥事变
☐ 中国人民抗日战争的起点	☐ 中国全民族抗战的开端
☐ 揭开了世界反法西斯战争的序幕	☐ 开辟了世界反法西斯战争的东方主战场
☐ 中国开始了局部抗日斗争	☐ 中国开始了全国抗日斗争

真题小练

【选择题】

1.（2016年10月北京）中国人民抗日战争的起点，揭开世界反法西斯战争序幕的事件是（　　）

A. 九一八事变　　　　　　　B. 福建事变
C. 华北事变　　　　　　　　D. 卢沟桥事变

正确答案 A

解析 本题考查九一八事变的影响。1931年9月18日，日本发动侵略中国东北地区的九一八事变。九一八事变成为中国人民抗日战争的起点，揭开了世界反法西斯战争序幕，故选A。

2.（2019年10月全国）1935年，日本帝国主义为扩大对华侵略而制造的事变是（　　）

A. 九一八事变　　　　　　　B. 华北事变
C. 卢沟桥事变　　　　　　　D. 八一三事变

正确答案 B

解析 本题考查华北事变的内容。日本占领中国东北后，其侵略野心并没有得到满足，又开始向中国华北地区渗透。1935年，日本在华北制造了一系列事端，向中国政府提出华北政权"特殊化"的要求，使中国丧失大量主权，这一系列事件被称为"华北事变"，故选B。

3.（2018年10月北京）标志着中国全民族抗战开端的是（　　）

A. 九一八事变　　　　　　　B. 福建事变
C. 华北事变　　　　　　　　D. 卢沟桥事变

正确答案 D

解析 本题考查卢沟桥事变的影响。1937年7月7日,驻丰台日军借口一名士兵失踪,炮轰宛平城,挑起卢沟桥事变,发动全面侵华战争。卢沟桥事变成为中国全民族抗战的开端,故选D。

知识点 ② 残暴的殖民统治和中华民族的深重灾难 ★

1. 残暴的殖民统治

(1) 台湾总督府:1895年《马关条约》签订后,日本就开始了对台湾的殖民统治。日本在台湾设立总督府,日本驻台湾总督集立法、行政、司法三权于一身,并负责指挥驻台的日本军队。

(2) 伪"满洲国":1932年3月,日本关东军在中国东北地区建立傀儡政权伪"满洲国",清朝末代皇帝溥仪担任伪"满洲国"的"执政"。

(3) 伪"中华民国国民政府":1940年3月,日本操纵汪精卫在南京成立伪"中华民国国民政府"。

2. 日本侵略者给中华民族带来的沉重灾难

(1) 制造了惨绝人寰的大屠杀。

①南京大屠杀:1937年12月,日军占领国民政府首都南京后,开始了疯狂的烧、杀、淫、掠。据统计:中国平民和被俘士兵被集体射杀、火焚、活埋及用其他方法处死者达30万人以上。

②抗日战争相持阶段,日军对八路军、新四军及其抗日根据地开展大规模的"扫荡",实行"杀光其居民、烧光其房屋、抢光其粮食"的"三光"政策。

③日军的731部队等开始对中国实行细菌战,造成大量中国居民死亡。

④日军甚至用中国人进行人体活体试验。

⑤日军用欺骗等手段掳掠大量的中国劳工,强迫一些中国妇女充当"慰安妇"。

(2) 疯狂掠夺中国的资源与财富。

(3) 强制推行奴化教育。

> **知识解读**
>
> 本知识点主要考查抗日战争时期日本在中国建立的傀儡政权伪"满洲国"和伪"中华民国国民政府",常考查选择题。

真题小练

1. (2019年4月全国) 1932年,日本侵略者在中国策划建立的傀儡政权是(　　)
   A. 伪"华北自治政府"　　　　　　B. 伪"满洲国"

C. 伪"中华民国维新政府" D. 伪"中华民国国民政府"

正确答案 B

解析 1932年3月，日本关东军在中国东北地区建立傀儡政权伪"满洲国"，清朝末代皇帝溥仪担任伪"满洲国"的"执政"，故选B。

2. （2014年4月北京）1940年3月，在南京成立伪"中华民国国民政府"的是（　　）

A. 溥仪 B. 胡汉民

C. 蒋介石 D. 汪精卫

正确答案 D

解析 1940年3月，日本操纵汪精卫在南京成立伪"中华民国国民政府"，故选D。

3. （2014年4月北京）1937年12月，日军占领国民政府首都南京后，制造了惨绝人寰的"南京大屠杀"。据统计：中国平民和被俘士兵被杀人数超过（　　）

A. 10万 B. 20万

C. 30万 D. 40万

正确答案 C

解析 1937年12月，日军占领国民政府首都南京后，开始了疯狂的烧、杀、淫、掠。据统计：中国平民和被俘士兵被集体射杀、火焚、活埋及用其他方法处死者达30万人以上，故选C。

第二节　中国人民奋起抗击日本侵略者

本节内容提要

日本军国主义的野蛮侵略，激起中国人民的奋勇抵抗。九一八事变成为中国人民抗日战争的起点，揭开了世界反法西斯战争的序幕。七七卢沟桥事变成为中国全民族抗战的开端，由此开辟了世界反法西斯战争的东方主战场。

知识点名称	考纲要求	考核内容	考试题型
中国共产党举起武装抗日的旗帜	——	——	——
抗日救亡运动和共产党人与部分国民党人合作抗日	识记	察哈尔抗日同盟军	选择题
		国民党第十九路军抗日反蒋事变	选择题
		宋庆龄，《中国人民对日作战的基本纲领》，保卫中国同盟	选择题

续表

知识点名称	考纲要求	考核内容	考试题型
国共第二次合作的实现和全民族抗战的开始	识记	国共两党第二次合作	选择题
		八路军、新四军	选择题
		邓玉芬、马本斋、陈嘉庚	——
	领会	《为抗日救国告全国同胞书》	——
		瓦窑堡会议	选择题
		中共中央致国民党五届三中全会电	——
	简单运用	一二·九运动及其意义	选择题、简答题
		西安事变的和平解决及其意义	选择题、简答题
	综合运用	中国共产党关于建立抗日民族统一战线的新政策	选择题

知识点 ① 中国共产党举起武装抗日的旗帜

1. 九一八事变后的第三天，中共中央就发表宣言，揭露日本帝国主义侵占东北的目的是使中国完全变成它的殖民地。

2. 1932 年 4 月 15 日，中华苏维埃共和国临时中央政府宣布对日作战。

3. 中国共产党不仅积极参加和推动各地的抗日救亡运动，而且直接领导了东北人民的抗日武装斗争。

(1) 1933 年初，中国共产党领导的抗日游击队先后在东北各地崛起。

(2) 1934 年 6 月，各抗日游击队改编为东北人民革命军。

(3) 1936 年 2 月，东北人民革命军改建为东北抗日联军。

知识解读

本知识点注意中华苏维埃共和国临时中央政府宣布对日作战的时间是 1932 年 4 月 15 日，考查选择题。

真题小练

【选择题】

(2014 年 10 月北京) 中华苏维埃共和国临时中央政府宣布对日作战的时间是（　　）

A. 1931 年　　　　　　　　　B. 1932 年
C. 1933 年　　　　　　　　　D. 1934 年

正确答案 B

解析 1932年4月15日，中华苏维埃共和国临时中央政府宣布对日作战，故选B。

知识点② 抗日救亡运动和共产党人与部分国民党人合作抗日★

1. 九一八事变后，抗日救亡运动迅速在全国兴起。中国共产党及其领导的工农红军和广大的工人、农民是抗日救亡运动的主要力量。

2. 在全国抗日救亡运动的感召下，部分国民党军队主张抗日，中国共产党开始与一些国民党官兵联系抗日合作。

（1）中共满洲省委同以原东北军为主体的抗日义勇军进行合作，其领导人之一李杜后来加入了中国共产党。

（2）1932年1月，驻上海的国民党第十九路军在蔡廷锴、蒋光鼐的领导下抵抗日军（史称"一·二八事变"），中共中央号召各界民众组织义勇军，支援十九路军作战。

（3）察哈尔抗日同盟军

察哈尔抗日同盟军	
时间	1933年5月
内容	①原西北军将领冯玉祥在张家口成立察哈尔抗日同盟军，并任同盟军总司令。②同盟军北路前敌总指挥吉鸿昌不久加入中国共产党（后被国民党当局杀害）。

（4）福建事变

福建事变	
时间	1933年11月
内容	①国民党第十九路军将领蔡廷锴、蒋光鼐以及国民党内李济深、陈铭枢等反蒋爱国人士在福州发动抗日反蒋事变（史称"福建事变"）。②第十九路军代表同中央根据地的红军代表签署了《反日反蒋的初步协定》。

（5）1934年4月，由中国共产党提出，宋庆龄、何香凝、李杜等1779人签名，发表了《中国人民对日作战的基本纲领》，号召中国人民自己起来武装驱逐日本帝国主义。

知识解读

本知识点主要考查选择题。着重注意察哈尔抗日同盟军和福建事变的内容，常考查选择题。

> 真题小练

【选择题】

1.（2019年4月全国）1933年5月，国民党爱国将领冯玉祥领导成立的抗日武装力量是（ ）

　　A. 东北抗日义勇军　　　　　　B. 东北抗日联军

　　C. 察哈尔抗日同盟军　　　　　D. 冀中回民支队

正确答案 C

解析 本题考查察哈尔抗日同盟军的内容。1933年5月，原西北军将领冯玉祥在张家口成立察哈尔抗日同盟军，并任同盟军总司令，故选C。

2.（2017年4月全国）1933年11月，国民党爱国将领蔡廷锴和蒋光鼐发动的抗日反蒋事件是（ ）

　　A. 宁都起义　　　　　　　　　B. 福建事变

　　C. 西安事变　　　　　　　　　D. 二二八起义

正确答案 B

解析 本题考查福建事变的内容。1933年11月，国民党第十九路军将领蔡廷锴、蒋光鼐以及国民党内李济深、陈铭枢等反蒋爱国人士在福州发动抗日反蒋事变（史称"福建事变"），故选B。

3.（2011年7月浙江）1934年4月，宋庆龄等1779人联名签署发表了（ ）

　　A.《中国人民对日作战的基本纲领》　　B.《八一宣言》

　　C.《为抗日救国告全国同胞书》　　　　D.《停战议和一致抗日通电》

正确答案 A

解析 1934年4月，由中国共产党提出，宋庆龄、何香凝、李杜等1779人签名，发表了《中国人民对日作战的基本纲领》，号召中国人民自己起来武装驱逐日本帝国主义，故选A。

> 牛刀小试

【选择题】

1. 1933年5月，在张家口领导成立察哈尔抗日同盟军的国民党爱国将领是（ ）

　　A. 蔡廷锴　　　　　　　　　　B. 蒋光鼐

　　C. 冯玉祥　　　　　　　　　　D. 李济深

正确答案 C

解析 本题考查察哈尔抗日同盟军的内容。1933年5月，原西北军将领冯玉祥在张家口成立察哈尔抗日同盟军，并任同盟军总司令，故选C。

2. 1933年11月，在福州发动抗日反蒋事变的国民党爱国将领是（　　）

A. 马占山和李杜　　　　　　　　B. 冯玉祥和吉鸿昌

C. 蔡廷锴和蒋光鼐　　　　　　　D. 张学良和杨虎城

正确答案 C

解析 本题考查福建事变的内容。1933年11月，国民党第十九路军将领蔡廷锴、蒋光鼐以及国民党内李济深、陈铭枢等反蒋爱国人士在福州发动抗日反蒋事变（史称"福建事变"），故选C。

知识点③ ▶ 国共第二次合作的实现和全民族抗战的开始★★★

1. 一二·九运动和共产党提出抗日民族统一战线新政策

（1）一二·九运动

一二·九运动	
背景	华北事变后，中国民族危机加深，中日民族矛盾激化。
内容	1935年12月9日，在中国共产党救亡图存、全民抗战的号召和中共北平临时工作委员会的领导下，北平学生举行声势浩大的抗日游行，遭到国民党军警镇压。
意义	打击了日本帝国主义侵略中国并吞并华北的计划，促进了中华民族的觉醒，标志着中国人民抗日救亡运动新高潮的到来。

（2）共产党提出抗日民族统一战线新政策

《为抗日救国告全国同胞书》	
背景	1935年8月1日，中共驻共产国际代表团以中华苏维埃共和国临时中央政府和中共中央的名义发表《为抗日救国告全国同胞书》，呼吁全国一致抗日。

瓦窑堡会议	
背景	1935年12月，长征到达陕北不久的中共中央在瓦窑堡召开政治局扩大会议。
内容	①提出了在抗日的条件下与民族资产阶级重建统一战线的新政策。 ②批评了党内长期存在的"左"倾冒险主义、关门主义的错误倾向。
意义	为迎接全国抗日新高潮到来作了理论和政治上的准备。

（3）1936年5月，宋庆龄等爱国民主人士成立全国各界救国联合会。同年，中国共产党对驻扎在西北地区的东北军和国民党第十七路军的统一战线工作取得突破性进展，红军和东北军、第十七路军停止敌对行动。

（4）1936年5月，中共中央发布《停战议和一致抗日通电》，放弃了"反蒋"的口号，第一次公开把蒋介石作为联合的对象。9月1日，中共中央发出党内指示，明确提出党的总方针是"逼蒋抗日"。

2. 西安事变及其和平解决

（1）西安事变

西安事变	
背景	1936年12月初，蒋介石飞抵西安，逼迫张学良、杨虎城攻打陕甘地区的红军。
内容	①张学良在对蒋介石"哭谏"无效的情况下，与杨虎城毅然实行"兵谏"，扣留了蒋介石，提出了改组南京政府、停止一切内战、召开救国会议等八项主张。 ②中国共产党审时度势，从民族利益出发，确定促成事变和平解决的基本方针，并派周恩来等组成中共代表团赴西安谈判。 ③经过与张、杨以及南京方面代表宋美龄、宋子文的和平谈判，终于迫使蒋介石作出了停止"剿共"、联合红军抗日等六项承诺。
意义	西安事变的和平解决成为时局转换的枢纽，十年内战的局面由此结束，国内和平基本实现。

（2）1937年2月，中共中央致电国民党五届三中全会，提出停止内战、一致对外等五项要求。如果国民党将这五项要求定为国策，共产党愿意实行四项保证：停止武力推翻国民党政府的方针；苏维埃政府改名为中华民国特区政府，红军改名为国民革命军；特区实行彻底的民主制度；停止没收地主土地的政策。上述主张在全国引起巨大反响。国共两党实行第二次合作成为不可抗拒的历史潮流。

3. 第二次国共合作正式形成，全民族抗战的开始

（1）第二次国共合作正式形成

第二次国共合作正式形成	
背景	1937年卢沟桥事变后，国共两党准备第二次国共合作，联合抗日。
内容	①红军主力改编为国民革命军第八路军（简称八路军，后改称第十八集团军），朱德任总指挥，彭德怀任副总指挥。 ②南方的红军和游击队，除琼崖红军游击队外，改编为国民革命军新编第四军（简称新四军），叶挺任军长，项英任副军长。 ③陕甘宁根据地改称陕甘宁边区，仍是中共中央所在地。
标志	9月22日，国民党中央通讯社发表《中共中央为公布国共合作宣言》；23日，蒋介石发表讲话，实际上承认了中国共产党的合法地位。由此，以国共两党第二次合作为基础的抗日民族统一战线正式建立。

（2）抗击侵略、救亡图存成为中国各党派、各民族、各阶级、各阶层、各团体以及海外华侨华人的共同意志。

人物	事迹
邓玉芬	把丈夫和5个孩子送上前线,他们全部战死沙场。
马本斋	领导的冀中回民支队进行大小战斗870多次,歼敌3.76万人。
陈嘉庚	任华侨筹赈祖国难民总会主席,其分支机构遍及东南亚各国。
宋庆龄	1938年6月,在香港成立保卫中国同盟,呼吁世界人民支援中国抗战。

知识解读

本知识点重要且考频高,请同学们重点掌握该知识点。

（1）着重注意一二·九运动的内容,常考查选择题、简答题。
（2）国共第二次合作的发展历程

时间	事件	注释
1935年8月1日	中国共产党发表《为抗日救国告全国同胞书》	中国共产党呼吁全国各党派、各界同胞、各军队捐弃前嫌,停止内战,集中一切国力,抗日救国。
1935年12月9日	一二·九运动爆发	标志着中国人民抗日救亡运动新高潮的到来。
1935年12月	瓦窑堡会议召开	①中国共产党提出了在抗日的条件下与民族资产阶级重建统一战线的新政策。②为迎接全国抗日新高潮的到来作了理论和政治上的准备。
1936年5月	中国共产党发表《停战议和一致抗日通电》	放弃了"反蒋"的口号,第一次公开把蒋介石作为联合的对象。
1936年12月12日	西安事变爆发	西安事变的和平解决成为时局转换的枢纽,十年内战的局面由此结束,国内和平基本实现。
1937年2月	中国共产党致电国民党五届三中全会	①中国共产党提出停止内战、一致对外等要求。②中国共产党的主张在全国引起巨大反响。③国民党五届三中全会同意国共两党进行谈判,并在会议文件上第一次写上了"抗日"的字样。
1937年8月	国共两党达成将红军主力改编为国民革命军第八路军等协议	朱德任总指挥,彭德怀任副总指挥。
1937年9月	陕甘宁根据地改称陕甘宁边区	

续表

时间	事件	注释
1937年9月22日	国民党中央通讯社发表《中共中央为公布国共合作宣言》	以国共第二次合作为基础的抗日民族统一战线正式建立。
1937年9月23日	蒋介石发表讲话，实际上承认了中国共产党的合法地位	

(3) 识记八路军、新四军的领导人，常考查选择题。

八路军
☐ 红军主力部队组成
☐ 朱德任总指挥，彭德怀任副总指挥
☐ 1937年8月改编

新四军
☐ 南方的红军和游击队（除琼崖红军游击队）组成
☐ 叶挺任军长，项英任副军长
☐ 1937年10月改编

真题小练

【选择题】

1.（2018年10月全国）1935年，中国共产党提出建立抗日民族统一战线的会议是（　　）
  A. 瓦窑堡会议　　　　　　　　　B. 洛川会议
  C. 中共六届六中全会　　　　　　D. 中共六届七中全会

正确答案 A

解析 本题考查瓦窑堡会议的内容。1935年12月，长征到达陕北不久的中共中央在瓦窑堡召开政治局扩大会议，提出了在抗日的条件下与民族资产阶级重建统一战线的新政策，故选A。

2.（2018年4月北京）标志着抗日民族统一战线建立的文件是（　　）
  A.《停战议和一致抗日通电》　　　B.《为抗日救国告全国同胞书》
  C.《中共中央为公布国共合作宣言》　D.《政府与中共代表会谈纪要》

正确答案 C

解析 本题考查第二次国共合作正式形成。1937年9月22日，国民党中央通讯社发表《中共中央为公布国共合作宣言》；23日，蒋介石发表讲话，实际上承认了中国共产党的合法地位。由此，以国共两党第二次合作为基础的抗日民族统一战线正式建立，故选C。

【简答题】

3.（2017年10月全国）简述一二·九运动及其历史意义。

答案与解析

（1）运动：1935年12月9日，在中国共产党救亡图存、全民抗战的号召和中共北平临时工作委员会的领导下，北平学生举行声势浩大的抗日游行，遭到国民党军警镇压。

（2）意义：一二·九运动打击了日本帝国主义侵略中国并吞并华北的计划，促进了中华民族的觉醒，标志着中国人民抗日救亡运动新高潮的到来。

4.（2017年4月北京）简述西安事变及其和平解决。

答案与解析

（1）1936年12月初，蒋介石飞抵西安，逼迫张学良、杨虎城攻打陕甘地区的红军。

（2）张学良在对蒋介石"哭谏"无效的情况下，与杨虎城毅然实行"兵谏"，扣留了蒋介石，提出了改组南京政府、停止一切内战、召开救国会议等八项主张。这就是西安事变。

（3）中国共产党审时度势，从民族利益出发，确定促成事变和平解决的基本方针，并派周恩来等组成中共代表团赴西安谈判。经过与张、杨以及南京方面代表宋美龄、宋子文的和平谈判，终于迫使蒋介石作出了停止"剿共"、联合红军抗日等六项承诺。

（4）西安事变的和平解决成为时局转换的枢纽，十年内战的局面由此结束，国内和平基本实现。

牛刀小试

【选择题】

1. 1935年，北平学生在中共号召和领导下举行的抗日救亡运动是（　　）

A. 五卅运动　　　　　　　　B. 一二·九运动

C. 一二·一运动　　　　　　D. 一二·三运动

正确答案 B

解析 本题考查一二·九运动。1935年12月9日，在中国共产党救亡图存、全民抗战的号召和中共北平临时工作委员会的领导下，北平学生举行声势浩大的抗日游行。这就是一二·九运动，故选B。

2. 1937年8月，红军主力改编为国民革命军第八路军，其总指挥是（　　）

A. 毛泽东　　　　　　　　B. 朱德
C. 彭德怀　　　　　　　　D. 林彪

正确答案 B

解析 本题考查红军改编的内容。1937年8月，国共两党达成将红军主力改编为国民革命军第八路军（简称八路军，后改称第十八集团军）等协议。八路军由朱德任总指挥，彭德怀任副总指挥，故选B。

第三节　国民党的正面战场与大后方的抗日民主运动

本节内容提要

国民党领导的正面战场是抗日战争的重要战场。抗战初期，正面战场组织过若干重大战役，打破了日军"速战速决"的战略企图。相持阶段到来后，正面战场进行了一些大战役，大体上保住了西南、西北大后方地区；但总体上由片面抗战逐步转变为消极抗战；国民党顽固势力还多次制造反共军事摩擦。国民党坚持独裁的政策遭到全国人民的反对，大后方的抗日民主运动不断发展。

知识点名称	考纲要求	考核内容	考试题型
战略防御阶段的正面战场	识记	台儿庄战役	选择题
		为国捐躯的国民党将领	选择题
	简单运用	国民党正面战场溃退的原因	简答题、论述题
战略相持阶段的正面战场	识记	为国捐躯的国民党将领	选择题
		豫湘桂战役	选择题
	领会	相持阶段到来后国民党的对内对外政策	选择题
		中国战区与中国远征军	选择题
大后方的抗日民主运动及抗日文化工作	综合运用	中国共产党领导和开展的大后方抗日民主运动和抗日文化工作	选择题

知识点①　战略防御阶段的正面战场 ★★

1. 从1937年7月卢沟桥事变到1938年10月广州、武汉失守，中国抗战处于战略防御阶段。在战略防御阶段，日本侵略者以国民党军队为主要作战对象。主要战役有：

淞沪、忻口、徐州、武汉会战等一系列战役。

2. 台儿庄战役：1938年3月，李宗仁领导的第五战区在台儿庄战役中取得胜利。

3. 战略防御阶段为国捐躯的国民党将领：在北平南苑的战斗中，第二十九军副军长佟麟阁和第一三二师师长赵登禹先后为国捐躯。

4. 八百壮士：在淞沪会战中，第八十八师五二四团团附谢晋元率孤军据守四行仓库，被上海市民誉为"八百壮士"。

5. 国民党正面战场溃退的原因

（1）客观原因：国力对比的悬殊。

（2）主观原因：国民政府战略指导方针的失误。

①蒋介石集团在决心抗战的同时，又害怕群众的广泛动员可能危及自身的统治，实行的是片面抗战路线，将希望单纯地寄托在政府和正规军的抵抗上。

②在战略战术上，没有采取积极防御的方针。

知识解读

本知识点主要考查选择题。

正面战场	
主要战役	淞沪、忻口、徐州、武汉会战
胜利战役	1938年3月，李宗仁领导的第五战区在台儿庄战役中取得胜利
爱国官兵	第二十九军副军长佟麟阁
	第一三二师师长赵登禹
	第八十八师五二四团团附谢晋元率孤军据守四行仓库，被上海市民誉为"八百壮士"

真题小练

【选择题】

1.（2018年10月北京）1938年3月，李宗仁领导的第五战区歼灭日军万余人、取得大捷的作战是（　　）

A. 淞沪会战　　　　　　　B. 平型关战役

C. 长沙会战　　　　　　　D. 台儿庄战役

正确答案 D

解析 1938年3月，李宗仁领导的第五战区在台儿庄战役中取得胜利，故选D。

2.（2019年4月全国）1937年，在淞沪会战中率领"八百壮士"孤守上海四行仓

库的爱国将领是（　　）

A. 佟麟阁　　　　　　　　B. 赵登禹

C. 谢晋元　　　　　　　　D. 戴安澜

正确答案 C

解析 在淞沪会战中，第八十八师五二四团团附谢晋元率孤军据守四行仓库，被上海市民誉为"八百壮士"，故选 C。

【论述题】

3.（2010 年 10 月上海）抗日战争时期，国民党正面战场溃退的主要原因。

答案与解析

（1）客观原因：国力对比的悬殊。

（2）主观原因：国民政府战略指导方针的失误。

①蒋介石集团在决心抗战的同时，又害怕群众的广泛动员可能危及自身的统治，实行的是片面抗战路线，将希望单纯地寄托在政府和正规军的抵抗上。

②在战略战术上，没有采取积极防御的方针。

知识点 ② 战略相持阶段的正面战场 ★★

1. 1938 年 10 月广州、武汉失守后，中国抗日战争进入相持阶段，日本改变了"速战速决"的战略方针，准备应对长期战争。1938 年 11 月，日本政府提出"善邻友好、共同防共、经济提携"的对华三原则，对国民政府采取政治诱降为主、军事打击为辅的方针。

2. 国民党五届五中全会

国民党五届五中全会	
时间	1939 年 1 月
内容	（1）决定成立"防共委员会"。 （2）确定了"防共、限共、溶共、反共"的方针。 （3）蒋介石将抗战到底的含义解释为"恢复到卢沟桥事变以前的状态"。
标志	国民党由片面抗战逐步转变为消极抗战。

3. 日军在对国民党进行政治诱降的同时，为了巩固占领区，对国民党军发动过若干次进攻性打击。主要战役有：桂南、枣宜、中条山、三次长沙会战。

4. 枣宜会战：1940 年 5 月，在枣宜会战中，第三十三集团军总司令张自忠殉国。

5. 1941 年 12 月 9 日，国民政府发布《中华民国政府对日宣战布告》，正式对日本宣战。

6. 1942 年 2 月，国民政府组成了中国远征军入缅甸作战，中国陆军第二〇〇师师长戴安澜在缅北殉国。

7. 1944年4月至1945年1月，日军发动打通中国大陆交通线的豫湘桂战役，国民党军队损失惨重。

> **知识解读**
>
> 本知识点为常考考点，要注意识记。
>
> 日本的速战速决计划破产之后，中国战场进入相持阶段。日本改变了对国民党的策略，变为"政治诱降为主，军事打击为辅"，国民党的抗日决心有所动摇，又重新开始了对共产党的打压。与此同时，国民党在正面战场上与日军的对抗并没有完全消失，一大批战士为抗日付出宝贵生命。

真题小练

【选择题】

1. （2017年4月全国）1938年10月广州、武汉失守后，中国抗日战争进入的阶段是（　　）

A. 战略防御阶段　　　　　　B. 战略相持阶段

C. 战略反攻阶段　　　　　　D. 战略决战阶段

正确答案 B

解析 本题考查抗日战争的战略阶段。1938年10月广州、武汉失守后，中国抗日战争进入相持阶段，日本改变了"速战速决"的战略方针，准备应对长期战争，故选B。

2. （2015年4月全国）1940年，在枣宜会战中以身殉国的国民党爱国将领是（　　）

A. 佟麟阁　　　　　　　　　B. 赵登禹

C. 谢晋元　　　　　　　　　D. 张自忠

正确答案 D

解析 本题考查为国捐躯的国民党将领。1940年5月，在枣宜会战中，第三十三集团军总司令张自忠殉国，故选D。

牛刀小试

【选择题】

1. 标志着国民党由片面抗战逐步转为消极抗战的会议是（　　）

A. 国民党第五次全国代表大会　　B. 国民党五届五中全会

C. 国民党六届二中全会　　　　　D. 国民党第六次全国代表大会

正确答案 B

解析 本题考查国民党抗战政策的转变。1939年1月，国民党五届五中全会决定成立"防共委员会",确定了"防共、限共、溶共、反共"的方针。蒋介石还将抗战到底的含义解释为"恢复到卢沟桥事变以前的状态"。这标志着国民党由片面抗战逐步转变为消极抗战,故选B。

2. 中国远征军入缅甸作战,在缅北英勇殉国的国民党将领是(　　)
A. 佟麟阁　　　B. 赵登禹　　　C. 谢晋元　　　D. 戴安澜

正确答案 D

解析 本题考查为国捐躯的国民党将领。1942年2月,国民政府组成了中国远征军入缅甸作战,中国陆军第二〇〇师师长戴安澜在缅北殉国,故选D。

知识点③ ▶ 大后方的抗日民主运动及抗日文化工作★

1. 抗战时期的国民党统治区称为大后方。全民族抗战开始后,大后方人民要求国民党坚持抗战、实行民主。

2. 1938年初,国民政府改组军事委员会,下设政治部,聘请周恩来担任政治部副部长。同年6月,成立国民参政会,是受国民党控制的最高咨询机关。

3. 1939年10月,国民参政会中一些党派的代表发起宪政座谈会,批评国民党的一党专政,宪政运动在国民党统治区普遍开展起来。

4. 1941年3月,中国民主政团同盟在大后方抗日民主运动中成立,9月创办了盟报《光明报》。

5. 1944年,中共参政员林伯渠在国民参政会上提出废除国民党一党专政、召开各党派会议、成立民主联合政府的主张。

6. 抗战时期,文化界提出"抗战、团结、民主"为文艺创作的三大目标。

知识解读

本知识点注意在抗日民主运动中成立的民主党派是中国民主政团同盟,常考查选择题。

中国民主政团同盟	
成立时间	1941年3月
成立背景	大后方的抗日民主运动的广泛开展

真题小练

【选择题】

1. (2018年10月全国) 1941年3月,在大后方抗日民主运动中诞生的民主党派

是（　　）

A. 中国国民党临时行动委员会　　B. 中国民主政团同盟
C. 中国民主促进会　　D. 中国民主建国会

正确答案 B

解析 1941年3月，中国民主政团同盟在大后方抗日民主运动中成立，9月创办了盟报《光明报》，故选B。

2.（2013年7月浙江）1944年9月，在国民参政会上提出废除国民党一党专政、召开各党派会议、成立民主联合政府主张的中共参政员是（　　）

A. 周恩来　　B. 彭德怀
C. 毛泽东　　D. 林伯渠

正确答案 D

解析 1944年9月，中共参政员林伯渠在国民参政会上提出废除国民党一党专政、召开各党派会议、成立民主联合政府的主张，故选D。

第四节　中国共产党成为抗日战争的中流砥柱

本节内容提要

中国共产党自成立之日起就把实现中华民族伟大复兴作为自己的历史使命。在抗日战争时期，中国共产党坚持全面抗战路线，制定正确战略策略，开辟广大敌后战场，成为坚持抗战的中坚力量；始终坚持抗战、反对投降，坚持团结、反对分裂，坚持进步、反对倒退，同各爱国党派团体和广大人民一起，共同维护团结抗战大局。中国共产党成为抗日战争的中流砥柱。

知识点名称	考纲要求	考核内容	考试题型
全面抗战的路线和持久战的方针	识记	洛川会议和《抗日救国十大纲领》	选择题
	领会	中国共产党的全面抗战路线	简答题
	综合运用	毛泽东《论持久战》的主要内容及其意义	选择题、简答题、论述题

续表

知识点名称	考纲要求	考核内容	考试题型
开辟敌后战场，建立抗日根据地	识记	敌后抗日根据地	选择题
		敌后战场涌现的民族英雄和英雄群体	选择题
	简单运用	中国抗日战争的两个战场及其关系	——
		抗日游击战争的战略地位和作用	选择题
	综合运用	中国共产党及其领导的人民抗日力量是抗日战争的中流砥柱	选择题
击退国民党的反共摩擦，巩固和壮大抗日民族统一战线	识记	国民党顽固派制造的反共摩擦	——
	领会	抗日民族统一战线中的独立自主原则	——
	综合运用	中国共产党关于巩固和扩大抗日民族统一战线的策略总方针	选择题、简答题、论述题
抗日民主根据地的建设	识记	"三三制"政权	选择题
		精兵简政	选择题
	领会	大生产运动	选择题
延安整风运动和毛泽东思想指导地位的确立	识记	教条主义	——
		中共七大	选择题
	综合运用	新民主主义理论的系统阐述及其意义	选择题、论述题
		延安整风运动及其意义	选择题、简答题

知识点 ① ▶ 全面抗战的路线和持久战的方针 ★★★

1. 制定全面抗战路线
（1）洛川会议

洛川会议	
背景	1937年8月22日，中共中央在陕北洛川召开了政治局扩大会议。
内容	①通过了《关于目前形势与党的任务的决定》和《抗日救国十大纲领》。 ②提出了关于抗日的基本主张。

(2)《抗日救国十大纲领》

《抗日救国十大纲领》	
背景	1937年8月，洛川会议通过的文件。
内容	①强调要打倒日本帝国主义，关键在于使已经发动的抗战成为全面的全民族的抗战。 ②必须实行全国军事的总动员、全国人民的总动员；必须改革政治机构，给人民以充分的抗日民主权利，并适当改善工农大众的生活。
意义	体现了中国人民的根本利益和要求，体现了中国共产党的人民战争路线，是彻底的抗日纲领。

2. 阐述持久抗战的理论

（1）1938年5月至6月间，毛泽东发表《论持久战》，总结抗战10个月来的经验，集中全党智慧，系统地阐述了抗日战争的特点、前途和发展规律，阐明了持久抗战的总方针。

（2）《论持久战》

《论持久战》	
中日战争 全部问题的根据	中日战争是半殖民地半封建的中国和帝国主义的日本之间在20世纪30年代进行的一个决死的战争。全部问题的根据就在这里。
中日双方矛盾的 四个特点	①四个特点：敌强我弱，敌小我大，敌退步我进步，敌寡助我多助。 ②一方面，日本是强国，中国是弱国，强国弱国的对比，决定了抗日战争只能是持久战。 ③另一方面，日本是小国，发动的是退步的、野蛮的侵略战争，在国际上失道寡助；而中国是大国，进行的是进步的、正义的反侵略战争，在国际上得道多助。 ④中国已经有了代表中华民族和中国人民根本利益的、政治上成熟的共产党及其领导的人民军队和抗日根据地。因此，最后胜利又将是属于中国的。
科学地预测了 抗日战争的发展进程	①抗日战争将经过战略防御、战略相持、战略反攻三个阶段。 ②战略相持阶段是中国抗日战争取得最后胜利的最关键的阶段。 ③只要坚持持久抗战、坚持抗日民族统一战线，中国将在战略相持阶段中获得转弱为强的力量。
意义	毛泽东阐明的持久战战略思想，抓住了中日战争发生的时代特点和战争性质，揭示了抗日战争的发展规律和坚持抗战、争取抗战胜利必须实行的战略方针，对全国抗战起了积极作用。

知识解读

(1) 1937年8月，中国共产党在洛川会议上通过了《关于目前形势与党的任务的决定》和《抗日救国十大纲领》。注意识记上述内容，常考查选择题。

(2) 着重注意《论持久战》的相关内容，属于考试重点内容，选择题、简答题、论述题均可能出现，需重点掌握。

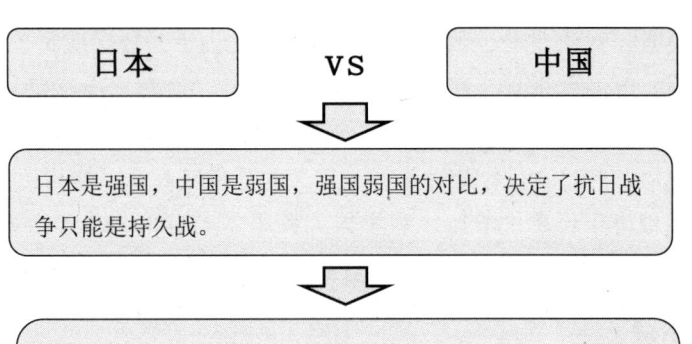

```
    日本    VS    中国
         ↓
日本是强国，中国是弱国，强国弱国的对比，决定了抗日战
争只能是持久战。
         ↓
日本是小国，发动的是退步的、野蛮的侵略战争，在国际上
失道寡助；而中国是大国，进行的是进步的、正义的反侵略
战争，在国际上得道多助，最后的胜利属于中国。
```

真题小练

【选择题】

1. (2016年10月全国) 1937年8月，中国共产党制定《抗日救国十大纲领》的重要会议是（　　）

A. 瓦窑堡会议　　　　　　　　B. 洛川会议
C. 中共六届六中全会　　　　　D. 中共六届七中全会

正确答案 B

解析 1937年8月，中国共产党在洛川会议上通过了《关于目前形势与党的任务的决定》和《抗日救国十大纲领》，故选B。

2. (2019年4月全国) 1938年，毛泽东发表的系统阐述抗日战争特点、前途和发展规律的著作是（　　）

A.《论反对日本帝国主义的策略》　　B.《论持久战》
C.《抗日救国十大纲领》　　　　　　D.《论联合政府》

正确答案 B

解析 1938年5月至6月间，毛泽东发表《论持久战》，总结抗战10个月来的经验，集中全党智慧，系统地阐述了抗日战争的特点、前途和发展规律，阐明了持久抗战的总方针,故选B。

【论述题】

3. (2018年4月全国) 毛泽东在《论持久战》一文中对中日双方之间矛盾的四个特点的分析。

答案与解析

(1) 四个特点:敌强我弱,敌小我大,敌退步我进步,敌寡助我多助。

(2) 一方面,日本是强国,中国是弱国,强国弱国的对比,决定了抗日战争只能是持久战。另一方面,日本是小国,发动的是退步的、野蛮的侵略战争,在国际上失道寡助;而中国是大国,进行的是进步的、正义的反侵略战争,在国际上得道多助。

(3) 中国已经有了代表中华民族和中国人民根本利益的、政治上成熟的共产党及其领导的人民军队和抗日根据地。因此,最后胜利又将是属于中国的。

牛刀小试

【简答题】

毛泽东在《论持久战》中对抗日战争历史进程的阐述。

答案与解析

(1) 中国抗日战争将经过战略防御、战略相持、战略反攻三个阶段。

(2) 其中,战略相持阶段,是中国抗日战争取得最后胜利的最关键的阶段。

(3) 只要坚持持久抗战、坚持抗日民族统一战线,中国将在这个阶段中获得转弱为强的力量。

知识点 ② 开辟敌后战场,建立抗日根据地 ★★

1. 敌后战场的开辟和敌后根据地的建立

(1) 敌后战场的开辟

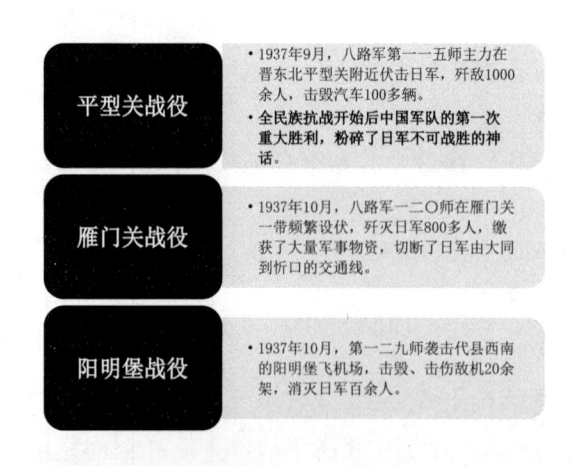

平型关战役	• 1937年9月,八路军第一一五师主力在晋东北平型关附近伏击日军,歼敌1000余人,击毁汽车100多辆。 • 全民族抗战开始后中国军队的第一次重大胜利,粉碎了日军不可战胜的神话。
雁门关战役	• 1937年10月,八路军一二〇师在雁门关一带频繁设伏,歼灭日军800多人,缴获了大量军事物资,切断了日军由大同到忻口的交通线。
阳明堡战役	• 1937年10月,第一二九师袭击代县西南的阳明堡飞机场,击毁、击伤敌机20余架,消灭日军百余人。

(2) 敌后根据地的建立

敌后根据地	
八路军建立	晋察冀（最早创立）、晋西北、晋冀豫、山东、大青山等抗日根据地
新四军建立	华中抗日根据地

(3) 中国抗日战争逐渐形成战略上相互配合的两个战场。一个是主要由国民党军队担负的正面战场；一个是由共产党领导的人民军队为主担负的敌后战场。

(4) 敌后战场涌现出的民族英雄和英雄群体

民族英雄	英雄群体
八路军副参谋长左权	八路军"狼牙山五壮士"
东北抗日联军第一路军总指挥杨靖宇	新四军"刘老庄连"
东北抗日联军第二路军副总指挥赵尚志	东北抗联八位女战士
新四军第四师师长彭雪枫	

2. 抗日游击战争的战略地位和作用

(1) 在战略防御阶段，从全局看，国民党正面战场的正规战是主要的，敌后的游击战是辅助的。但是，游击战在敌后的广泛开展和敌后抗日根据地的开辟，迫使敌人不得不把用于进攻的兵力抽调回来保守其占领区，敌后游击战争对阻止日军进攻、减轻正面战场压力、促使战争转入战略相持阶段起了重要作用。

(2) 在战略相持阶段，敌后游击战争成为主要的抗日作战方式。日军逐步将主要兵力用于敌后战场，以保持和巩固其占领地。

(3) 百团大战

百团大战

- 1940年8月至12月初，八路军总部调集105个团共20万人，对华北日军发动了一场大规模的以破袭敌人交通线为重要目标的进攻战役。

> **知识解读**
>
> 本知识点主要考查选择题。着重注意全民族抗战开始后中国军队的第一次重大胜利是平型关战役；在敌后战场牺牲的八路军副参谋长是左权；1940年，八路军对日军发动的大规模进攻的战役是百团大战，属于高频考试内容。

真题小练

【选择题】

1. （2018年10月全国）抗日战争全面爆发后，中国军队取得第一次重大胜利的战役是（ ）
   A. 平型关战役　　　　　　　　B. 台儿庄战役
   C. 百团大战　　　　　　　　　D. 昆仑关战役

正确答案 A

解析 本题考查平型关战役的意义。平型关战役是全民族抗战开始后中国军队的第一次重大胜利，粉碎了日军不可战胜的神话，故选A。

2. （2016年4月全国）在抗日战争中为国捐躯的八路军副参谋长是（ ）
   A. 彭雪枫　　　　　　　　　　B. 赵尚志
   C. 杨靖宇　　　　　　　　　　D. 左权

正确答案 D

解析 本题考查为国捐躯的民族英雄。在敌后战场，涌现了无数的民族英雄，八路军副参谋长左权、东北抗日联军第一路军总指挥杨靖宇、第二路军副总指挥赵尚志、新四军第四师师长彭雪枫等抗日将领在作战中以身殉国，故选D。

3. （2017年10月全国）1940年，八路军对日军发动的大规模进攻的战役是（ ）
   A. 平型关战役　　　　　　　　B. 雁门关战役
   C. 阳明堡战役　　　　　　　　D. 百团大战

正确答案 D

解析 本题考查百团大战的内容。1940年，八路军总部调集105个团对华北日军发动了一场大规模进攻战役，这就是百团大战，故选D。

知识点 ③ ▶ 击退国民党的反共摩擦，巩固和壮大抗日民族统一战线 ★★

1. 击退国民党的反共摩擦，坚持团结抗日

（1）1939年冬至1940年春，国民党顽固派发动第一次反共高潮。国民党军队进攻中共中央所在地陕甘宁边区和共产党领导的新四军和八路军，人民军队给予了坚决的还击。

（2）1941年1月，国民党顽固派发动第二次反共高潮。国民党军队包围袭击了新四军军部及所属部队，制造了"皖南事变"，共产党进行了针锋相对的斗争。

（3）1943年春，国民党顽固派策划发动第三次反共高潮，由于共产党及时进行揭露和斗争而被制止。

2. 坚持统一战线中的独立自主原则

（1）中国共产党强调必须在统一战线中坚持独立自主原则，既统一，又独立。

（2）共产党必须保持在思想上、政治上和组织上的独立性，放手发动群众，壮大人民力量；必须坚持对人民军队的绝对领导，冲破国民党的限制和束缚，努力发展人民武装和抗日根据地；必须对国民党采取又团结又斗争、以斗争求团结的方针。

3. 巩固和发展抗日民族统一战线

方针：为了坚持、扩大和巩固抗日民族统一战线，中国共产党制定了"发展进步势力，争取中间势力，孤立顽固势力"的策略总方针。

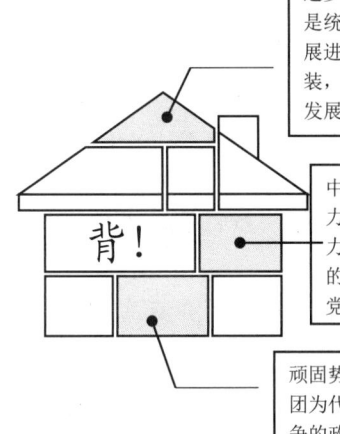

进步势力主要是指工人、农民和城市小资产阶级。他们是统一战线的基础，抗日战争的主要依靠力量。为了发展进步势力，就要放手发动人民群众及其他抗日人民武装，创立抗日民主根据地，在全国发展共产党的组织，发展全国民众的抗日运动。这是整个策略的中心环节。

中间势力主要是指民族资产阶级、开明绅士和地方实力派。争取中间势力的条件：一是共产党要有充足的力量；二是尊重他们的利益；三是要同顽固派作坚决的斗争，并能一步一步地取得胜利。争取中间势力是党领导抗日民族统一战线十分重要的任务。

顽固势力是指大地主大资产阶级的抗日派，即以蒋介石集团为代表的国民党亲英美派。共产党必须贯彻又联合又斗争的政策，坚持有理、有利、有节的原则。

知识解读

本知识点集中考查巩固和发展抗日民族统一战线的相关内容，常考查简答题和论述题。

进步势力
工人、农民、城市小资产阶级

中间势力
民族资产阶级、开明绅士、地方实力派

顽固势力
大地主大资产阶级的抗日派，即以蒋介石为代表的国民党亲英美派。

真题小练

【论述题】

(2016年10月北京) 论述中国共产党巩固和扩大抗日民族统一战线的策略总方针。

答案与解析

（1）为了坚持、扩大和巩固抗日民统一战线，中国共产党制定了"发展进步势力，争取中间势力，孤立顽固势力"的策略总方针。

（2）进步势力主要是指工人、农民和城市小资产阶级。他们是统一战线的基础，抗日战争的主要依靠力量。为了发展进步势力，就要放手发动人民群众及其他抗日人民武装，创立抗日民主根据地，在全国发展共产党的组织，发展全国民众的抗日运动。这是整个策略的中心环节。

（3）中间势力主要是指民族资产阶级、开明绅士和地方实力派。争取中间势力的条件：一是共产党要有充足的力量；二是尊重他们的利益；三是要同顽固派作坚决的斗争，并能一步一步地取得胜利。争取中间势力是党领导抗日民族统一战线十分重要的任务。

（4）顽固势力是指大地主大资产阶级的抗日派，即以蒋介石集团为代表的国民党亲英美派。共产党必须贯彻又联合又斗争的政策，坚持有理、有利、有节的原则。

牛刀小试

【简答题】

中国共产党抗日民族统一战线的策略总方针是什么？

答案与解析

（1）发展进步势力。进步势力主要是指工人、农民和城市小资产阶级。

（2）争取中间势力。中间势力主要是指民族资产阶级、开明绅士和地方实力派。

（3）孤立顽固势力。顽固势力是指大地主大资产阶级的抗日派，即以蒋介石集团为代表的国民党亲英美派。

知识点 ④ 抗日民主根据地的建设 ★

1. 抗日根据地的政权建设

（1）抗日根据地建设的首要的、根本的任务是加强政权建设，共产党在根据地广泛建立抗日民主政权。

（2）在政权机关工作人员的名额分配上实行"三三制"原则，即共产党员、非党的左派进步分子和中间派各占1/3。

（3）1941年，陕甘宁边区参议会副议长、党外人士李鼎铭提出"精兵简政"的提案，中共中央将其作为一项重要的工作，要求各根据地实行。

2. 开展大生产运动，克服经济困难

（1）1940年至1943年，抗日根据地出现了严重的经济困难。毛泽东提出了"发展生产，保障供给"的经济工作和财政工作的总方针，号召根据地军民"自己动手，丰衣足食"，开展大生产运动。

（2）抗日根据地的经济建设和发展，为新民主主义经济在全国范围内取代半殖民地半封建经济奠定了基础。

3. 发展抗日文化事业，培养抗日骨干

（1）中共中央高度重视发展抗日的革命文化事业，创办了中国人民抗日军政大学、陕北公学、鲁迅艺术学院等一批干部学校和专门学校，各抗日根据地也创办了大量的中小学校。

（2）1940年8月创办的延安自然科学院，是中国共产党历史上第一个开展自然科学教学与研究的专门机构。

> **知识解读**
>
> 本知识点主要考查选择题，同学们注意识记政权建设、"精兵简政"和"发展生产，保障供给"的内容。

真题小练

【选择题】

1.（2014年1月全国）抗日根据地建设首要的、根本的任务是（　　）

A. 加强政权建设　　　　　　B. 加强经济建设

C. 加强文化建设　　　　　　D. 加强思想建设

正确答案 A

解析 本题主要考查抗日根据地的政权建设。抗日根据地建设的首要的、根本的任务是加强政权建设，故选A。

2.（2015年4月北京）针对1940年至1943年抗日根据地出现的严重经济困难，毛泽东提出的经济工作和财政工作总方针是（　　）

A. 发展生产，保障供给　　　B. 自己动手，丰衣足食

C. 公私兼顾，劳资两利　　　D. 城乡互助，内外交流

正确答案 A

解析 本题主要考查抗日根据地的经济建设。1940年至1943年，抗日根据地出现了严重的经济困难。毛泽东提出了"发展生产，保障供给"的经济工作和财政工作的总方针，号召根据地军民"自己动手，丰衣足食"，开展大生产运动，故选A。

牛刀小试

【选择题】

中国共产党历史上第一个开展自然科学教学与研究的专门机构是（　　）

A. 人民大学　　　　　　　　　B. 陕北公学
C. 鲁迅艺术学院　　　　　　　D. 延安自然科学院

正确答案 D

解析 1940年8月创办的延安自然科学院，是中国共产党历史上第一个开展自然科学教学与研究的专门机构，故选D。

知识点 ⑤ 延安整风运动和毛泽东思想指导地位的确立 ★★★

1. 新民主主义理论的系统阐明

（1）1938年9月至11月，中国共产党在延安举行了扩大的六届六中全会，毛泽东在全会上明确地提出了"马克思主义的中国化"这个命题。

（2）毛泽东撰写了《〈共产党人〉发刊词》《中国革命和中国共产党》《新民主主义论》等一批重要理论著作，系统地阐释了中国共产党的新民主主义理论。

（3）毛泽东首先分析了近代中国半殖民地半封建的社会性质和主要矛盾，在此基础上，阐明了中国共产党领导的整个中国革命运动是包括民主主义革命和社会主义革命两个阶段的全部革命运动。

（4）毛泽东还阐明了中国共产党在新民主主义革命阶段的政治、经济、文化纲领。

（5）毛泽东总结了中国共产党成立以来的经验，指出统一战线、武装斗争、党的建设，是战胜敌人的三个法宝。

（6）意义：新民主主义理论是以毛泽东为主要代表的中国共产党人把马克思主义基本原理同中国革命具体实际相结合的理论成果。该理论的系统阐明，标志着毛泽东思想得到多方面展开而达到成熟。

2. 延安整风运动，实事求是思想路线在全党的确立

（1）延安整风

延安整风	
时间	①1941年5月，毛泽东作了《改造我们的学习》的报告，整风运动首先在党的高级干部中进行。 ②1942年2月，毛泽东先后作了《整顿党的作风》和《反对党八股》的讲演，整风运动在全党范围普遍展开。
内容	①反对主观主义以整顿学风、反对宗派主义以整顿党风、反对党八股以整顿文风。 ②反对主观主义是整风运动最主要的任务。

续表

延安整风	
意义	整风运动是一场伟大的思想解放运动，在全党范围确立起一切从实际出发、理论联系实际、实事求是的马克思主义思想路线。

（2）调查研究是把理论和实际结合起来不可或缺的中间环节。毛泽东强调，加强调查研究是转变党的作风的基础一环。中国共产党将调查研究确立为一项重要的工作制度。

（3）中共七大

中共七大	
时间	1945年4月23日至6月11日
内容	①将以毛泽东为主要代表的中国共产党人把马克思列宁主义基本原理同中国具体实际相结合所创造的理论成果，正式命名为毛泽东思想。 ②将毛泽东思想规定为党的一切工作的指针。

◆ 知识解读 ◆

（1）新民主主义理论

共产党领导的整个中国革命的两个阶段	民主主义革命和社会主义革命
中国共产党在新民主主义革命阶段的基本纲领	政治上，推翻帝国主义和封建主义的压迫，建立一个以无产阶级为领导、以工农联盟为基础的各革命阶级联合专政的新民主主义共和国。
	经济上，没收操纵国计民生的大银行、大工业、大商业归新民主主义国家所有，建立国营经济；没收地主阶级的土地归农民所有，并引导个体农民发展合作经济；允许民族资本主义经济的发展和富农经济的存在。
	文化上，废除封建买办文化，发展无产阶级领导的人民大众的反帝反封建的中华民族的新文化，即民族的科学的大众的文化。
战胜敌人的三个法宝	统一战线、武装斗争、党的建设

（2）延安整风运动最主要的任务是反对主观主义，常考查选择题。

主观主义 ▶ 主观主义的主要表现形式是教条主义和经验主义，尤其是教条主义，这是中国共产党内反复出现"左"、右倾错误的思想认识根源。

📝 **真题小练**

【选择题】

1. (2015年4月北京) 1938年9月至11月,毛泽东在扩大的六届六中全会上提出的著名命题是(　　)
   A. 中国抗战是持久战　　B. 毛泽东思想
   C. 马克思主义的中国化　　D. 新民主主义论

   正确答案 C

   解析 本题考查新民主主义理论的系统阐明。1938年9月至11月,中国共产党在延安举行了扩大的六届六中全会,毛泽东在全会上明确地提出了"马克思主义的中国化"这个命题,故选C。

2. (2017年4月北京) 延安整风运动最主要的任务是(　　)
   A. 反对主观主义　　B. 反对官僚主义
   C. 反对宗派主义　　D. 反对党八股

   正确答案 A

   解析 本题考查延安整风运动的内容。整风运动的主要内容:反对主观主义以整顿学风、反对宗派主义以整顿党风、反对党八股以整顿文风。其中,反对主观主义是整风运动最主要的任务,故选A。

【论述题】

3. (2018年4月北京) 试论述中国共产党新民主主义理论的系统阐述及意义。

   答案与解析

   (1) 毛泽东撰写了《〈共产党人〉发刊词》等一批重要理论著作,系统地阐释了中国共产党的新民主主义理论;

   (2) 毛泽东首先分析了近代中国半殖民地半封建的社会性质和主要矛盾,阐明了中国共产党领导的整个中国革命运动是包括民主主义革命和社会主义革命两个阶段的全部革命运动;

   (3) 毛泽东还阐明了中国共产党在新民主主义革命阶段的政治、经济、文化纲领;

   (4) 毛泽东总结了中国共产党成立以来的经验,指出统一战线、武装斗争、党的建设,是战胜敌人的三个法宝;

   (5) 新民主主义理论是以毛泽东为主要代表的中国共产党人把马克思主义基本原理同中国革命具体实际相结合的理论成果。该理论的系统阐明,标志着毛泽东思想得到多方面展开而达到成熟。

第五节 抗日战争的胜利及其意义

本节内容提要

抗日战争是近代以来中华民族反抗外敌入侵第一次取得完全胜利的民族解放战争，为世界反法西斯战争作出了重大贡献，是20世纪中国和人类历史上的重大事件。它促进了中华民族的大团结，为中华民族由近代以来陷入深重危机走向伟大复兴确立了历史转折点。

知识点名称	考纲要求	考核内容	考试题型
抗日战争的胜利	识记	中国人民抗日战争胜利纪念日	——
	领会	抗日战争的完全胜利	——
抗日战争胜利的意义及原因	识记	联合国制宪会议	选择题
	简单运用	抗日战争胜利的主要原因	简答题、论述题
	综合运用	抗日战争的胜利为中华民族走向伟大复兴确立了历史转折点	论述题
中国人民抗日战争在世界反法西斯战争中的地位	综合运用	中国人民抗日战争在世界反法西斯战争中的地位	简答题、论述题

知识点 ① ▶ 抗日战争的胜利 ★

时间	注释
1944年	敌后根据地开始向日军发起局部进攻。
1945年春	正面战场发动了局部反攻。
1945年上半年	世界反法西斯进入最后阶段。
1945年5月上旬	苏联红军攻克柏林，德国法西斯投降。
1945年7月26日	中、美、英三国发表波茨坦公告，敦促日本无条件投降。
1945年8月上旬	苏联红军进入中国东北，猛烈攻击日本关东军。
1945年8月9日	毛泽东发表《对日寇的最后一战》的声明，指出抗日战争到了最后阶段，号召八路军、新四军及其他人民军队，应在一切可能条件下，对于一切不愿投降的侵略者及其走狗实行广泛的进攻。
1945年8月14日	日本政府照会中、美、英、苏等国，表示接受波茨坦公告。
1945年8月15日	日本天皇裕仁以广播"终战诏书"的形式宣布接受波茨坦公告。
1945年9月2日	日本天皇和政府以及大本营的代表在东京湾美军军舰密苏里号上签署投降书。
1945年9月3日	成为中国人民抗日战争胜利纪念日。
1945年9月9日	中国战区受降仪式在南京举行。

续表

时间	注释
1945 年 10 月 25 日	中国政府在台湾举行受降仪式。中国收回被日本占领 50 年之久的台湾以及澎湖列岛，成为抗日战争取得完全胜利的重要标志。

> 📖 **知识解读**
>
> 本知识点主要考查选择题，注意三个节点：
> (1) 1945 年 8 月 9 日，毛泽东发表《对日寇的最后一战》的声明，号召八路军、新四军及其他人民军队对不愿意投降的日本侵略者实行广泛的进攻。
> (2) 中国人民抗日战争胜利纪念日是 9 月 3 日。
> (3) 抗日战争取得完全胜利的重要标志是中国收回被日本占领 50 年之久的台湾以及澎湖列岛。

✏️ **真题小练**

【选择题】

(2016 年 4 月全国) 1945 年 8 月，发表《对日寇的最后一战》声明的是（　　）

A. 朱德　　　　　　　　　　　　B. 周恩来
C. 彭德怀　　　　　　　　　　　D. 毛泽东

正确答案 D

解析 1945 年 8 月 9 日，毛泽东发表《对日寇的最后一战》的声明，号召八路军、新四军及其他人民军队对不愿意投降的日本侵略者实行广泛的进攻，故选 D。

知识点 ② ▶ 抗日战争胜利的意义及原因 ★★★

1. 联合国制宪会议

(1) 1945 年 4 月，中国同美国、英国、苏联共同发起旧金山会议（即联合国制宪会议），共商建立联合国。
(2) 中共党员董必武以解放区代表身份参加中国代表团出席会议。
(3) 随着联合国宪章正式出台，中国成为联合国安理会 5 个常任理事国之一。

2. 抗日战争胜利的意义

洗刷耻辱	确立地位	伟大复兴
• 中国人民抗日战争的胜利，彻底粉碎了日本军国主义殖民奴役中国的图谋，迫使日本归还甲午战争以后从中国窃取的东北、台湾、澎湖列岛等神圣领土，捍卫了国家主权和领土完整，彻底洗刷了近代以来抗击外来侵略屡战屡败的民族耻辱。	• 中国人民抗日战争的伟大胜利，重新确立了中国在世界上的大国地位。中国人民为世界反法西斯战争作出的重大贡献，使中国国际地位显著提高。	• 中国人民抗日战争的胜利，促进了中华民族的觉醒，开辟了中华民族伟大复兴的光明前景。

3. 抗日战争胜利的原因

（1）以爱国主义为核心的伟大民族精神是抗日战争胜利的决定因素。抗战时期，这种民族觉醒和民族精神升华达到了全新的高度，形成了伟大的抗战精神。

（2）中国共产党的中流砥柱作用是抗战胜利的关键。中国共产党人支撑起全民族救亡图存的希望，引领着夺取战争胜利的正确方向，成为夺取战争胜利的民族先锋。

（3）全民族抗战是抗战胜利的重要法宝。国共两党领导的正面战场和敌后战场协力合作，形成了共同抗击日本侵略者的战略局面。

（4）世界所有爱好和平和正义的国家和人民、国际组织以及各种反法西斯力量的同情和支持，是抗战胜利的国际条件。

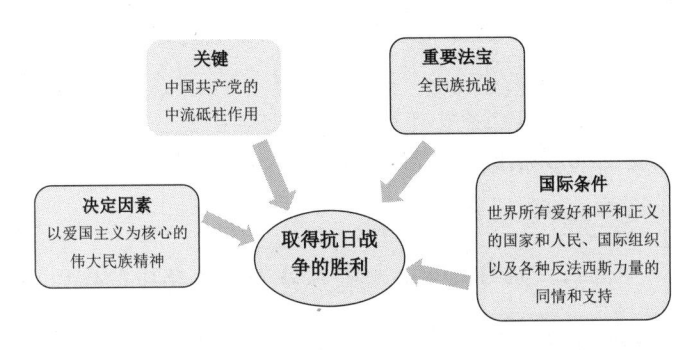

> **知识解读**
>
> 本知识点选择题主要考查旧金山会议（即联合国制宪会议）的内容，注意识记解放区代表董必武。抗日战争胜利的意义和原因常考查简答题和论述题，请同学们注意掌握。
>
> ```
>         关键                   重要法宝
>   中国共产党的              全民族抗战
>   中流砥柱作用
>                                        国际条件
>                                  世界所有爱好和平和正义
>     决定因素                     的国家和人民、国际组织
>   以爱国主义为核心的    取得抗日战   以及各种反法西斯力量的
>    伟大民族精神          争的胜利       同情和支持
> ```

> 真题小练

【选择题】

1. (2019年4月全国) 1945年4月，包括解放区代表董必武在内的中国代表团出席了（　　）

　　A. 开罗会议　　　　　　　　B. 德黑兰会议
　　C. 雅尔塔会议　　　　　　　D. 旧金山会议

正确答案 D

解析 1945年4月，中国同美国、英国、苏联共同发起旧金山会议（即联合国制宪会议），中共党员董必武以解放区代表身份参加中国代表团出席会议，故选D。

【论述题】

2. (2010年7月全国) 中国人民抗日战争胜利的历史意义。

答案与解析

（1）中国人民抗日战争的胜利，彻底粉碎了日本军国主义殖民奴役中国的图谋，迫使日本归还甲午战争以后从中国窃取的东北、台湾、澎湖列岛等神圣领土，捍卫了国家主权和领土完整，彻底洗刷了近代以来抗击外来侵略屡战屡败的民族耻辱。

（2）中国人民抗日战争的伟大胜利，重新确立了中国在世界上的大国地位。中国人民为世界反法西斯战争作出的重大贡献，使中国国际地位显著提高。

（3）中国人民抗日战争的胜利，促进了中华民族的觉醒，开辟了中华民族伟大复兴的光明前景。

3. (2018年10月北京) 论述中国人民抗日战争胜利的原因。

答案与解析

（1）以爱国主义为核心的伟大民族精神是抗日战争胜利的决定因素。抗战时期，这种民族觉醒和民族精神升华达到了全新的高度，形成了伟大的抗战精神。

（2）中国共产党的中流砥柱作用是抗战胜利的关键。中国共产党人支撑起全民族救亡图存的希望，引领着夺取战争胜利的正确方向，成为夺取胜利的民族先锋。

（3）全民族抗战是抗战胜利的重要法宝。国共两党领导的正面战场和敌后战场协力合作，形成了共同抗击日本侵略者的战略局面。

（4）世界所有爱好和平和正义的国家和人民、国际组织以及各种反法西斯力量的同情和支持，是抗战胜利的国际条件。

知识点③ 中国人民抗日战争在世界反法西斯战争中的地位★★

1. 中国人民抗日战争是世界反法西斯战争的东方主战场。中国抗战开始最早，持续时间最长，牵制和抗击了日本军国主义的主要兵力，对日本侵略者的彻底覆灭起到了决定性作用。

2. 中国人民的持久抗战，遏制了日本的"北进"计划，迟滞了日本的"南进"步伐，大大减轻了其他战场的压力，为盟国军队完成战略转折和实施战略反攻创造了有利条件。

3. 中国作为亚太地区盟军对日作战的重要后方基地，为盟国提供了大量战略物资和军事情报，中国军队出国作战，不仅打击了日军，还对盟军给予了实际支援。

4. 中国人民为了战胜法西斯、维护世界的和平付出了巨大的牺牲，作出了伟大的贡献。

> **知识解读**
>
> 本知识点主要考查论述题，请同学们注意掌握。

真题小练

【论述题】

（2015年10月全国）中国人民抗日战争在世界反法西斯战争中的地位。

答案与解析

（1）中国人民抗日战争是世界反法西斯战争的东方主战场。中国抗战开始最早，持续时间最长，牵制和抗击了日本军国主义的主要兵力，对日本侵略者的彻底覆灭起到了决定性作用。

（2）中国人民的持久抗战，遏制了日本的"北进"计划，迟滞了日本的"南进"步伐，大大减轻了其他战场的压力，为盟国军队完成战略转折和实施战略反攻创造了有利条件。

（3）中国作为亚太地区盟军对日作战的重要后方基地，为盟国提供了大量战略物资和军事情报，中国军队出国作战，不仅打击了日军，还对盟军给予了实际支援。

（4）中国人民为了战胜法西斯、维护世界的和平付出了巨大的牺牲，作出了伟大的贡献。

第七章 为创建新中国而奋斗

本章思维导图

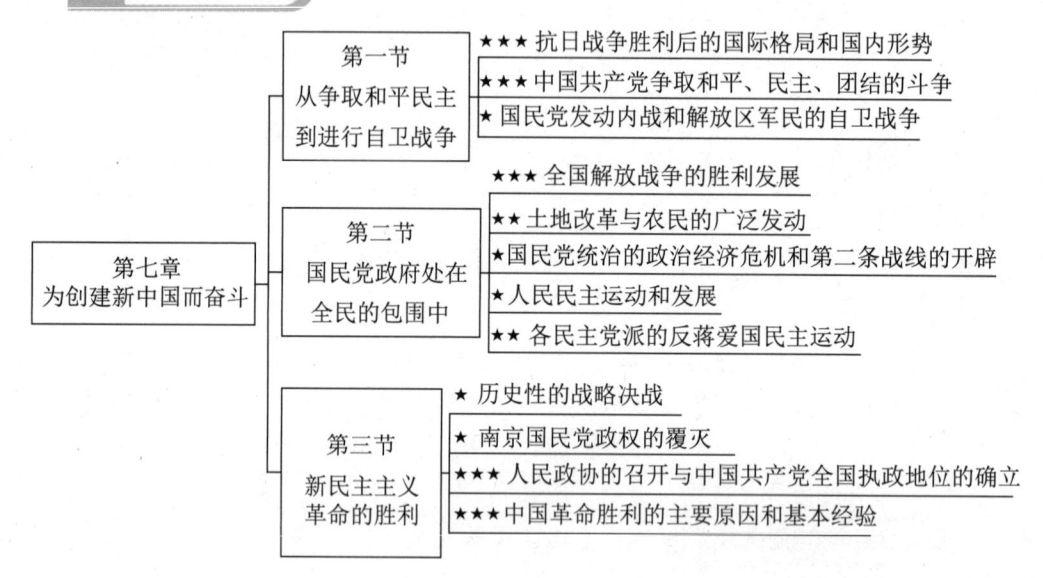

- 第七章 为创建新中国而奋斗
  - 第一节 从争取和平民主到进行自卫战争
    - ★★★ 抗日战争胜利后的国际格局和国内形势
    - ★★★ 中国共产党争取和平、民主、团结的斗争
    - ★ 国民党发动内战和解放区军民的自卫战争
  - 第二节 国民党政府处在全民的包围中
    - ★★★ 全国解放战争的胜利发展
    - ★★ 土地改革与农民的广泛发动
    - ★ 国民党统治的政治经济危机和第二条战线的开辟
    - ★ 人民民主运动和发展
    - ★★ 各民主党派的反蒋爱国民主运动
  - 第三节 新民主主义革命的胜利
    - ★ 历史性的战略决战
    - ★ 南京国民党政权的覆灭
    - ★★★ 人民政协的召开与中国共产党全国执政地位的确立
    - ★★★ 中国革命胜利的主要原因和基本经验

第一节　从争取和平民主到进行自卫战争

本节内容提要

抗日战争胜利后，国际格局发生重大变化，国内形势错综复杂，出现了三种建国方案和两个中国之命运。国民党统治集团坚持独裁、内战方针；中国共产党为争取和平、民主而艰苦努力，同时做好进行自卫战争的各项准备。

知识点名称	考纲要求	考核内容	考试题型
抗日战争胜利后的国际格局和国内形势	领会	抗日战争胜利后的国际格局	简答题
	综合运用	抗日战争胜利后中国国内的三种建国方案和两个中国之命运的较量	简答题、论述题

续表

知识点名称	考纲要求	考核内容	考试题型
中国共产党争取和平、民主、团结的斗争	识记	重庆谈判	选择题
		重庆政治协商会议	选择题
		校场口惨案	选择题
		下关惨案	选择题
国民党发动内战和解放区军民的自卫战争	简单运用	必须和能够打败蒋介石	——

知识点① 抗日战争胜利后的国际格局和国内形势 ★★★

1. 抗日战争胜利后的国际格局

（1）帝国主义势力受到削弱，人民民主力量明显增长。

（2）逐步打破了以维持欧洲大国均势为中心的传统的国际政治格局，形成了美苏两极的政治格局。

（3）战后不久，美国拟订了一个准备称霸世界的所谓"全球战略计划"。

2. 抗日战争胜利后的国内形势

（1）中国国内形势的新变化

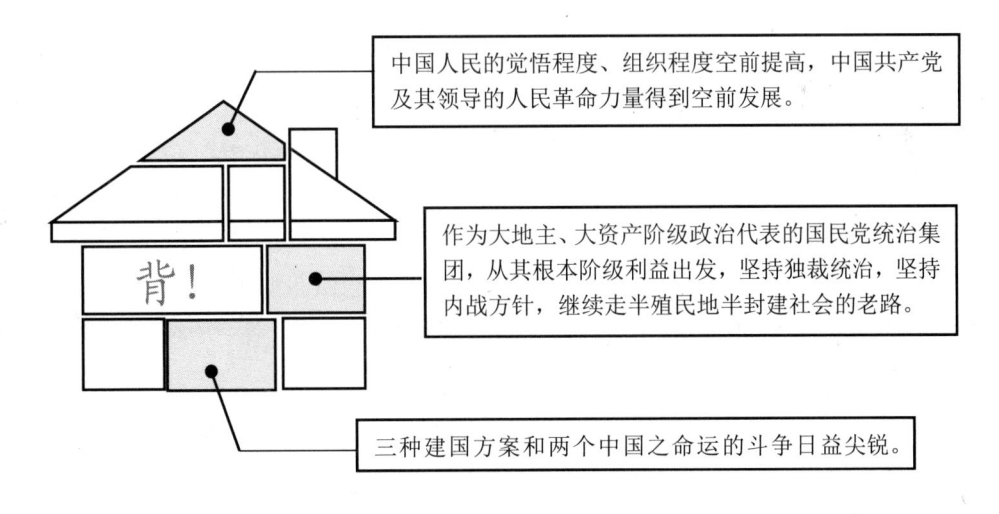

- 中国人民的觉悟程度、组织程度空前提高，中国共产党及其领导的人民革命力量得到空前发展。
- 作为大地主、大资产阶级政治代表的国民党统治集团，从其根本阶级利益出发，坚持独裁统治，坚持内战方针，继续走半殖民地半封建社会的老路。
- 三种建国方案和两个中国之命运的斗争日益尖锐。

(2) 中国国内的三种建国方案

方案一：地主阶级与买办性大资产阶级的建国方案

它维护地主阶级和买办性大资产阶级的根本利益，与中国最广大人民的利益和愿望背道而驰，因而最终遭到了中国人民的唾弃。

方案二：民族资产阶级的建国方案

它在中国行不通。因为：帝国主义不容许中国成为一个独立、富强的资本主义国家；民族资产阶级在经济上、政治上的软弱性，使得它没有勇气和能力去领导人民进行彻底反帝反封建的斗争，从而为建立资产阶级共和国扫清障碍。民族资产阶级人士中的绝大多数最终接受了中国共产党的新民主主义革命纲领。

方案三：工人阶级、农民阶级和城市小资产阶级的建国方案

政治代表是中国共产党，其主要内容是：在工人阶级及其政党的领导下，通过新民主主义革命，建立一个工人阶级领导的、以工农联盟为基础的、团结一切可以团结的力量的人民民主专政的人民共和国。这一方案是引导中华民族和中国人民争得民族独立和人民解放，从而为实现国家富强开辟道路的科学的建国方案。

知识解读

本知识点主要考查简答题和论述题，同学们在学习过程中需要根据关键词进行理解、识记，着重注意国内形势的新变化和三种建国方案，考查频率较高。

抗日战争胜利后，中国国内形势也出现了重大的新变化。经过抗日战争，中国人民的觉悟程度、组织程度空前提高，中国共产党及其领导的人民革命力量得到空前的发展。经过长期抗战后，全国人民渴望国内和平、民主、团结。这时国内对于中国往后该怎么走，有三种建国方案。地主阶级与买办性大资产阶级的建国方案以及民族资产阶级的建国方案在中国都行不通，只有工人阶级、农民阶级和城市小资产阶级的建国方案才能引导中华民族和中国人民争得民族独立和人民解放。

真题小练

【简答题】

1. （2019年10月全国）抗日战争胜利后的国际格局。

答案与解析

（1）帝国主义势力受到削弱，人民民主力量明显增长。

（2）逐步打破了以维持欧洲大国均势为中心的传统的国际政治格局，形成了美苏两极的政治格局。

（3）战后不久，美国拟订了一个准备称霸世界的所谓"全球战略计划"。

2.（2012年1月全国）抗日战争胜利后，中国国内形势发生的新变化是什么？

【答案与解析】

（1）中国人民的觉悟程度、组织程度空前提高，中国共产党及其领导的人民革命力量得到空前发展。

（2）作为大地主、大资产阶级政治代表的国民党统治集团，从其根本阶级利益出发，坚持独裁统治，坚持内战方针，继续走半殖民地半封建社会的老路。

（3）三种建国方案和两个中国之命运的斗争日益尖锐。

【论述题】

3.（2014年1月全国）论述解放战争时期，中国国内存在的三种政治力量及其建国方案。

【答案与解析】

（1）第一种是地主阶级与买办性大资产阶级的建国方案。这个建国方案维护地主阶级和买办性大资产阶级的根本利益，与中国最广大人民的利益和愿望背道而驰，因而最终遭到了中国人民的唾弃。

（2）第二种是民族资产阶级的建国方案。这个方案在中国行不通。因为帝国主义不容许中国成为一个独立、富强的资本主义国家；民族资产阶级在经济上、政治上的软弱性，使得它没有勇气和能力去领导人民进行彻底反帝反封建的斗争，从而为建立资产阶级共和国扫清障碍。民族资产阶级人士中的绝大多数最终接受了中国共产党的新民主主义革命纲领。

（3）第三种是工人阶级、农民阶级和城市小资产阶级的建国方案。其政治代表是中国共产党，其主要内容是：在工人阶级及其政党的领导下，通过新民主主义革命，建立一个工人阶级领导的、以工农联盟为基础的、团结一切可以团结的力量的人民民主专政的人民共和国。这一方案是引导中华民族和中国人民争得民族独立和人民解放，从而为实现国家富强开辟道路的科学的建国方案。

牛刀小试

【简答题】

简述抗日战争胜利后，民族资产阶级的建国方案行不通的原因。

【答案与解析】

（1）帝国主义不容许中国成为一个独立、富强的资本主义国家；

（2）民族资产阶级在经济上、政治上的软弱性，使得它没有勇气和能力去领导人民进行彻底反帝反封建的斗争，从而为建立资产阶级共和国扫清障碍；

（3）民族资产阶级人士中的绝大多数最终接受了中国共产党的新民主主义革命纲领。

知识点② ▶ 中国共产党争取和平、民主、团结的斗争★★★

1. "和平、民主、团结"方针的制定

1945年8月25日，中共中央在《对目前时局的宣言》中明确提出了"和平、民主、团结"的口号，指出在新的历史时期中，全民族面前的重大任务是：巩固国内团结，保证国内和平，实现民主，改善民生，以便在和平民主团结的基础上，实现全国的统一，建立独立自由与富强的新中国。

2. 重庆谈判和政治协商会议

（1）重庆谈判

重庆谈判	
背景	1945年8月，由于内战部署一时难以完成，蒋介石接连发出三封电报，邀请中共中央主席毛泽东到重庆进行和平谈判。
经过	为了争取和平民主，毛泽东不顾个人安危，于1945年8月28日偕周恩来、王若飞飞赴重庆与国民党当局进行谈判。
结果	1945年10月10日，双方签署了《政府与中共代表会谈纪要》（即双十协定），确认和平建国的基本方针。

（2）中共中央确定"向北发展，向南防御"的战略方针

在重庆谈判期间，中共中央于1945年9月19日正式确定了"向北发展，向南防御"的战略方针，以集中力量争取控制具有重要战略地位的东北地区。

（3）政治协商会议

政治协商会议	
背景	1946年1月10日，国共双方下达停战令。同日，政治协商会议在重庆开幕。
内容	①出席会议的有国民党、共产党、民主同盟、青年党及社会贤达代表38人。 ②会议期间，中共代表经常同民盟代表等在一系列重大问题上事先协商，取得一致，采取共同行动。 ③会议通过了政府组织案、国民大会案、和平建国纲领、军事问题案、宪法草案案等五项协议。
意义	①政协会议通过的协议并不是新民主主义性质的，但其中若干规定有利于削弱蒋介石的独裁统治和实行民主政治，有利于和平建国，因而在相当程度上是有利于人民的。 ②在一个时期里，是否忠实履行政协决议，成为人们衡量政治是非的重要尺度。

3. 维护和破坏政协协议的斗争

（1）校场口惨案：

校场口惨案	
时间	1946年2月10日
地点	重庆校场口广场
内容	①国民党派遣的特务、打手，破坏"陪都各界协进会"等团体在校场口广场举行的"庆祝政协成功大会"。 ②李公朴、郭沫若、马寅初及新闻记者等多人被打伤，连同失踪、被捕的共有60多人。

（2）下关惨案：

下关惨案	
时间	1946年6月23日
地点	南京下关车站
内容	①上海人民团体联合会派出请愿团，赴南京向国民党当局呼吁和平。 ②请愿团到达南京下关车站时，遭到国民党当局指使的大批暴徒的围殴。团长马叙伦和代表雷洁琼等多人受伤。 ③下关惨案进一步暴露了国民党当局坚持反人民内战的真面目。

（3）为做好自卫战争的准备，中国共产党在各解放区抓紧减租、生产和练兵，组编野战兵团；发布解决农民土地问题的"五四指示"，进行土地改革；抓紧"向北发展，向南防御"战略方针的落实，做好自卫战争的各项准备工作。

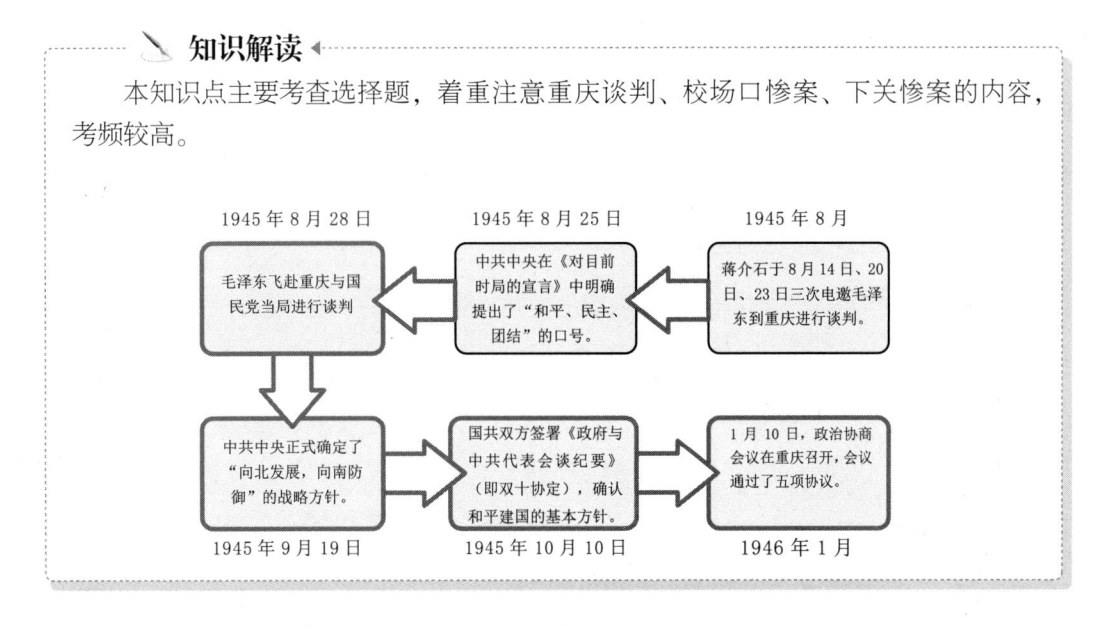

> **知识解读**
>
> 本知识点主要考查选择题，着重注意重庆谈判、校场口惨案、下关惨案的内容，考频较高。
>
> 1945年8月：蒋介石于8月14日、20日、23日三次电邀毛泽东到重庆进行谈判。
>
> 1945年8月25日：中共中央在《对目前时局的宣言》中明确提出了"和平、民主、团结"的口号。
>
> 1945年8月28日：毛泽东飞赴重庆与国民党当局进行谈判。
>
> 1945年9月19日：中共中央正式确定了"向北发展，向南防御"的战略方针。
>
> 1945年10月10日：国共双方签署《政府与中共代表会谈纪要》（即双十协定），确认和平建国的基本方针。
>
> 1946年1月：1月10日，政治协商会议在重庆召开，会议通过了五项协议。

> 真题小练

【选择题】

1. （2017年4月全国）1945年8月，中共中央在《对目前时局的宣言》中明确提出的口号是（　　）
   A. 和平、民主、团结
   B. 向北发展，向南防御
   C. 打倒蒋介石，解放全中国
   D. 打过长江去，解放全中国

   正确答案 A

   解析 1945年8月25日，中共中央在《对目前时局的宣言》中明确提出了"和平、民主、团结"的口号，故选A。

2. （2017年10月全国）1945年8月-10月，国共双方举行的谈判是（　　）
   A. 西安谈判
   B. 重庆谈判
   C. 南京谈判
   D. 北平谈判

   正确答案 B

   解析 1945年8月，蒋介石邀请中共中央主席毛泽东到重庆进行和平谈判。为了争取和平民主，毛泽东不顾个人安危，于1945年8月28日偕周恩来、王若飞飞赴重庆与国民党当局进行谈判。10月10日，双方签署《政府与中共代表会谈纪要》（即双十协定），确认和平建国的基本方针，故选B。

3. （2018年10月北京）1946年1月10日，在重庆开幕的有多个党派参加的会议是（　　）
   A. 国民参政会
   B. 国民党六大
   C. 中共七大
   D. 政治协商会议

   正确答案 D

   解析 1946年1月10日，政治协商会议在重庆开幕。出席会议的有国民党、共产党、民主同盟、青年党及社会贤达代表38人。会议期间，中共代表经常同民盟代表等在一系列重大问题上事先协商，取得一致，采取共同行动，故选D。

> 牛刀小试

1. 1946年6月23日，国民党当局指使暴徒制造的骇人听闻的惨案是（　　）
   A. 济南惨案
   B. 李闻惨案
   C. 校场口惨案
   D. 下关惨案

   正确答案 D

   解析 本题考查国民党破坏政协协议的行为。1946年6月23日，上海人民团体联合会派出请愿团，赴南京向国民党当局呼吁和平。请愿团到达南京下关车站时，遭到国民党当局指使的大批暴徒的围殴。团长马叙伦和代表雷洁琼等多人受伤。下关惨案进一步暴露了国民党当局坚持反人民内战的真面目,故选D。

2.1946年2月,国民党派遣特务制造了(　　)

A. 济南惨案　　　　　　　　B. 南京惨案

C. 校场口惨案　　　　　　　D. 下关惨案

正确答案 C

解析 本题考查国民党破坏政协协议的行为。1946年2月10日,国民党派遣的特务、打手,破坏"陪都各界协进会"等19个团体发起在重庆校场口广场举行的"庆祝政协成功大会",制造了校场口惨案,故选C。

知识点 ③ 国民党发动内战和解放区军民的自卫战争 ★

1. 国民党发动全面内战

(1) 1946年6月26日,国民党军以大举围攻中原解放区为起点,挑起了全国性的内战。

(2) 1947年2月下旬,国民党关闭全部的和谈方式,国共关系彻底破裂。

2. 以自卫战争粉碎国民党的军事进攻

(1) 全面内战爆发后,中国共产党清醒地估计了国内外形势,明确而坚定地指出我们不但必须打败蒋介石,而且能够打败他。

(2) 毛泽东还提出"一切反动派都是纸老虎"的著名论断,并预言人民解放军的"小米加步枪"一定能够战胜国民党军队的"飞机加坦克"。

(3) 1947年2月解放区军民粉碎了国民党军队的全面进攻,同年6月,基本粉碎了国民党军队对陕甘宁边区和山东解放区的重点进攻。

> **知识解读**
>
> 本知识点较为简单,主要考查选择题,着重注意国民党挑起全面内战的起点是大举围攻中原解放区。

真题小练

(2018年4月全国) 1946年6月,国民党军队挑起全国内战的起点是(　　)

A. 大举围攻中原解放区　　　　B. 大举围攻东北解放区

C. 重点进攻陕甘宁边区　　　　D. 重点进攻山东解放区

正确答案 A

解析 1946年6月26日,国民党军以大举围攻中原解放区为起点,挑起了全国性的内战,故选A。

第二节　国民党政府处在全民的包围中

本节内容提要

1947年6月，人民解放战争进入战略进攻阶段，解放区迅速扩大。中国共产党在解放区广泛开展土地改革运动。在国民党统治区，爱国民主运动持续高涨，形成配合人民解放战争的第二条战线。

知识点名称	考纲要求	考核内容	考试题型
全国解放战争的胜利发展	识记	新民主主义三大经济纲领	简答题
	识记	新民主主义革命总路线	选择题、简答题
	领会	人民解放军的战略进攻	选择题
土地改革与农民的广泛发动	识记	《五四指示》	选择题
	识记	《中国土地法大纲》	选择题
	识记	土地改革的总路线	选择题
国民党统治的政治经济危机和第二条战线的开辟	识记	"五二〇"惨案	选择题
	领会	国民党统治的政治经济危机	简答题
人民民主运动的发展	识记	台湾人民二二八起义	选择题
各民主党派的反蒋爱国民主运动	识记	民主党派	选择题
	简单运用	中国共产党与各民主党派的团结合作	选择题、论述题
	综合运用	中国共产党领导的多党合作、政治协商格局的形成	选择题

知识点 ① 全国解放战争的胜利发展 ★★★

1. 人民解放军转入战略进攻

(1) 1947年6月底，刘伯承、邓小平率领的晋冀鲁豫野战军主力强渡黄河，挺进中原，千里跃进大别山。陈毅、粟裕指挥的华东野战军主力为东路，挺进苏鲁豫皖地区。陈赓、谢富治指挥的晋冀鲁豫野战军一部为西路，挺进豫西。

(2) 三支大军布成"品"字形阵势，相互策应，机动歼敌。人民解放战争战略进攻的序幕由此揭开。

2. 提出"打倒蒋介石，解放全中国"的口号

(1) 时间：1947年10月10日

(2) 内容：由中国人民解放军总部发表的《中国人民解放军宣言》，正式提出"打倒蒋介石，解放全中国"的行动口号。

3. 新民主主义革命的三大经济纲领

新民主主义革命的三大经济纲领	
背景	1947年12月，中共中央在陕北米脂县杨家沟召开会议。
报告	毛泽东作了《目前形势和我们的任务》的报告。
内容	(1) 没收封建阶级的土地归农民所有； (2) 没收蒋介石、宋子文、孔祥熙、陈立夫为首的垄断资本归新民主主义的国家所有； (3) 保护民族工商业。

4. 新民主主义革命阶段的总路线和总政策

新民主主义革命阶段的总路线和总政策	
背景	1948年4月1日，毛泽东在晋绥干部会议上的讲话中完整地提出中国共产党在新民主主义革命阶段的总路线和总政策。
内容	无产阶级领导的，人民大众的，反对帝国主义、封建主义和官僚资本主义的革命，这就是中国的新民主主义革命，这就是中国共产党在新民主主义革命阶段的总路线和总政策。

◆ 知识解读 ◆

1. 1947年6月，刘伯承、邓小平率领的晋冀鲁豫野战军主力强渡黄河，挺进中原，千里跃进大别山，揭开了人民解放战争战略进攻的序幕。

2. 随着解放战争进入战略进攻阶段，为了新民主主义革命的胜利，中国共产党提出了"打倒蒋介石，解放全中国"的行动口号，毛泽东提出了新民主主义革命的三大经济纲领、总路线和总政策。

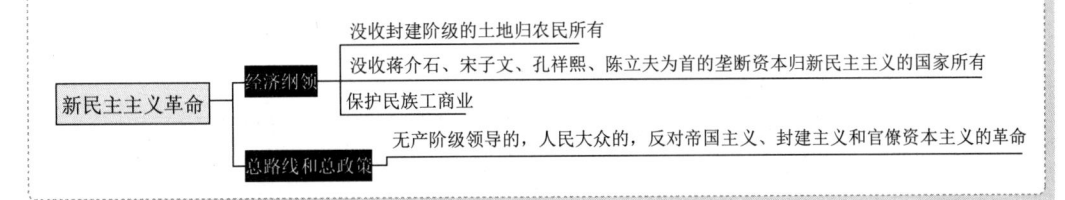

```
                    ┌─ 没收封建阶级的土地归农民所有
            ┌ 经济纲领 ─┼─ 没收蒋介石、宋子文、孔祥熙、陈立夫为首的垄断资本归新民主主义的国家所有
新民主主义革命 ─┤         └─ 保护民族工商业
            └ 总路线和总政策 ── 无产阶级领导的，人民大众的，反对帝国主义、封建主义和官僚资本主义的革命
```

✎ 真题小练

【选择题】

1. (2015年4月全国) 1947年6月，晋冀鲁豫野战军千里跃进大别山，揭开了人

民解放战争（　　）

A. 战略防御的序幕　　　　　　B. 战略转移的序幕

C. 战略进攻的序幕　　　　　　D. 战略决战的序幕

正确答案 C

解析 本题考查人民解放军转入战略进攻的内容。1947年6月，刘伯承、邓小平率领的晋冀鲁豫野战军主力强渡黄河，挺进中原，千里跃进大别山，揭开了人民解放战争战略进攻的序幕，故选C。

2.（2018年4月北京）1947年10月10日，正式提出"打倒蒋介石，解放全中国"口号的文章是（　　）

A.《对目前时局的宣言》　　　　B.《中国土地法大纲》

C.《中国人民解放军宣言》　　　D.《论人民民主专政》

正确答案 C

解析 1947年10月10日，由中国人民解放军总部发表的《中国人民解放军宣言》，正式提出"打倒蒋介石，解放全中国"的行动口号，故选C。

【简答题】

3.（2018年4月全国）新民主主义革命总路线和三大经济纲领。

答案与解析

（1）新民主主义革命总路线：无产阶级领导的，人民大众的，反对帝国主义、封建主义和官僚资本主义的革命。

（2）新民主主义革命的三大经济纲领：没收封建阶级的土地归农民所有，没收蒋介石、宋子文、孔祥熙、陈立夫为首的垄断资本归新民主主义的国家所有，保护民族工商业。

牛刀小试

【选择题】

1948年4月，毛泽东完整地提出新民主主义革命总路线的著作是（　　）

A.《新民主主义论》　　　　　　B.《目前形势和我们的任务》

C.《在晋绥干部会议上的讲话》　D.《将革命进行到底》

正确答案 C

解析 1948年4月1日，毛泽东在晋绥干部会议上的讲话中完整地提出，无产阶级领导的，人民大众的，反对帝国主义、封建主义和官僚资本主义的革命，这就是中国的新民主主义革命，这就是中国共产党在新民主主义革命阶段的总路线和总政策，故选C。

知识点② 土地改革与农民的广泛发动★★

1. 从《五四指示》到《中国土地法大纲》
(1)《五四指示》

《五四指示》	
背景	1946年5月4日，中共中央发出《关于清算、减租及土地问题的指示》（史称《五四指示》）。
内容	决定将党在抗日战争时期实行的减租减息政策改变为实现"耕者有其田"的政策。

(2)《中国土地法大纲》

《中国土地法大纲》	
背景	①1947年7月至9月，中国共产党在河北省平山县召开了全国土地会议；②制定和通过了彻底实行土地改革的《中国土地法大纲》。
内容	①明确规定废除封建性及半封建性剥削的土地制度；②实现耕者有其田的土地制度。
意义	在这个大纲的指引下，土地改革运动在解放区广大农村迅速掀起。

2. 土地改革运动的热潮

(1) 1948年4月，毛泽东在晋绥干部会议上的讲话，总结了土地改革的经验，系统阐明了中国共产党的土地改革总路线，即依靠贫农，团结中农，有步骤地、有分别地消灭封建剥削制度，发展农业生产。

(2) 解放区经过土地改革运动出现的新面貌：

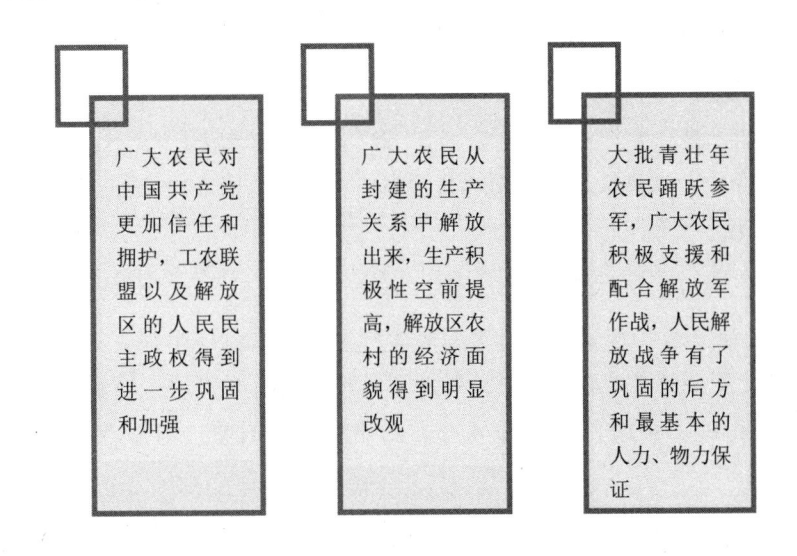

广大农民对中国共产党更加信任和拥护，工农联盟以及解放区的人民民主政权得到进一步巩固和加强	广大农民从封建的生产关系中解放出来，生产积极性空前提高，解放区农村的经济面貌得到明显改观	大批青壮年农民踊跃参军，广大农民积极支援和配合解放军作战，人民解放战争有了巩固的后方和最基本的人力、物力保证

知识解读

本知识点主要考查选择题和简答题，同学们注意区分关于土地政策的文件。

随着解放战争进入战略进攻阶段，为了完成新民主主义革命的基本任务，取得人民解放战争胜利的基本条件，中国共产党在解放区开展了轰轰烈烈的土地改革运动。

文件	《五四指示》	《中国土地法大纲》
时间	1946年5月4日	1947年7月至9月
背景	中共中央发出《关于清算、减租及土地问题的指示》（史称《五四指示》）	中国共产党在河北省平山县召开了全国土地会议
内容	决定将党在抗日战争时期实行的减租减息政策改变为实现"耕者有其田"的政策	明确规定废除封建性及半封建性剥削的土地制度，实现耕者有其田的土地制度。

真题小练

【选择题】

1. （2015年10月北京）中共中央将减租减息改变为实现"耕者有其田"政策的文件是（   ）

   A.《井冈山土地法》　　　　B.《兴国土地法》
   C.《关于清算、减租及土地问题的指示》D.《中国土地法大纲》

   正确答案 C

   解析 本题考查土地改革的内容。1946年5月4日，中共中央发出《关于清算、减租及土地问题的指示》（史称《五四指示》），决定将党在抗日战争时期实行的减租减息政策改变为实现"耕者有其田"的政策，故选C。

2. （2014年10月全国）1947年，中国共产党在全国土地会议上制定的重要文件是（   ）

   A.《井冈山土地法》　　　　B.《兴国土地法》
   C.《关于清算、减租及土地问题的指示》D.《中国土地法大纲》

   正确答案 D

   解析 本题考查土地改革的内容。1947年7月至9月，中国共产党在河北省平山县召开了全国土地会议，制定和通过了彻底实行土地改革的《中国土地法大纲》，明确规定废除封建性及半封建性剥削的土地制度，实现耕者有其田的土地制度，故选D。

3. （2013年10月全国）1948年4月，毛泽东系统阐明中国共产党土地改革总路线的著作是（   ）

   A.《新民主主义论》　　　　B.《目前形势和我们的任务》

C.《在晋绥干部会议上的讲话》　　　D.《将革命进行到底》

正确答案 C

解析 1948年4月，毛泽东在晋绥干部会议上的讲话，总结了土地改革的经验，系统阐明了中国共产党的土地改革总路线，故选C。

【简答题】

4.（2011年1月全国）解放战争时期的土地改革运动使解放区出现了哪些新面貌？

答案与解析

（1）广大农民对中国共产党更加信任和拥护，工农联盟以及解放区的人民民主政权得到进一步巩固和加强。

（2）广大农民从封建的生产关系中解放出来，生产积极性空前提高，解放区农村的经济面貌得到明显改观。

（3）大批青壮年农民踊跃参军，广大农民积极支援和配合解放军作战，人民解放战争有了巩固的后方和最基本的人力、物力保证。

知识点③ 国民党统治的政治经济危机和第二条战线的开辟★

1. 国民党统治的政治经济危机

（1）解放战争时期，国民党统治区政治、经济危机日益加深的主要原因：

①抗战胜利后，国民党把接收变成"劫收"，大发"胜利财"，从而使更多民众的期望遭致破灭。

②国民党统治集团违背全国人民迫切要求休养生息、和平建国的意愿，实行反人民的内战政策。

（2）国民党统治集团在美帝国主义支持下发动的反人民的内战，将全国各阶层人民置于饥饿和死亡线上，迫使全国各阶层人民团结起来，同蒋介石反动政府作你死我活的斗争。

2. 学生运动的高涨

（1）国统区人民所进行的第二条战线的斗争，以学生运动为发端。

（2）"一二·一"运动

"一二·一"运动	
时间	1945年12月
内容	昆明的"一二·一"运动，以"反对内战，争取自由"为基本口号。
意义	吹响了国统区爱国学生运动的第一声号角。

（3）"一二·三〇"运动

"一二·三〇"运动	
时间	1946年12月30日
内容	为抗议驻华美军强暴北京大学先修班一位女生，抗暴运动（也称"一二·三〇运动"）在北平爆发，以"抗议美军暴行！""美军退出中国！"为基本口号。

（4）"五二〇"运动

"五二〇"运动	
时间	1947年5月20日
内容	①南京、上海、苏州、杭州地区16所专科以上院校学生6000余人汇集南京，举行反饥饿、反内战、挽救教育危机联合大游行，遭到国民党宪警的镇压。 ②天津南开大学、北洋大学两校的游行学生，遭到特务殴打，许多人受伤。 ③南京、天津的流血事件，便是震惊中外的"五二〇"惨案。

（5）在中国共产党的领导下，学生运动向"反饥饿、反内战、反迫害"的目标发展，同各阶层人民的斗争汇合到一起，标志着反对国民党统治的第二条战线正式形成。

知识解读

随着人民解放战争的发展，由于国民党不顾全国人民希望和平建国的意愿，实行反人民的内战，导致国统区的政治经济危机加深；同时为了反抗国民党的统治，国统区的人民进行了第二条战线的斗争，以学生运动为发端。

注意区别学生运动爆发的时间和内容，常考查选择题。

时间	运动	注释
1945年12月1日	"一二·一"运动	吹响了国统区爱国学生运动的第一声号角。
1946年12月30日	"一二·三〇"运动	抗议美军暴行。
1947年5月20日	"五二〇"运动	国民党宪警进行了镇压，制造了"五二〇"惨案。

真题小练

【选择题】

1. （2015年10月全国）1947年在国统区爆发的大规模的爱国学生运动是（　　）
   A. 一二·九运动　　　　　　B. 一二·一运动
   C. 一二·三〇运动　　　　　D. 五二〇运动

   正确答案 D

解析 本题考查学生运动的内容。1947年5月20日，国统区多所院校学生在南京举行联合大游行，遭到国民党宪警的镇压。同日，天津南开大学、北洋大学两校的游行学生，遭到特务殴打，许多人受伤。南京、天津的流血事件，便是震惊中外的"五二〇"惨案，故选D。

2. （2015年10月北京）解放战争时期，国统区人民进行的第二条战线斗争的发端是（　　）

A. 工人运动　　　　　　　　B. 农民起义
C. 学生运动　　　　　　　　D. "三区革命"

正确答案 C

解析 在解放战争时期，国统区人民所进行的第二条战线的斗争，以学生运动为发端，故选C。

【简答题】

3. （2009年1月全国）解放战争时期国民党统治区政治、经济危机日益加深的主要原因。

答案与解析

(1) 抗战胜利后，国民党把接收变成"劫收"，大发"胜利财"，从而使更多民众的期望遭致破灭。

(2) 国民党统治集团违背全国人民迫切要求休养生息、和平建国的意愿，实行反人民的内战政策。

牛刀小试

【选择题】

1946年，北平学生举行的抗议驻华美军暴行的运动是（　　）

A. 五卅运动　　　　　　　　B. 一二·九运动
C. 一二·一运动　　　　　　D. 一二·三〇运动

正确答案 D

解析 1946年12月30日，为抗议驻华美军强暴北京大学先修班一女生，以"抗议美军暴行！""美军退出中国！"为基本口号的抗暴运动（也称"一二·三〇运动"）在北平爆发，故选D。

知识点 ④ 人民民主运动的发展 ★

1. 工人、城镇贫民和农民运动的发展

(1) 国统区的广大工人在爱国民主运动中发挥了重要作用。

(2) 农民不断掀起反抗国民党当局抓丁、征粮、征税的浪潮。

2. 台湾和少数民族地区的人民民主运动
（1）二二八起义

二二八起义	
时间	1947年2月28日
地点	台湾
经过	①台湾省台北市人民为反抗国民党当局的暴政、抗议反动军警屠杀市民，举行大规模示威游行，又遭国民党军警镇压。 ②2月底3月初，台湾各地汉族、高山族人民纷起响应，夺取武器，举行起义，并攻占台中、嘉义等城市。 ③国民党当局从大陆调来大批军警、特务，对起义群众进行镇压。3月14日，起义失败。
意义	有力地显示了台湾人民反对国民党的暴虐统治，争取人民民主的革命精神，是全国人民民主运动的重要组成部分。

（2）三区革命

三区革命	
地点	新疆
内容	1944年秋，原新疆省的伊犁、塔城、阿山（今阿勒泰）三个专区的维吾尔、哈萨克等少数民族群众，因不堪忍受以军阀盛世才为代表的国民党反动派的压迫，爆发了一场有组织的大规模武装斗争，并于1945年建立革命政府，史称"三区革命"。

（3）内蒙古自治政府成立

内蒙古自治政府成立	
时间	1947年
地点	内蒙古
经过	①1947年初，内蒙古东部大部和中部部分地区获得解放。 ②1947年4月，内蒙古人民代表会议在乌兰浩特举行，会议通过《内蒙古自治政府施政纲领》等文件。 ③1947年5月1日，内蒙古自治政府宣告成立，乌兰夫为主席。

> **知识解读**
>
> 本知识点主要考查选择题，请同学们着重注意台湾人民的二二八起义，属于高频考点。

📝 **真题小练**

【选择题】

1.（2018年10月北京）1947年，在宝岛台湾发生的反抗国民党当局暴政的事件是（　　）

　　A."一二·一运动"　　　　　　　B."五二〇"运动

　　C."二·二八起义"　　　　　　　D."三区革命"

正确答案 C

解析 本题考查台湾人民的民主运动。1947年2月28日，台湾省台北市人民为反抗国民党当局的暴政、抗议反动军警屠杀市民，举行大规模示威游行，又遭国民党军警镇压，故选C。

2.（2016年4月北京）1947年5月1日宣告成立的以乌兰夫为主席的自治政府是（　　）

　　A. 新疆自治政府　　　　　　　　B. 西藏自治政府

　　C. 广西自治政府　　　　　　　　D. 内蒙古自治政府

正确答案 D

解析 本题考查内蒙古人民的民主运动。1947年5月1日，内蒙古自治政府宣告成立，乌兰夫为主席，故选D。

🔍 **牛刀小试**

【选择题】

台湾人民为反抗国民党举行的二二八起义时间是（　　）

　　A. 1945年　　　　　　　　　　　B. 1946年

　　C. 1947年　　　　　　　　　　　D. 1948年

正确答案 C

解析 本题考查台湾人民的民主运动。1947年，台湾人民发生了反抗国民党当局暴政的"二二八起义"，故选C。

知识点 ⑤ ▶ 各民主党派的反蒋爱国民主运动 ★★

1. 各民主党派的历史发展

党派名称	历史	主要成员	创立地点及时间
中国国民党革命委员会（简称民革）	(1) 1947年11月，中国国民党民主派和其他爱国民主人士第一次联合会议在香港举行。 (2) 1948年1月1日，会议宣布中国国民党革命委员会正式成立	(1) 宋庆龄为名誉主席 (2) 李济深为主席	香港，1948年
中国民主同盟（简称民盟）	(1) 1941年3月19日在重庆秘密成立，时称中国民主政团同盟。 (2) 民盟由6个组织联合组成。它们是：全国各界救国联合会、中华职业教育社、乡村建设协会、中华民族解放行动委员会、青年党、国家社会党。 (3) 1941年11月16日，张澜在重庆公开宣布中国民主政团同盟成立。 (4) 1944年9月，中国民主政团同盟改为中国民主同盟	黄炎培、张澜	重庆，1941年
中国民主建国会（简称民建）	1945年12月16日，由爱国的民族工商业者和与其有联系的知识分子发起成立	黄炎培、胡厥文	重庆，1945年
中国民主促进会（简称民进）	1945年12月30日，以文化教育出版界知识分子为主，还有一部分工商界爱国人士成立	马叙伦	上海，1945年
中国农工民主党（简称农工党）	(1) 1930年8月9日，国民党左派领导人邓演达在上海主持召开了第一次全国干部会议，成立中国国民党临时行动委员会，邓演达当选为总干事。 (2) 1935年11月10日，改名为中华民族解放行动委员会。 (3) 1947年2月3日，改名为中国农工民主党	邓演达、章伯钧	上海，1930年
中国致公党（简称致公党）	(1) 1925年10月，由华侨社团美洲致公堂发起，在美国旧金山成立。 (2) 1947年5月，致公党在香港举行第三次代表大会，进行改组，成为一个新民主主义的政党	李济深、陈其尤	旧金山，1925年

续表

党派名称	历史	主要成员	创立地点及时间
九三学社	（1）一批进步学者为争取抗战胜利和政治民主，继承和发扬五四运动的反帝爱国与民主科学精神，在重庆组织了民主科学座谈会。 （2）为纪念 1945 年 9 月 3 日抗日战争和世界反法西斯战争的伟大胜利，改建为九三学社。 （3）1946 年 5 月 4 日，在重庆正式召开九三学社成立大会	许德珩	重庆，1946 年
台湾民主自治同盟（简称台盟）	二二八起义失败后，由一部分从事爱国主义运动的台湾省人士，于 1947 年 11 月 12 日在香港召开台湾民主自治同盟筹委会第一次会员代表大会，12 月 1 日正式宣布成立	谢雪红	香港，1947 年

2. 中国共产党与民主党派的团结合作

（1）全国解放战争时期，各民主党派与中国共产党团结合作的主要表现：

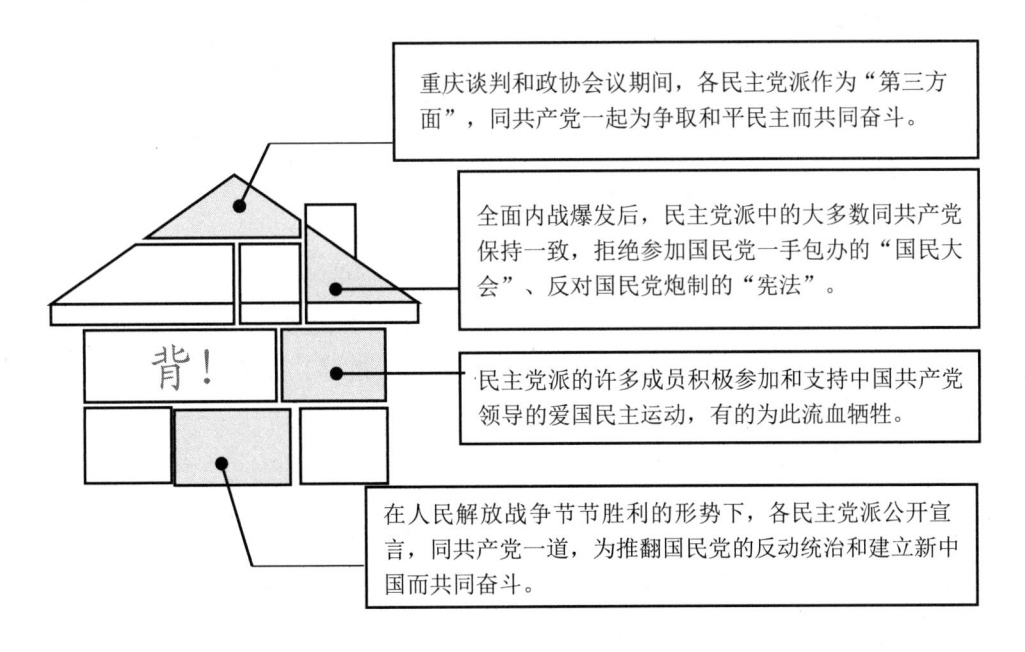

背！

- 重庆谈判和政协会议期间，各民主党派作为"第三方面"，同共产党一起为争取和平民主而共同奋斗。
- 全面内战爆发后，民主党派中的大多数同共产党保持一致，拒绝参加国民党一手包办的"国民大会"、反对国民党炮制的"宪法"。
- 民主党派的许多成员积极参加和支持中国共产党领导的爱国民主运动，有的为此流血牺牲。
- 在人民解放战争节节胜利的形势下，各民主党派公开宣言，同共产党一道，为推翻国民党的反动统治和建立新中国而共同奋斗。

(2) 国民党统治下进行和平改良的"第三条道路"的幻想的破灭

	国民党统治下进行和平改良的"第三条道路"的幻想的破灭
背景	①1947年10月，国民党当局宣布民盟（即中国民主同盟）为"非法团体"，明令对该组织及其成员的一切活动"严加取缔"。 ②1947年11月6日，民盟总部被迫发表公告，通告盟员自即日起一律停止政治活动，民盟总部即日解散。
标志	使在国民党统治下进行的和平改良的"第三条道路"的幻想归于破灭。

(3) 民盟一届三中全会

	民盟一届三中全会
背景	1948年1月，民盟领导人沈钧儒等在香港召开民盟一届三中全会
决定	①宣布不接受解散民盟的任何决定，并恢复民盟总部。 ②宣告民盟坚决不能够在是非曲直之间，有中立的态度；表示今后要与中国共产党携手合作。
标志	民盟站到了新民主主义革命的立场上来。

3. 中国共产党领导的多党合作、政治协商格局的形成

(1) 1948年4月30日，中共中央在纪念五一国际劳动节的口号中提出了迅速召开政协会议、成立民主联合政府，得到了各民主党派和社会各界的热烈响应。

(2) 民主人士章伯钧等提出政治协商会议等于临时人民代表会议，即可产生临时中央政府。这个意见为中共中央所接受。

(3) 1949年1月22日，李济深、沈钧儒等民主党派的领导人和著名的无党派民主人士55人联合发表《我们对于时局的意见》，表明中国各民主党派和无党派民主人士自愿地接受了中国共产党的领导，决心走人民革命的道路，拥护建立人民民主的新中国。

> **知识解读**
>
> 1. 在各民主党派的历史发展中，中国国民党革命委员会（简称民革）的内容考查频率较高，主要考查选择题。
>
> 2. 本知识点注意掌握全国解放战争时期，各民主党派与中国共产党团结合作的主要表现，考查论述题。
>
> 3. 1947年，被国民党当局宣布为"非法团体"而被迫解散的中国民主党派是中国民主同盟。

> 真题小练

【选择题】

1．（2016年4月北京）1948年1月1日成立的，以宋庆龄为名誉主席、李济深为主席的民主党派是（　　）

A．中国民主同盟　　　　　　　B．中国民主建国会
C．中国民主促进会　　　　　　D．中国国民党革命委员会

正确答案 D

解析 本题考查各民主党派的历史发展。1947年11月，中国国民党民主派和其他爱国民主人士第一次联合会议在香港举行。1948年1月1日，会议宣布中国国民党革命委员会正式成立。宋庆龄为名誉主席，李济深为主席，故选D。

【论述题】

2．（2019年4月全国）全国解放战争时期，各民主党派与中国共产党团结合作的主要表现。

答案与解析

（1）重庆谈判和政协会议期间，各民主党派作为"第三方面"，同共产党一起为争取和平民主而共同奋斗。

（2）全面内战爆发后，民主党派中的大多数同共产党保持一致，拒绝参加国民党一手包办的"国民大会"，反对国民党炮制的"宪法"。

（3）民主党派的许多成员积极参加和支持中国共产党领导的爱国民主运动，有的为此流血牺牲。

（4）在人民解放战争节节胜利的形势下，各民主党派公开宣言，同共产党一道，为推翻国民党的反动统治和建立新中国而共同奋斗。

第三节　新民主主义革命的胜利

> **本节内容提要**

1948年秋，人民解放军开始同国民党军队的战略决战，新民主主义革命胜利大局已定。1949年4月，人民解放军占领南京。随着解放战争的胜利发展，建立新中国的任务被提上历史日程。同年9月，中国人民政治协商会议第一届全体会议的召开，标志着新民主主义革命的基本胜利。

知识点名称	考纲要求	考核内容	考试题型
历史性的战略决战	识记	战略决战	选择题
南京国民党政权的覆灭	识记	国共北平谈判	选择题
		人民解放军占领南京及其向全国进军	选择题
人民政协的召开与中国共产党全国执政地位的确立	领会	中共七届二中全会的主要内容	选择题、简答题
	简单运用	《论人民民主专政》与中国共产党建国主张	选择题、简答题
	综合运用	中国人民政治协商会议及其《共同纲领》的主要内容	选择题、简答题
中国革命胜利的主要原因和基本经验	综合运用	中国革命胜利的主要原因和基本经验	选择题、简答题、论述题

知识点 ① 历史性的战略决战 ★

1. 决战前夜的基本态势

（1）1948年秋，人民解放战争进入夺取全国胜利的决定性阶段。

（2）人民政权和人民军队得到空前发展，国民党政权濒临崩溃，人民解放军同国民党军队进行战略决战的时机已经成熟。

2. 决定中国命运的战略决战

（1）辽沈战役

辽沈战役	
时间	1948年9月12日至11月2日
指挥	林彪、罗荣桓
战果	东北野战军主力歼灭国民党军队47.2万人

（2）淮海战役

淮海战役	
时间	1948年11月6日至1949年1月10日
指挥	刘伯承、陈毅、邓小平、粟裕、谭震林组成的总前委（邓小平为书记）
战果	华东野战军、中原野战军及地方武装共歼灭国民党军队55.5万人

（3）平津战役

平津战役	
时间	1948年11月29日至1949年1月31日
指挥	林彪、罗荣桓、聂荣臻组成的平津前线总前委
战果	东北野战军、华北解放军主力及地方武装共歼灭和改编国民党军队52万余人

知识解读

本知识点考查三大战役（辽沈战役、淮海战役、平津战役）的内容，注意区别三大战役的时间，牢记三大战役的顺序，考查选择题。

（1）三大战役的顺序

辽沈战役（第一个战役）→ 淮海战役（第二个战役）→ 平津战役（第三个战役）

（2）三大战役的时间

战役	辽沈战役	淮海战役	平津战役
开始时间	1948年9月12日	1948年11月6日	1948年11月29日
结束时间	1948年11月2日	1949年1月10日	1949年1月31日

真题小练

【选择题】

1.（2018年4月全国）1948年9月，中国人民解放军发起战略决战的第一个战役是（　　）

A. 辽沈战役　　　　　　B. 淮海战役

C. 平津战役　　　　　　D. 渡江战役

正确答案 A

解析 本题考查三大战役的时间顺序。中国人民解放军发起战略决战的第一个战役是辽沈战役，辽沈战役自1948年9月12日开始至11月2日结束，故选A。

2.（2018年4月北京）1949年1月10日，在毛泽东和中央军委指挥下结束的战

役是（　　）

A. 济南战役　　　　　　　　B. 辽沈战役

C. 淮海战役　　　　　　　　D. 平津战役

正确答案 C

解析 本题考查三大战役的结束时间。淮海战役自 1948 年 11 月 6 日开始至 1949 年 1 月 10 日结束，中国人民解放军共歼敌 55.5 万人，故选 C。

牛刀小试

【选择题】

1948 年 11 月至 1949 年 1 月，担任淮海战役总前委书记的是（　　）

A. 邓小平　　　B. 刘伯承　　　C. 陈毅　　　D. 粟裕

正确答案 A

解析 本题考查淮海战役的内容。淮海战役在由刘伯承、陈毅、邓小平、粟裕、谭震林等组成的总前委（邓小平为书记）领导下，解放军共歼敌 55.5 万人，故选 A。

知识点 ② 南京国民党政权的覆灭 ★

1. 1948 年 12 月 30 日，毛泽东在为新华社写的 1949 年新年献词《将革命进行到底》一文中，指出必须将革命进行到底。

2. 三大战役惨败后，1949 年元旦，蒋介石发表"求和"声明，企图争取喘息时间，以便卷土重来；1 月 14 日，中国共产党提出了与蒋介石的和平阴谋针锋相对的和平谈判八项条件。1 月 21 日，蒋介石宣布"引退"，由李宗仁代理总统职务。

3. 国共北平谈判

国共北平谈判	
时间	1949 年 4 月
内容	1949 年 4 月 1 日起，国共双方代表以中共所提八项条件为基础在北平进行谈判。
结局	1949 年 4 月 20 日，国民党政府电令其和谈代表拒绝在中共提出的《国内和平协定》（最后修正案）上签字，和谈破裂。

4. 渡江战役

渡江战役	
背景	1949 年 4 月 21 日，毛泽东、朱德发布《向全国进军的命令》，中国人民解放军发起渡江战役。

续表

渡江战役	
标志	1949年4月23日,人民解放军占领南京,延续了22年的国民党反动统治宣告覆灭。

知识解读

本知识点主要考查选择题,注意1949年4月,中国人民解放军发起的重大战役是渡江战役,请同学们与三大战役进行区别。

真题小练

【选择题】

1. (2019年10月全国)1949年4月21日,中国人民解放军发起的重大战役是（ ）
   A. 辽沈战役
   B. 淮海战役
   C. 平津战役
   D. 渡江战役

   正确答案 D

   解析 1949年4月21日,毛泽东、朱德发布《向全国进军的命令》,中国人民解放军发起渡江战役,故选D。

2. (2011年4月上海)1949年4月,国共双方代表举行了以中共所提八项条件为基础的（ ）
   A. 西安谈判
   B. 重庆谈判
   C. 南京谈判
   D. 北平谈判

   正确答案 D

   解析 1949年4月1日起,国共双方代表以中共所提八项条件为基础在北平进行谈判,和谈最终以国民党拒绝在《国内和平协定》(最后修正案)签字而破裂,故选D。

牛刀小试

【选择题】

延续了22年的国民党反动统治宣告覆灭的标志是（ ）
A. 人民解放军占领南京
B. 三大战役的胜利
C. 新中国的成立
D. 中国人民政治协商会议的召开

正确答案 A

解析 1949年4月21日,毛泽东、朱德发布《向全国进军的命令》,中国人民解放军发起渡江战役。4月23日，人民解放军占领南京，延续了22年的国民党反动统治宣告覆灭，故选A。

知识点 3 人民政协的召开与中国共产党全国执政地位的确立 ★★★

1. 中共七届二中全会和毛泽东《论人民民主专政》

（1）中共七届二中全会

中共七届二中全会	
背景	1949年3月，中共七届二中全会在河北省平山县西柏坡村召开。
内容	①规定了全国胜利后中国共产党在政治、经济、外交方面应当采取的基本政策。 ②指出了中国由农业国转变为工业国、由新民主主义社会转变为社会主义社会的发展方向。 ③在中国共产党自身建设的问题上，提出了"两个务必"的要求。"务必使同志们继续地保持谦虚、谨慎、不骄、不躁的作风，务必使同志们继续地保持艰苦奋斗的作风"。

（2）《论人民民主专政》

《论人民民主专政》	
背景	1949年6月30日，毛泽东发表《论人民民主专政》一文，系统地阐明了中国共产党关于建立人民民主专政的新中国的主张。
内容	①人民民主专政的基础是工人阶级、农民阶级和城市小资产阶级的联盟。 ②在上述联盟中，主要是工人阶级和农民阶级的联盟。因为这两个阶级占了中国人口的绝大多数。 ③为建立新中国，必须利用一切于国计民生有利而不是有害的城乡资本主义因素，团结民族资产阶级。

2. 人民政协会议的召开与中国共产党全国执政地位的确立

（1）1949年9月21日，中国人民政治协商会议第一届全体会议在北平召开，会议一致同意以新民主主义即人民民主主义为中华人民共和国的政治基础，并通过了《中国人民政治协商会议共同纲领》（简称《共同纲领》）。

(2)《中国人民政治协商会议共同纲领》

新中国的国体和政体
① 中华人民共和国为新民主主义即人民民主主义的国家，实行工人阶级领导的、以工农联盟为基础的、团结各民主阶级和国内各民族的人民民主专政。
② 中华人民共和国的国家政权属于人民。人民行使国家政权的机关为各级人民代表大会和各级人民政府。
③ 各级政权机关一律实行民主集中制。

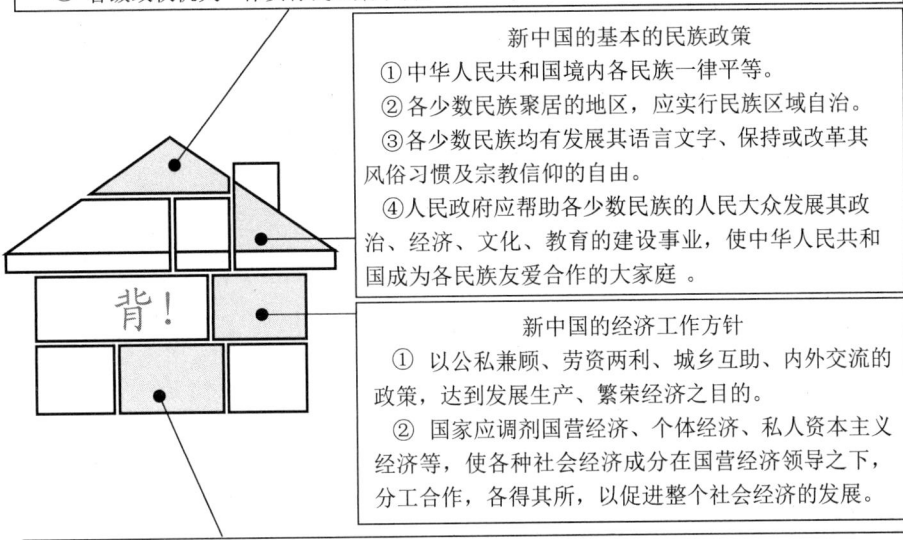

新中国的基本的民族政策
① 中华人民共和国境内各民族一律平等。
② 各少数民族聚居的地区，应实行民族区域自治。
③ 各少数民族均有发展其语言文字、保持或改革其风俗习惯及宗教信仰的自由。
④ 人民政府应帮助各少数民族的人民大众发展其政治、经济、文化、教育的建设事业，使中华人民共和国成为各民族友爱合作的大家庭。

新中国的经济工作方针
① 以公私兼顾、劳资两利、城乡互助、内外交流的政策，达到发展生产、繁荣经济之目的。
② 国家应调剂国营经济、个体经济、私人资本主义经济等，使各种社会经济成分在国营经济领导之下，分工合作，各得其所，以促进整个社会经济的发展。

新中国的外交工作原则
保障本国独立、自由和领土主权的完整，维护国际的持久和平和各国人民间的友好合作，反对帝国主义的侵略政策和战争政策。

（3）《中国人民政治协商会议共同纲领》在当时的情况下起着临时宪法的作用，其最基本、最核心的内容是关于新中国的国体和政体的规定，这项规定也从法律上正式确立了中国共产党在全国的执政地位。

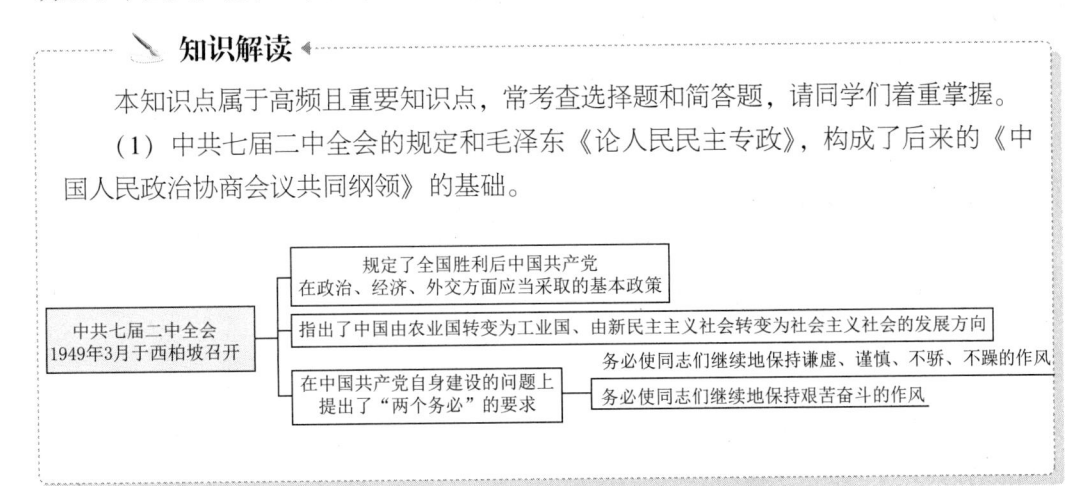

> **知识解读**
>
> 本知识点属于高频且重要知识点，常考查选择题和简答题，请同学们着重掌握。
>
> （1）中共七届二中全会的规定和毛泽东《论人民民主专政》，构成了后来的《中国人民政治协商会议共同纲领》的基础。

中共七届二中全会 1949年3月于西柏坡召开
- 规定了全国胜利后中国共产党在政治、经济、外交方面应当采取的基本政策
- 指出了中国由农业国转变为工业国、由新民主主义社会转变为社会主义社会的发展方向
- 在中国共产党自身建设的问题上提出了"两个务必"的要求
  - 务必使同志们继续地保持谦虚、谨慎、不骄、不躁的作风
  - 务必使同志们继续地保持艰苦奋斗的作风

```
┌─《论人民民主专政》──┬─ 人民民主专政的基础是工人阶级、农民阶级和城市小资产阶级的联盟。
│ 1949年6月30日发表   ├─ 在上述联盟中,主要是工人阶级和农民阶级的联盟。
│                    │   因为这两个阶级占中国人口的绝大多数。
│                    └─ 为建立新中国,必须利用一切于国计民生有利而不是有害的城乡资本主义因素,
│                       团结民族资产阶级。
```

(2)《中国人民政治协商会议共同纲领》中最基本、最核心的内容是关于新中国的国体和政体的规定,从法律上正式确立了中国共产党在全国的执政地位。

(3)《中国人民政治协商会议共同纲领》中关于新中国的国体和政体、基本的民族政策、经济工作方针等内容常考查简答题,请同学们重点练习。

真题小练

【选择题】

1.(2018年4月全国)1949年3月,中国共产党在河北省平山县西柏坡召开的重要会议是（　　）

A. 中共六大　　　　　　　　　B. 中共六届六中全会

C. 中共七大　　　　　　　　　D. 中共七届二中全会

正确答案 D

解析 本题考查中共七届二中全会的内容。1949年3月,中共七届二中全会在河北省平山县西柏坡村召开,故选D。

2.(2018年10月北京)1949年6月30日,毛泽东发表的系统阐明中国共产党建国主张的著作是（　　）

A.《中国土地法大纲》　　　　　B.《论人民民主专政》

C.《将革命进行到底》　　　　　D.《中国人民解放军宣言》

正确答案 B

解析 本题考查《论人民民主专政》的内容。1949年6月30日,毛泽东发表《论人民民主专政》一文,系统地阐明了中国共产党关于建立人民民主专政的新中国的主张,故选B。

3.(2018年4月北京)《中国人民政治协商会议共同纲领》最基本、最核心的内容是关于（　　）

A. 新中国的国体和政体　　　　B. 新中国的基本民族政策

C. 新中国的经济工作方针　　　D. 新中国的外交工作原则

正确答案 A

解析 本题考查《中国人民政治协商会议共同纲领》的内容。《中国人民政治协商

会议共同纲领》中最基本、最核心的内容是关于新中国的国体和政体的规定，故选 A。

【简答题】

4. （2018 年 4 月北京）简述中共七届二中全会的主要内容。

答案与解析

（1）规定了全国胜利后中国共产党在政治、经济、外交方面应当采取的基本政策。

（2）指出了中国由农业国转变为工业国、由新民主主义社会转变为社会主义社会的发展方向。

（3）在中国共产党自身建设的问题上，提出了"两个务必"的要求。"务必使同志们继续地保持谦虚、谨慎、不骄、不躁的作风，务必使同志们继续地保持艰苦奋斗的作风。"

5. （2010 年 7 月全国）《中国人民政治协商会议共同纲领》规定的新中国的国体和政体。

答案与解析

（1）中华人民共和国为新民主主义即人民民主主义的国家，实行工人阶级领导的、以工农联盟为基础的、团结各民主阶级和国内各民族的人民民主专政。

（2）中华人民共和国的国家政权属于人民。人民行使国家政权的机关为各级人民代表大会和各级人民政府。

（3）各级政权机关一律实行民主集中制。

6. （2012 年 7 月全国）《中国人民政治协商会议共同纲领》规定的新中国的基本民族政策是什么？

答案与解析

（1）中华人民共和国境内各民族一律平等。

（2）各少数民族聚居的地区，应实行民族区域自治。

（3）各少数民族均有发展其语言文字、保持或改革其风俗习惯及宗教信仰的自由。

（4）人民政府应帮助各少数民族的人民大众发展其政治、经济、文化、教育的建设事业，使中华人民共和国成为各民族友爱合作的大家庭。

7. （2017 年 10 月全国）《共同纲领》规定的新中国的经济方针。

答案与解析

（1）以公私兼顾、劳资两利、城乡互助、内外交流的政策，达到发展生产、繁荣经济之目的。

（2）使各种社会经济成分在国营经济领导下，分工合作，各得其所，以促进整个社会经济的发展。

牛刀小试

【选择题】

1. 毛泽东在《论人民民主专政》一文中指出,人民民主专政的主要基础是（   ）
   A. 工人阶级和民族资产阶级的联盟
   B. 农民阶级和民族资产阶级的联盟
   C. 工人阶级和农民阶级的联盟
   D. 工人阶级和城市小资产阶级的联盟

正确答案 C

解析 本题考查《论人民民主专政》的内容。毛泽东在《论人民民主专政》一文中指出,人民民主专政的主要基础是工人阶级和农民阶级的联盟,因为这两个阶级占了中国人口的80%-90%。推翻帝国主义和国民党反动派,主要是这两个阶级的力量,故选C。

2. 1949年9月制定的、正式确立中国共产党在全国执政地位的法律文献是（   ）
   A. 《中国人民政治协商会议共同纲领》
   B. 《和平建国纲领》
   C. 《中央人民政府组织法》
   D. 《中华人民共和国宪法》

正确答案 A

解析 本题考查《中国人民政治协商会议共同纲领》的地位。《中国人民政治协商会议共同纲领》中最基本、最核心的内容是关于新中国的国体和政体的规定,从法律上正式确立了中国共产党在全国的执政地位,故选A。

知识点 ④ 中国革命胜利的主要原因和基本经验★★★

1. 中国革命胜利的主要原因

（1）有了中国工人阶级的先锋队——中国共产党的领导。它以中国化的马克思列宁主义基本原理与中国实际相结合的毛泽东思想作为一切工作的指针,制定出适合中国国情的、符合中国人民利益的纲领、路线、方针和政策;它最有远见,最富于牺牲精神,最坚定,从而赢得了广大中国人民的衷心拥护。

（2）人民群众和各界人士的广泛参加和大力支持。工人、农民、城市小资产阶级群众是民主革命的主要力量;随着斗争的发展,民族资产阶级也逐步向共产党靠拢。

（3）国际无产阶级和人民群众的支持。

2. 中国革命胜利的基本经验

（1）中国革命胜利的基本经验

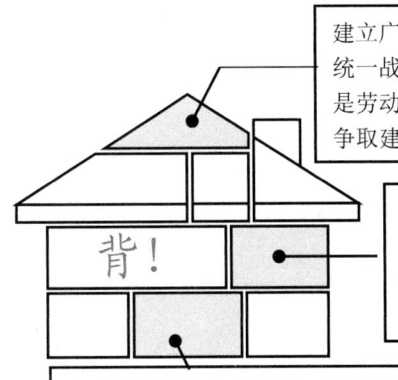

> 建立广泛的统一战线。这是坚持和发展革命的政治基础。统一战线中存在着两个联盟：一个是劳动者的联盟，一个是劳动者与非劳动者的联盟，必须坚决依靠第一个联盟，争取建立和扩大第二个联盟。

> 坚持革命的武装斗争。中国革命只能以长期的武装斗争作为主要形式。中国革命必须走农村包围城市、武装夺取政权的道路；必须建立一支在工人阶级政党绝对领导下的新型人民军队。

> 加强共产党自身的建设。着重党的思想建设，培育和发扬理论与实际相结合、密切联系群众和自我批评的作风。使共产党成为掌握统一战线和武装斗争这两个武器以实行对敌冲锋陷阵的英勇战士，成为全国各族人民拥戴的领导核心。

（2）中国革命统一战线中的主要内容

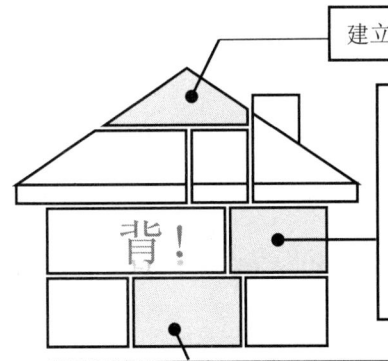

> 建立广泛的统一战线，是坚持和发展革命的政治基础。

> 统一战线中存在着两个联盟：一个是劳动者的联盟，主要是工人、农民和城市小资产阶级的联盟，这是基本的、主要的；一个是劳动者与非劳动者的联盟，主要是劳动者与民族资产阶级的联盟，有时还包括与一部分大资产阶级的暂时的联盟，这是辅助的、同时又是重要的。

> 巩固和扩大统一战线的关键，是坚持工人阶级及其政党的领导权，率领同盟者向共同的敌人作坚决的斗争并取得胜利；对被领导者给以物质福利和政治教育；对同工人阶级争夺领导权的资产阶级采取又联合、又斗争的政策。

（3）中国的武装斗争实质上是工人阶级领导的农民战争。中国共产党必须深入农村，发动和武装农民，在农村建立革命的根据地，以农村包围城市，才能逐步地争取革命的胜利。

知识解读

本知识点主要考查简答题和论述题，请同学们着重掌握这部分的内容，注意背诵其关键词。

（1）中国革命胜利的主要原因

```
          有了中国工人阶级的                      人民群众和各界人士
          先锋队——中国共产                      的广泛参加和大力支
          党的领导                                持
                        ↘         ↙
                     中国革命胜利
                      的主要原因
                          ↓

                    国际无产阶级和人民
                    群众的支持
```

（2）中国革命胜利的基本经验

```
        建立广泛的统一战线                        坚持革命的武装斗争
                        ↘         ↙
                     中国革命胜利
                      的基本经验
                          ↓

                    加强共产党自身的建设
```

（3）统一战线是中国革命胜利的基本经验之一，其内容常单独考查论述题，注意掌握。

真题小练

【选择题】

1.（2015年4月北京）中国的武装斗争实质上是（　　）

A. 工人阶级领导的全民战争

B. 共产党与国民党的战争

C. 工人阶级和地主资产阶级的战争

D. 工人阶级领导的农民战争

正确答案 D

解析 本题主要考查中国革命胜利的基本经验。中国的武装斗争实质上是工人阶级领导的农民战争。中国共产党必须深入农村，发动和武装农民，在农村建立革命的根据地，以农村包围城市，才能逐步地争取革命的胜利，故选D。

第七章　为创建新中国而奋斗

【论述题】

2. （2016年4月全国）试述中国新民主主义革命取得胜利的主要原因。

答案与解析

（1）有了中国工人阶级的先锋队——中国共产党的领导。它以中国化的马克思主义即马克思列宁主义基本原理与中国实际相结合的毛泽东思想作为一切工作的指针，制定出适合中国国情的、符合中国人民利益的纲领、路线、方针和政策；它最有远见，最富于牺牲精神，最坚定，从而赢得了广大中国人民的衷心拥护。

（2）人民群众和各界人士的广泛参加和大力支持。工人、农民、城市小资产阶级群众是民主革命的主要力量；随着斗争的发展，民族资产阶级也逐步向共产党靠拢。

（3）国际无产阶级和人民群众的支持。

3. （2016年10月全国）中国新民主主义革命胜利的基本经验。

答案与解析

（1）建立广泛的统一战线。这是坚持和发展革命的政治基础。统一战线中存在着两个联盟：一个是劳动者的联盟，一个是劳动者与非劳动者的联盟，必须坚决依靠第一个联盟，争取建立和扩大第二个联盟。

（2）坚持革命的武装斗争。中国革命只能以长期的武装斗争作为主要形式。中国革命必须走农村包围城市、武装夺取政权的道路；必须建立一支在工人阶级政党绝对领导下的新型人民军队。

（3）加强共产党自身的建设。着重党的思想建设，培育和发扬理论与实际相结合、密切联系群众和自我批评的作风。使共产党成为掌握统一战线和武装斗争这两个武器以实行对敌冲锋陷阵的英勇战士，成为全国各族人民拥戴的领导核心。

4. （2013年1月全国）统一战线作为新民主主义革命胜利的基本经验之一，其主要内容是什么？

答案与解析

（1）建立广泛的统一战线，是坚持和发展革命的政治基础。

（2）统一战线中存在着两个联盟：一个是劳动者的联盟，主要是工人、农民和城市小资产阶级的联盟，这是基本的、主要的；一个是劳动者与非劳动者的联盟，主要是劳动者与民族资产阶级的联盟，有时还包括与一部分大资产阶级的暂时的联盟，这是辅助的、同时又是重要的。

（3）巩固和扩大统一战线的关键，是坚持工人阶级及其政党的领导权，率领同盟者向共同的敌人作坚决的斗争并取得胜利；对被领导者给以物质福利和政治教育；对同工人阶级争夺领导权的资产阶级采取又联合、又斗争的政策。

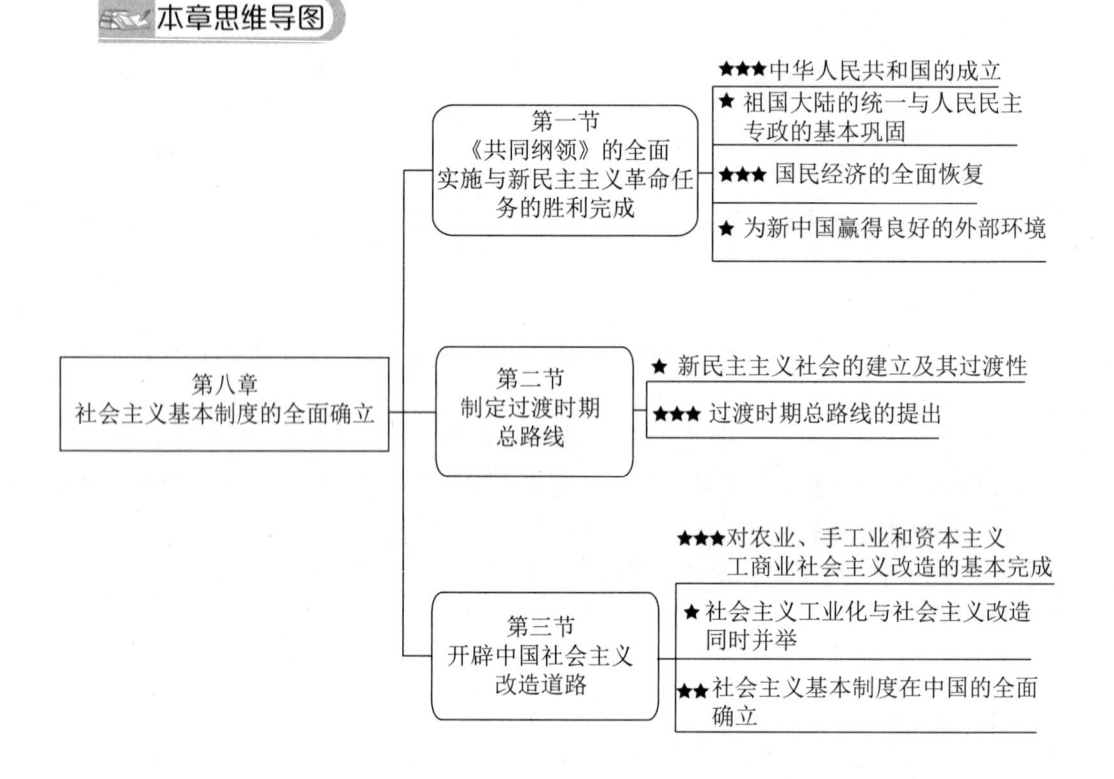

第八章 社会主义基本制度的全面确立

本章思维导图

第八章 社会主义基本制度的全面确立
- 第一节 《共同纲领》的全面实施与新民主主义革命任务的胜利完成
  - ★★★ 中华人民共和国的成立
  - ★ 祖国大陆的统一与人民民主专政的基本巩固
  - ★★★ 国民经济的全面恢复
  - ★ 为新中国赢得良好的外部环境
- 第二节 制定过渡时期总路线
  - ★ 新民主主义社会的建立及其过渡性
  - ★★★ 过渡时期总路线的提出
- 第三节 开辟中国社会主义改造道路
  - ★★★ 对农业、手工业和资本主义工商业社会主义改造的基本完成
  - ★ 社会主义工业化与社会主义改造同时并举
  - ★★ 社会主义基本制度在中国的全面确立

第一节 《共同纲领》的全面实施与新民主主义革命任务的胜利完成

本节内容提要

1949年中华人民共和国成立后,全国各族人民在中国共产党领导下,全面实施《中国人民政治协商会议共同纲领》,彻底完成新民主主义革命的任务,迅速恢复了在旧中国遭到严重破坏的国民经济,为新民主主义社会向社会主义社会的过渡创造了条件。

第八章　社会主义基本制度的全面确立

知识点名称	考纲要求	考核内容	考试题型
中华人民共和国的成立	综合运用	中华人民共和国的成立开辟了中国历史的新纪元	选择题、论述题
		中国共产党在全国执政面临的新考验	简答题、论述题
祖国大陆的初步统一与人民民主专政的基本巩固	识记	《中华人民共和国土地改革法》	选择题
	领会	西藏和平解放	选择题
	简单运用	新中国成立初期的各项民主改革	选择题
国民经济的全面恢复	识记	"三反"运动	选择题、简答题、论述题
		"五反"运动	选择题、简答题、论述题
	领会	没收官僚资本	选择题、简答题
	简单运用	争取国家财政经济状况基本好转的条件	选择题、简答题、论述题
		国民经济的迅速恢复及其原因	简答题
为新中国赢得良好的外部环境	领会	独立自主和平外交的初步开展	选择题
	简单运用	抗美援朝，保家卫国	选择题

知识点 ① 中华人民共和国的成立 ★★★

1. 中国历史的新纪元

（1）中华人民共和国的成立开辟了中国历史的一个新纪元：

第一，帝国主义列强压迫中国、奴役中国人民的历史从此结束，中华民族一洗近百年来蒙受的屈辱，开始以崭新的姿态自立于世界的民族之林。占人类总数1/4的中国人从此站立起来了。

第二，本国封建主义、官僚资本主义统治的历史从此结束，长期以来受尽压迫和欺凌的广大中国人民在政治上翻了身，第一次成为新社会、新国家的主人。一个真正属于人民的共和国建立起来了。

第三，军阀割据、战乱频仍、匪患不断的历史从此结束，国家基本统一，民族团结，社会政治局面趋向稳定，各族人民开始过上安居乐业的生活。人民可以集中力量从事经济文化等方面建设的时期开始到来了。

第四，从根本上改变了中国社会的发展方向，为实现由新民主主义向社会主义的过渡，创造了政治前提。

第五，中国共产党成为全国范围内的执政党，它可以运用国家政权凝聚和调集全国力量，巩固民族独立和人民解放的成果，解放并发展社会生产力，以造福于各族人民，造福于整个中华民族。

（2）中华人民共和国的成立，标志着中国的新民主主义革命取得了基本的胜利，标志着半殖民地半封建社会的结束和新民主主义社会在全国范围内的建立。

2. 执政面临的严峻考验

能不能保卫住人民胜利的成果，巩固新生的人民政权
当时，解放全中国的任务还没有完成；国民党从大陆撤退时遗留下的军队、政治土匪以及特务分子还有待肃清；在广大城乡，反动会道门和传统黑恶势力还危害着人民的生命财产安全；在广大的新解放区还没有进行封建土地制度的改革。

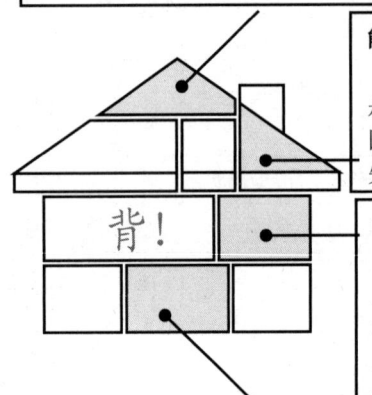

能不能战胜严重的经济困难，迅速恢复和发展国民经济
当时中国的经济不仅远远落后于欧美发达国家，就是与许多亚洲国家相比也有一定的差距。新中国从旧中国接收过来的是一副烂摊子。许多工厂倒闭，大批工人失业，通货膨胀，物价飞涨，人民生活遇到极大的困难。

能不能巩固民族独立，维护国家主权和安全
新中国的诞生，打破了帝国主义在东方划定的势力范围，这是以美国为首的西方资本主义阵营不愿意看到的。它们企图通过实行强硬的对华政策，即政治上孤立、经济上封锁、军事上威胁的政策，从根本上搞垮新中国。

能不能经受住执政的考验，继续保持谦虚、谨慎、不骄、不躁的作风和艰苦奋斗的作风

> 📝 **知识解读**
> 本知识点主要考查简答题和论述题，同学们在学习过程中需要注意理解和识记。

第八章 社会主义基本制度的全面确立

📝 真题小练

【选择题】

1. （2014年10月全国）中华人民共和国的成立标志着中国进入了（ ）
   A. 社会主义社会   B. 新民主主义社会
   C. 社会主义初级阶段   D. 社会主义高级阶段

正确答案 B

解析 中华人民共和国的成立，标志着中国的新民主主义革命取得了基本的胜利，标志着半殖民地半封建社会的结束和新民主主义社会在全国范围内的建立，故选B。

【论述题】

2. （2019年10月全国）中华人民共和国成立的历史意义。

答案与解析

（1）帝国主义列强压迫中国、奴役中国人民的历史从此结束，中华民族一洗近百年来蒙受的屈辱，开始以崭新的姿态自立于世界的民族之林。占人类总数1/4的中国人从此站立起来了。

（2）本国封建主义、官僚资本主义统治的历史从此结束，长期以来受尽压迫和欺凌的广大中国人民在政治上翻了身，第一次成为新社会、新国家的主人。一个真正属于人民的共和国建立起来了。

（3）军阀割据、战乱频仍、匪患不断的历史从此结束，国家基本统一，民族团结，社会政治局面趋向稳定，各族人民开始过上安居乐业的生活。人民可以集中力量从事经济文化等方面建设的时期开始到来了。

（4）从根本上改变了中国社会的发展方向，为实现由新民主主义向社会主义的过渡，创造了政治前提。

（5）中国共产党成为全国范围内的执政党。它可以运用国家政权凝聚和调集全国力量，巩固民族独立和人民解放的成果，解放并发展社会生产力，以造福于各族人民，造福于整个中华民族。

3. （2018年4月北京）试论述新中国成立初期中国共产党在全国执政面临的新考验。

答案与解析

（1）能不能保卫住人民胜利的成果，巩固新生的人民政权。当时，解放全中国的任务还没有完成；国民党从大陆撤退时遗留下的军队、政治土匪以及特务分子还有待肃清；在广大城乡，反动会道门和传统黑恶势力还危害着人民的生命财产安全；在广大的新解放区还没有进行封建土地制度的改革。

（2）能不能战胜严重的经济困难，迅速恢复和发展国民经济。当时中国的经济不仅远远落后于欧美发达国家，就是与许多亚洲国家相比也有一定的差距。新中国从旧中国接收过来的是一副烂摊子。许多工厂倒闭，大批工人失业，通货膨胀，物价飞涨，人民生活遇到极大的困难。

（3）能不能巩固民族独立，维护国家主权和安全。新中国的诞生，打破了帝国主义在东方划定的势力范围，这是以美国为首的西方资本主义阵营不愿意看到的。它们企图通过实行强硬的对华政策，即政治上孤立、经济上封锁、军事上威胁的政策，从根本上搞垮新中国。

（4）能不能经受住执政的考验，继续保持谦虚、谨慎、不骄、不躁的作风和艰苦奋斗的作风。

牛刀小试

【简答题】
新中国建立初期中国共产党面临的主要问题和考验。

答案与解析
（1）能不能保卫住人民胜利的成果，巩固新生的人民政权。
（2）能不能战胜严重的经济困难，迅速恢复和发展国民经济。
（3）能不能巩固民族独立，维护国家主权和安全。
（4）能不能经受住执政的考验，继续保持谦虚、谨慎、不骄、不躁的作风和艰苦奋斗的作风。

知识点② 祖国大陆的初步统一与人民民主专政的基本巩固★

1. 解放全国大陆，建立人民政权

（1）新中国成立后，人民解放军继续向西南、华南进军，解放了除西藏、台湾和少数岛屿以外的全部中国领土。

（2）在新解放区，人民解放军进行了大规模的剿匪作战，彻底解决了旧中国历史上遗留的匪患问题。

（3）西藏和平解放

西藏和平解放	
时间	1951年10月，人民解放军进驻拉萨，西藏和平解放。
标志	除台湾和少数海岛以外的全部中国领土得到解放，中国大陆实现了各族人民企盼已久的统一。

2. 开展土地改革和其它民主改革

（1）1950年6月，中央人民政府颁布《中华人民共和国土地改革法》，新解放区农村掀起了轰轰烈烈的土地改革运动。土地改革在全国范围的基本完成，彻底摧毁了封建制度的经济基础,消灭了封建土地所有制,极大地解放了农业生产力。

(2) 1950年7月,中央人民政府和最高人民法院发出《关于镇压反革命活动的指示》,全国开展了历时3年的镇反运动。镇反运动的胜利,实现了中国历史上从未有过的社会安定,有力地支持和配合了抗美援朝战争和各项民主改革与建设的进行。

(3) 1950年5月,中央人民政府颁布《中华人民共和国婚姻法》(新中国第一部婚姻法),废除了包办婚姻、男尊女卑的封建婚姻制度,实行婚姻自由、一夫一妻、男女权利平等的新民主主义婚姻制度。

知识解读

本知识点主要考查选择题,注意区别西藏和平解放、《中华人民共和国土地改革法》和《中华人民共和国婚姻法》的时间节点。

时间	事件
1950年5月	《中华人民共和国婚姻法》颁布
1950年6月	《中华人民共和国土地改革法》颁布
1951年10月	西藏和平解放,中国大陆实现统一

真题小练

【选择题】

1. (2019年4月全国)中国西藏和平解放的时间是(   )
A. 1948年10月			B. 1949年10月
C. 1950年10月			D. 1951年10月

正确答案 D

解析 1951年5月,中央人民政府同西藏地方政府达成关于和平解放西藏办法的协议。1951年10月,人民解放军进驻拉萨,西藏和平解放,故选D。

2. (2009年4月全国)新中国第一部婚姻法颁布的时间是(   )
A. 1950年5月			B. 1950年6月
C. 1951年7月			D. 1951年8月

正确答案 A

解析 1950年5月,中央人民政府颁布《中华人民共和国婚姻法》(新中国第一部婚姻法),废除了包办婚姻、男尊女卑的封建婚姻制度,实行婚姻自由、一夫一妻、男女权利平等的新民主主义婚姻制度,故选A。

3. (2014年4月北京)《中华人民共和国土地改革法》颁布的时间是(   )
A. 1949年10月			B. 1949年12月

C. 1950年6月　　　　　　　　　　D. 1950年12月

正确答案 C

解析 1950年6月，中央人民政府颁布《中华人民共和国土地改革法》，新解放区农村掀起了轰轰烈烈的土地改革运动，故选C。

知识点③ 国民经济的全面恢复★★★

1. 没收官僚资本，建立社会主义性质的国营经济

（1）新中国的社会主义国营经济主要是通过没收官僚资本建立起来的。解放战争后期，随着三大战役的展开，中国共产党首先从已经解放的东北地区城市开始大规模没收官僚资本。

（2）没收官僚资本，对于新中国国民经济的发展具有举足轻重的作用。

①它削弱了资本主义经济力量。旧中国官僚资本同民族资本的比例是8∶2，没收官僚资本，也就把中国资本主义的主要部分消灭了。

②壮大了社会主义的国营经济。没收官僚资本归工人阶级领导的人民共和国所有，就使人民共和国掌握了国家的经济命脉，使社会主义性质的国营经济在整个国民经济中居于主导地位。

2. 争取国家财政经济状况的基本好转

（1）1949年7月，成立了以陈云为主任的中央财经委员会，人民政权的金融工作从过去的分散状态逐步走向集中统一。1950年3月，政务院颁布《关于统一全国财政经济工作的决定》，对全国财政收支、贸易和物资调度及现金实行集中和统一的管理。1951年11月，印有少数民族文字的人民币的发行范围扩大到所有解放区，标志着新中国统一货币的形成。

（2）中共七届三中全会

中共七届三中全会	
时间	1950年6月
报告	毛泽东作了《为争取国家财政经济状况的基本好转而斗争》的报告
内容	①毛泽东指出，要获得国家财政经济状况的根本好转，要用三年左右的时间，创造三个条件。 ②三个条件：土地改革的完成，现有工商业的调整，国家机构所需经费的大量节减。
意义	会议的决议为三年经济恢复时期党的工作规定了明确的策略路线和行动纲领。

3. 开展"三反""五反"运动，合理调整工商业

（1）"三反"运动

"三反"运动	
时间	1951 年底到 1952 年春
内容	①针对不法资本家行贿党政干部情况的严重发展，中国共产党在党政机关工作人员中开展了反贪污、反浪费、反官僚主义的"三反"运动。 ②处决了犯有严重贪污罪行的中共天津地委前任书记刘青山、现任书记张子善，处理了一批党政干部。
意义	①教育了干部的大多数，挽救了犯错误的同志，清除了党的队伍和国家干部队伍中的腐化分子，有力地抵制了旧社会恶习和资产阶级的腐蚀。 ②对于在执政的条件下保持共产党人的革命精神，促进中国共产党和人民政府的廉政建设，起到了重要的作用。

（2）"五反"运动

"五反"运动	
时间	1952 年
内容	1952 年 1 月，中共中央决定开展反行贿、反偷税漏税、反盗窃国家资财、反偷工减料、反盗窃国家经济情报的"五反"运动。
意义	打击了不法资本家严重的"五毒"行为，在工商业者中普遍进行了一次守法经营的教育，推动了在私营企业中建立工人监督和实行民主改革。

4. 国民经济的全面恢复

（1）1952 年底，国民经济得到全面恢复和初步发展。

（2）国民经济迅速恢复的原因：

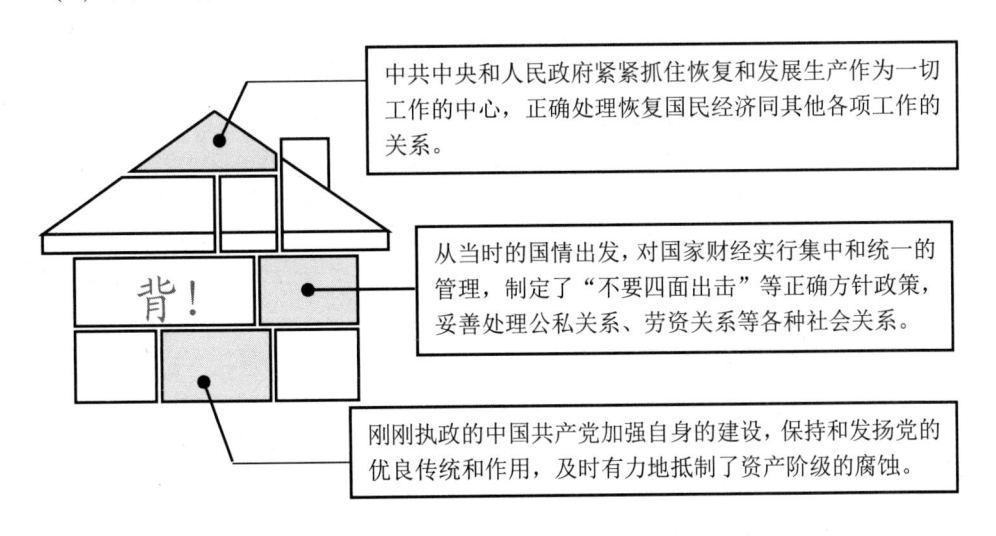

- 中共中央和人民政府紧紧抓住恢复和发展生产作为一切工作的中心，正确处理恢复国民经济同其他各项工作的关系。
- 从当时的国情出发，对国家财经实行集中和统一的管理，制定了"不要四面出击"等正确方针政策，妥善处理公私关系、劳资关系等各种社会关系。
- 刚刚执政的中国共产党加强自身的建设，保持和发扬党的优良传统和作用，及时有力地抵制了资产阶级的腐蚀。

知识解读

本知识点重要且考频高，需要同学们着重进行学习。

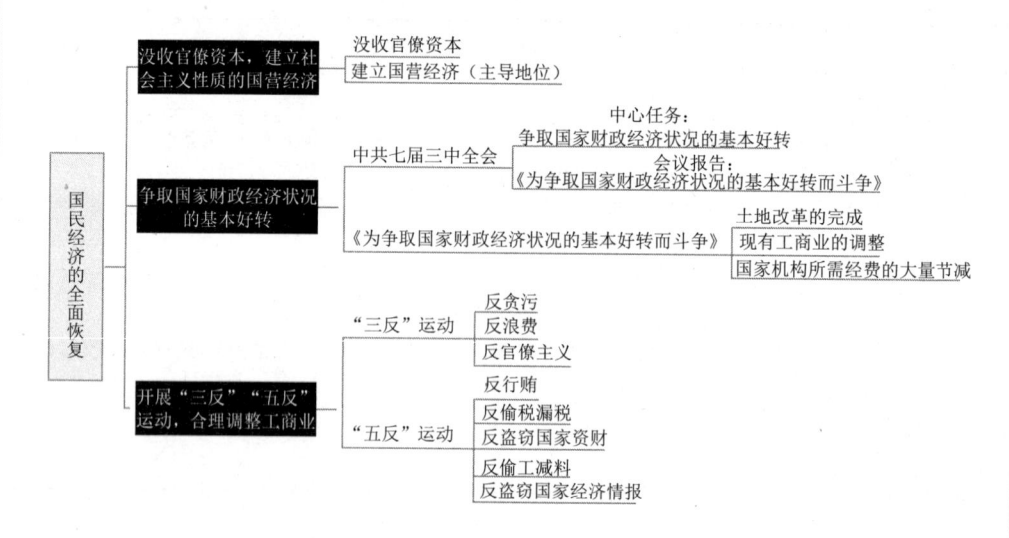

```
                    ┌─ 没收官僚资本，建立社 ── 没收官僚资本
                    │  会主义性质的国营经济    建立国营经济（主导地位）
                    │
                    │                          中心任务：
                    │                          争取国家财政经济状况的基本好转
国民经济的全面恢复 ──┼─ 争取国家财政经济状况 ── 中共七届三中全会  会议报告：
                    │  的基本好转              《为争取国家财政经济状况的基本好转而斗争》
                    │                                              土地改革的完成
                    │                          《为争取国家财政经济状况的基本好转而斗争》 现有工商业的调整
                    │                                              国家机构所需经费的大量节减
                    │
                    │                          ┌─ 反贪污
                    │                  "三反"运动─ 反浪费
                    │                          └─ 反官僚主义
                    └─ 开展"三反""五反"                ┌─ 反行贿
                       运动，合理调整工商业             │ 反偷税漏税
                                          "五反"运动 ─┤ 反盗窃国家资财
                                                     │ 反偷工减料
                                                     └─ 反盗窃国家经济情报
```

（1）中华人民共和国成立以后，中国进入新民主主义社会，中央人民政府通过没收官僚资本，建立了社会主义性质的国营经济，并使国营经济在经济上处于领导地位。

（2）中共七届三中全会确定的中心任务是争取国家财政经济状况的基本好转，常考查选择题，注意掌握。

（3）注意掌握国家财政经济状况根本好转的三个条件：土地改革的完成，现有工商业的调整，国家机构所需经费的大量节减。

（4）着重注意掌握"三反"运动和"五反"运动的内容，属于高频考点。

名称	"三反"运动	"五反"运动
时间	1951年底到1952年春	1952年
目标	党政机关工作人员	工商业者
内容	反贪污、反浪费、反官僚主义	反行贿、反偷税漏税、反盗窃国家资财、反偷工减料、反盗窃国家经济情报

（5）注意识记国民经济迅速恢复的原因，考查简答题。

真题小练

1.（2017年4月全国）新中国成立初期，社会主义国营经济建立的主要途径是（　　）

A. 合并公营资本　　　　　　B. 征用外国资本

C. 赎买民族资本　　　　　　D. 没收官僚资本

正确答案 D

解析 新中国的社会主义国营经济主要是通过没收官僚资本建立起来的。解放战争后期，随着三大战役的展开，中国共产党首先从已经解放的东北地区城市开始大规模没收官僚资本，故选D。

2. （2015年4月全国）1950年6月，中共七届三中全会确定的中心任务是（　　）

A. 迅速消灭国民党残余势力　　B. 完成新解放区土地改革

C. 统一全国财政经济工作　　D. 争取国家财政经济状况的基本好转

正确答案 D

解析 本题主要考查中共七届三中全会的内容。1950年6月，中国共产党召开七届三中全会。毛泽东作了《为争取国家财政经济状况的基本好转而斗争》的报告。全会确定的中心任务是争取国家财政经济状况的基本好转，故选D。

3. （2017年4月全国）1951年底至1952年春，中国共产党在党政机关工作人员中开展的运动是（　　）

A. 肃反运动　　B. 整风、整党运动

C. "三反"运动　　D. "五反"运动

正确答案 C

解析 1951年底到1952年春，中国共产党在党政机关工作人员中开展了反贪污、反浪费、反官僚主义的"三反"运动，故选C。

【论述题】

4. （2017年10月全国）新中国成立初期争取财政经济状况根本好转的三个条件及国民经济迅速恢复的主要原因。

答案与解析

（1）三个条件：

①土地改革的完成；

②现有工商业的调整；

③国家机构所需经费的大量节减。

（2）国民经济迅速恢复的原因：

①中共中央和人民政府紧紧抓住恢复和发展生产作为一切工作的中心，正确处理恢复国民经济同其他各项工作的关系。

②从当时的国情出发，对国家财经实行集中和统一的管理，制定了"不要四面出击"等正确方针政策，妥善处理公私关系、劳资关系等各种社会关系。

③刚刚执政的中国共产党加强自身的建设，保持和发扬党的优良传统和作风，及时有力地抵制了资产阶级的腐蚀。

5. （2010年1月全国）新中国建立初期开展的"三反""五反"运动的内容及其

意义。

答案与解析

(1)"三反"运动：

①内容：针对不法资本家行贿党政干部情况的严重发展，1951年底到1952年春，中国共产党在党政机关工作人员中开展了反贪污、反浪费、反官僚主义的"三反"运动。

②意义：这次运动教育了干部的大多数，挽救了犯错误的同志，清除了党的队伍和国家干部队伍中的腐化分子，有力地抵制了旧社会恶习和资产阶级的腐蚀，对于在执政的条件下保持共产党人的革命精神，促进中国共产党和人民政府的廉政建设，起到了重要的作用。

(2)"五反"运动：

①内容：1952年1月，中共中央决定开展反行贿、反偷税漏税、反盗窃国家资财、反偷工减料、反盗窃国家经济情报的"五反"运动。

②意义：这一运动历时半年，打击了不法资本家严重的"五毒"行为，在工商业者中普遍进行了一次守法经营的教育，推动了在私营企业中建立工人监督和实行民主改革。

牛刀小试

1. 1951年底到1952年春，中国共产党在党政机关中开展的"三反"运动是（　　）

A. 反贪污、反浪费、反官僚主义

B. 反主观主义、反宗派主义、反党八股

C. 反贪污、反受贿、反自由主义

D. 反浪费、反行贿、反形式主义

正确答案 A

解析 1951年底到1952年春，中国共产党在党政机关工作人员中开展了反贪污、反浪费、反官僚主义的"三反"运动，故选A。

2. 1952年1月，中共中央决定开展的打击不法资本家的行动是（　　）

A. 肃反运动　　　　　　　　B. 整风、整党运动

C. "三反"运动　　　　　　　D. "五反"运动

正确答案 D

解析 1952年1月，中共中央决定开展反行贿、反偷税漏税、反盗窃国家资财、反偷工减料、反盗窃国家经济情报的"五反"运动，故选D。

知识点 ④ ▶ 为新中国赢得良好的外部环境 ★

1. 独立自主和平外交的初步展开

(1) 中国共产党在中华人民共和国成立前夕提出了"另起炉灶""打扫干净屋子

再请客""一边倒"的外交方针。

（2）1949年10月2日，苏联第一个照会中国政府，决定同中华人民共和国建立外交关系；1950年2月，双方签订《中苏友好同盟互助条约》。

（3）1952年10月，亚洲太平洋地区和平会议在北京召开，这是中华人民共和国成立后主持召开的第一次大型国际会议。

2. 抗美援朝，保家卫国

（1）1950年6月，朝鲜战争爆发。中国政府毅然作出抗美援朝、保家卫国的决策。

（2）彭德怀被任命为中国人民志愿军司令员兼政治委员。

知识解读

此知识点常考选择题，同学们在学习过程中可以根据关键词进行理解。

新中国成立后，针对美国等国的封锁、遏制等情况，中国共产党在中华人民共和国成立前夕提出了"另起炉灶""打扫干净屋子再请客""一边倒"的外交方针，实行独立自主的和平外交，维护了国家的独立、主权和经济利益，同时作出了抗美援朝、保家卫国的决策。

真题小练

1. （2016年10月全国）1949年10月2日，第一个决定同中华人民共和国建立外交关系的国家是（　　）

　　A. 苏联　　　　　　　　B. 朝鲜

　　C. 印度　　　　　　　　D. 瑞典

正确答案 A

解析 1949年10月2日，苏联第一个照会中国政府，决定同中华人民共和国建立外交关系；1950年2月，双方签订《中苏友好同盟互助条约》，故选A。

2. （2014年10月全国）在抗美援朝战争中担任中国人民志愿军司令员兼政治委员的是（　　）

　　A. 朱德　　　　　　　　B. 陈毅

　　C. 彭德怀　　　　　　　D. 刘伯承

正确答案 C

解析 1950年6月，朝鲜战争爆发。中国政府毅然作出抗美援朝、保家卫国的决策。彭德怀被任命为中国人民志愿军司令员兼政治委员，故选C。

第二节　制定过渡时期总路线

> **本节内容提要**

1949年10月，中华人民共和国成立，中国进入了新民主主义社会。新民主主义社会是过渡性质的社会。为实现新民主主义社会向社会主义社会的过渡，中国共产党制定了过渡时期总路线。这条总路线反映了历史的必然。

知识点名称	考纲要求	考核内容	考试题型
新民主主义社会的建立及其过渡性	识记	新民主主义社会的建立	——
	简单运用	新民主主义社会的特点与性质	选择题、简答题
过渡时期总路线的提出	识记	过渡时期总路线的内容	选择题、简答题
	领会	资本主义工业化与社会主义工业化	选择题
	简单运用	新中国成立初期开始向社会主义过渡采取的实际步骤	选择题、简答题
	综合运用	过渡时期总路线反映了历史的必然	论述题

知识点 ① 新民主主义社会的建立及其过渡性 ★

1. 新民主主义社会的建立

（1）中国共产党领导的革命包括新民主主义革命和社会主义革命两个阶段。党领导人民进行新民主主义革命的目的，是要建立以中国无产阶级为首领的中国各个革命阶级联合专政的新民主主义的社会；然后，再使之发展到第二阶段，建立中国社会主义的社会。

（2）中国的新民主主义社会经历了两个发展阶段。新中国成立以前，新民主主义社会是在局部地区建立起来的，这就是当时的各个解放区。1949年中华人民共和国的成立，标志着新民主主义革命阶段的基本结束和社会主义革命阶段的开始，即进入由新民主主义到社会主义的过渡时期。

2. 新民主主义社会的特点和性质

（1）新民主主义社会的特点

①中国社会经济中存在着五种成分，即：社会主义性质的国营经济、半社会主义性质的合作社经济、农民和手工业者的个体经济、私人资本主义经济和国家资本主义经济。

②中国还存在着两种基本的矛盾：国际上是新中国同帝国主义的矛盾，国内是工人阶级和资产阶级的矛盾。

（2）新民主主义社会的性质

①新民主主义社会不是一个凝固不变的、独立的社会形态。

②新民主主义社会在经济上的特点就是既有社会主义因素，又有资本主义因素。它本身具有过渡性，处在深刻的变动之中，每天都在发生社会主义因素。

知识解读

本知识点注意新民主主义社会的特点和性质，考查简答题；全国胜利并解决了土地问题以后，中国还存在着两种基本的矛盾：国际上是新中国同帝国主义的矛盾，国内是工人阶级和资产阶级的矛盾，考查选择题。

真题小练

【选择题】

1.（2016年4月北京）全国胜利并解决了土地问题以后，中国国内的主要矛盾是（ ）

A. 帝国主义和中华民族的矛盾 B. 封建主义和人民大众的矛盾

C. 工人阶级和资产阶级的矛盾 D. 工人阶级和农民阶级的矛盾

正确答案 C

解析 全国胜利并解决了土地问题以后，中国还存在着两种基本的矛盾：国际上是新中国同帝国主义的矛盾，国内是工人阶级和资产阶级的矛盾，故选C。

【简答题】

2.（2014年4月北京）简述新民主主义社会的特点和性质。

答案与解析

（1）新民主主义社会的特点

①中国社会经济中存在着五种成分，即：社会主义性质的国营经济，半社会主义性质的合作社经济，农民和手工业者的个体经济，私人资本主义经济和国家资本主义经济。

②中国还存在着两种基本的矛盾：国际上是新中国同帝国主义的矛盾，国内是工人阶级和资产阶级的矛盾。

（2）新民主主义社会的性质

①新民主主义社会不是一个凝固不变的、独立的社会形态。

②新民主主义社会在经济上的特点，就是既有社会主义因素，又有资本主义因素。它本身具有过渡性，处在深刻的变动之中，每天都在发生社会主义因素。

知识点 ② ▶ 过渡时期总路线的提出 ★★★

1. 开始采取向社会主义过渡的实际步骤

（1）没收官僚资本，确立社会主义性质的国营经济的领导地位。

（2）开始将资本主义工商业纳入国家资本主义轨道。

（3）引导个体农民在土地改革后逐步走上互助合作的道路。

2. 提出实现国家社会主义工业化的任务

（1）进行经济建设，首先要把中国从一个落后的农业国变为一个先进的工业国，实现国家的工业化。

（2）从1953年开始的发展国民经济的第一个五年计划，把优先发展重工业作为建设的中心环节。

（3）由于社会主义制度具有集中力量办大事、促进社会生产力迅速发展的优越性，对于中国这样一个经济文化落后的国家来说，通过社会主义道路实现国家工业化，这是最好的选择。

3. 过渡时期总路线反映了历史的必然

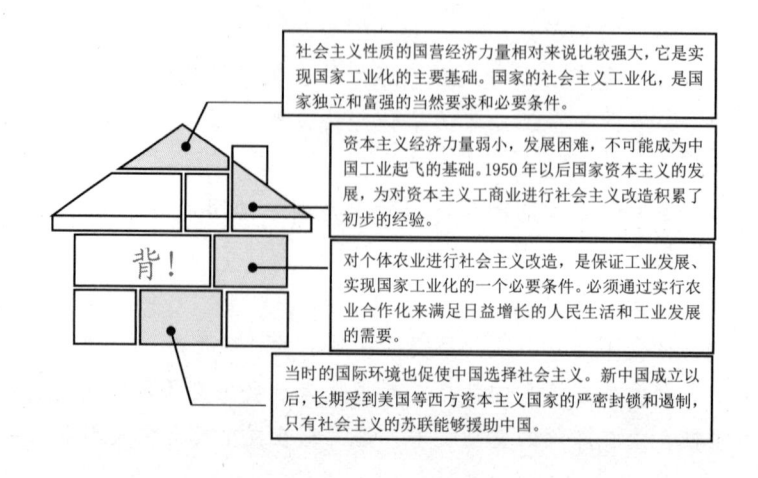

（1）过渡时期总路线

过渡时期总路线	
背景	中共中央在1952年底开始酝酿并于1953年正式提出党在过渡时期的总路线。
内容	党在这个过渡时期的总路线和总任务，是要在一个相当长的时期内，逐步实现国家的社会主义工业化，并逐步实现国家对农业、对手工业和对资本主义工商业的社会主义改造。
特点	这是一条"一化三改""一体两翼"的总路线，即社会主义建设同社会主义改造同时并举的总路线，体现了发展生产力和变革生产关系的有机统一。

（2）过渡时期总路线反映了历史的必然

社会主义性质的国营经济力量相对来说比较强大，它是实现国家工业化的主要基础。国家的社会主义工业化，是国家独立和富强的当然要求和必要条件。

资本主义经济力量弱小，发展困难，不可能成为中国工业起飞的基础。1950年以后国家资本主义的发展，为对资本主义工商业进行社会主义改造积累了初步的经验。

对个体农业进行社会主义改造，是保证工业发展、实现国家工业化的一个必要条件。必须通过实行农业合作化来满足日益增长的人民生活和工业发展的需要。

当时的国际环境也促使中国选择社会主义。新中国成立以后，长期受到美国等西方资本主义国家的严密封锁和遏制，只有社会主义的苏联能够援助中国。

第八章 社会主义基本制度的全面确立

> **知识解读**
>
> （1）开始采取向社会主义过渡的实际步骤
>
> 新中国在1949年至1952年便开始实行向社会主义过渡的实际步骤，这部分内容考查简答题，注意识记。
>
> （2）新中国发展国民经济的第一个五年计划的中心环节是优先发展重工业，请同学们牢记此内容，属于高频考点。
>
> （3）过渡时期总路线反映了历史的必然
>
> 这一部分内容是本知识点的重中之重，属于高频考点，常考查简答题和论述题，请同学们着重注意。
>
> 一化三改
> ├─ 一化 ── 国家的社会主义工业化
> └─ 三改 ┬─ 农业的社会主义改造
>   ├─ 手工业的社会主义改造
>   └─ 资本主义工商业的社会主义改造
>
> 一体两翼
> ├─ 一体 ── 发展社会主义工业
> └─ 两翼 ┬─ 对农业、手工业的社会主义改造
>   └─ 对私营工商业的社会主义改造

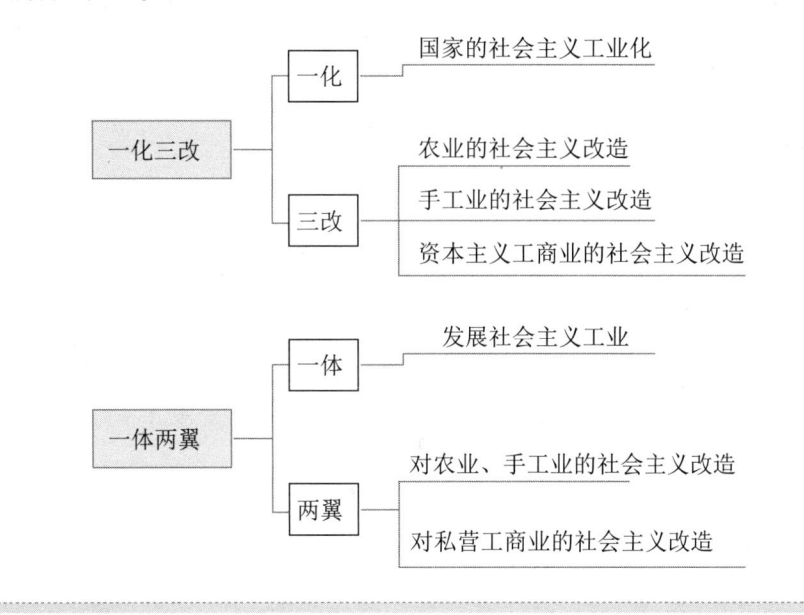

真题小练

【选择题】

1. （2018年10月 北京）我国发展国民经济的第一个五年计划的中心环节是优先发展（　　）

   A. 重工业　　　　　　　　　B. 农业

   C. 轻工业　　　　　　　　　D. 国防工业

   正确答案 A

   解析 从1953年开始的发展国民经济的第一个五年计划，把优先发展重工业作为建设的中心环节，故选A。

2. （2013年4月 全国）中国共产党在过渡时期总路线的主体是（　　）

   A. 对个体农业的社会主义改造

— 195 —

B. 对个体手工业的社会主义改造

C. 对资本主义工商业的社会主义改造

D. 国家的社会主义工业化

正确答案 D

解析 本题考查过渡时期总路线"一体两翼"的内容。中国共产党在过渡时期总路线的主体（即"一体"）是国家的社会主义工业化，"两翼"是对农业、手工业和私营工商业的社会主义改造，故选 D。

【简答题】

3.（2018年10月全国）新中国1949年至1952年采取的向社会主义过渡的实际步骤。

答案与解析

（1）没收官僚资本，确立社会主义性质的国营经济的领导地位。

（2）开始将资本主义工商业纳入国家资本主义轨道。

（3）引导个体农民在土地改革后逐步走上互助合作的道路。

4.（2018年10月北京）简述过渡时期总路线的主要内容。

答案与解析

（1）中共中央在1952年底开始酝酿并于1953年正式提出党在过渡时期的总路线。

（2）党在这个过渡时期的总路线和总任务，是要在一个相当长的时期内，逐步实现国家的社会主义工业化，并逐步实现国家对农业、对手工业和对资本主义工商业的社会主义改造。

（3）这是一条"一化三改""一体两翼"的总路线，即社会主义建设同社会主义改造同时并举的总路线，体现了发展生产力和变革生产关系的有机统一。

【论述题】

5.（2012年7月全国）为什么说中国共产党在过渡时期的总路线反映了历史的必然？

答案与解析

（1）社会主义性质的国营经济力量相对来说比较强大，它是实现国家工业化的主要基础。国家的社会主义工业化，是国家独立和富强的当然要求和必要条件。

（2）资本主义经济力量弱小，发展困难，不可能成为中国工业起飞的基础。1950年以后国家资本主义的发展，为对资本主义工商业进行社会主义改造积累了初步的经验。

（3）对个体农业进行社会主义改造，是保证工业发展、实现国家工业化的一个必要条件。必须通过实行农业合作化来满足日益增长的人民生活和工业发展的需要。

(4) 当时的国际环境也促使中国选择社会主义。新中国成立以后，长期受到美国等西方资本主义国家的严密封锁和遏制，只有社会主义的苏联能够援助中国。

牛刀小试

【选择题】

1. 中共中央正式提出党在过渡时期总路线的时间是（　　）
A. 1949 年　　　　　　　　　　B. 1950 年
C. 1953 年　　　　　　　　　　D. 1956 年

正确答案 C

解析 中共中央在 1952 年底开始酝酿并于 1953 年正式提出党在过渡时期的总路线，故选 C。

2. 中国共产党在过渡时期总路线被概括为"一化三改"，其中"一化"是指（　　）
A. 农业合作化　　　　　　　　B. 农业机械化
C. 社会主义工业化　　　　　　D. 社会主义现代化

正确答案 C

解析 本题考查过渡时期总路线"一化三改"的内容。中国共产党在过渡时期总路线的主体（即"一化"）是国家的社会主义工业化，"三改"是对农业、对手工业和对资本主义工商业的社会主义改造，故选 C。

第三节　开辟中国社会主义改造道路

本节内容提要

在过渡时期总路线的指引下，到 1956 年，基本完成了对个体农业、个体手工业和资本主义工商业的社会主义改造，第一个五年计划的主要指标提前完成。社会主义基本制度在中国全面确立。

知识点名称	考纲要求	考核内容	考试题型
对农业、手工业和资本主义工商业社会主义改造的基本完成	识记	手工业合作化的组织形式	——
		"四马分肥"	选择题
	领会	对农业社会主义改造采取的过渡性经济组织形式	选择题、简答题
		国家资本主义的初级形式和高级形式	选择题
	综合运用	对农业社会主义改造的基本原则和方针	选择题、论述题
		对资本主义工商业采取和平赎买政策的特点及意义	简答题
社会主义工业化与社会主义改造同时并举	领会	第一个五年计划以及工业建设的成就	选择题
社会主义基本制度在中国的全面确立	简单运用	完成对农业社会主义改造的意义	选择题、简答题、论述题
	综合运用	新民主主义革命的胜利，社会主义基本制度的建立，为当代中国一切发展进步奠定了根本政治前提和制度基础	——

知识点① ▶ 对农业、手工业和资本主义工商业社会主义改造的基本完成 ★★★

1. 对农业、手工业的社会主义改造

（1）1951年12月，中共中央下发了《关于农业生产互助合作的决议（草案）》，要求按照自愿和互利的原则，发展农民劳动互助的积极性。

（2）农业社会主义改造的过渡性经济组织形式及其性质

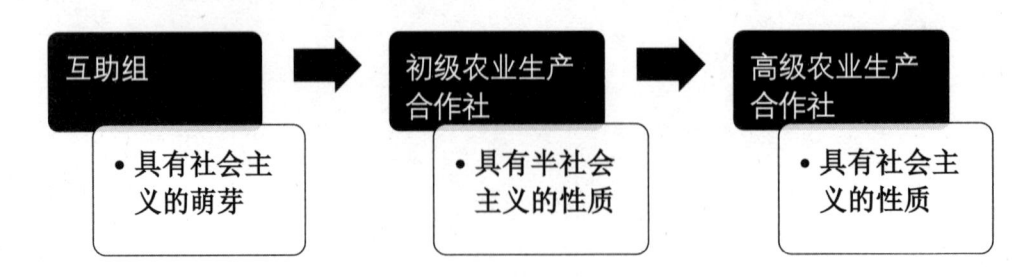

互助组 → 初级农业生产合作社 → 高级农业生产合作社

- 具有社会主义的萌芽
- 具有半社会主义的性质
- 具有社会主义的性质

(3) 中国对农业进行社会主义改造的基本原则和方针

第一，在中国的条件下，可以走先合作化、后机械化的道路。在土地改革基本完成后，及时将"组织起来"作为农村工作的一件大事来抓。

第二，充分利用和发挥土改后农民的两种生产积极性，通过互助组、初级农业生产合作社、高级农业生产合作社这种由低到高的互助合作的组织形式，实行积极发展、稳步前进、逐步过渡的方针。

第三，农业互助合作的发展，要坚持自愿和互利的原则，采取典型示范、逐步推广的方法，发展一批，巩固一批。

第四，要始终把是否增产作为衡量合作社是否办好的标准。

第五，要把社会改造同技术改造相结合。在实现农业合作化以后，国家应努力用先进的技术和装备发展农业经济。

(4)《关于农业合作化问题》

《关于农业合作化问题》	
时间	1955 年 7 月 31 日
作者	毛泽东
意义	①对农业合作化运动的基本经验作了比较全面的总结，阐明了农业合作化的基本道路、基本方针、基本政策。 ②对农业合作化同机械化、社会改革同技术改革的关系作了比较全面的论述，是一篇指导农业合作化的重要文献。

(5) 手工业合作化的组织形式，是由手工业生产合作小组、手工业供销合作社到手工业生产合作社，步骤是从供销入手，由小到大，由低到高，逐步实行社会主义改造和生产改造。

(6) 1956 年底，对农业、手工业的社会主义改造基本完成。

2. 对资本主义工商业的社会主义改造

(1) 对资本主义工商业的社会主义改造，实行和平赎买的政策，采取国家资本主义的形式来改造资本主义工商业。

和平赎买政策的特点		
有偿地而不是无偿地，逐步地而不是突然地改变资产阶级的所有制。	在改造他们的同时，给予他们以必要的工作安排。	不剥夺资产阶级的选举权，并且对于他们中间积极拥护社会主义改造，并在这个改造事业中有所贡献的代表人物给以恰当的政治安排。

（2）资本主义工商业社会主义改造的形式

初级形式
- 初级形式的国家资本主义企业仍由资本家经营，它同国营社会主义经济通过订立合同等办法，在企业外部建立这样那样的联系。

高级形式
- 高级形式的国家资本主义就是**公私合营**，又分为个别企业的公私合营和全行业的公私合营。

（3）四马分肥：在个别公私合营的企业中，企业利润采取"四马分肥"的办法，即分为国家所得税、企业公积金、工人福利费、股金红利四个部分。

知识解读

本知识点重要且考频高，请同学们着重学习本知识点。

（1）农业社会主义改造的几种过渡性经济组织形式和性质常考查选择题，请同学们注意区分。

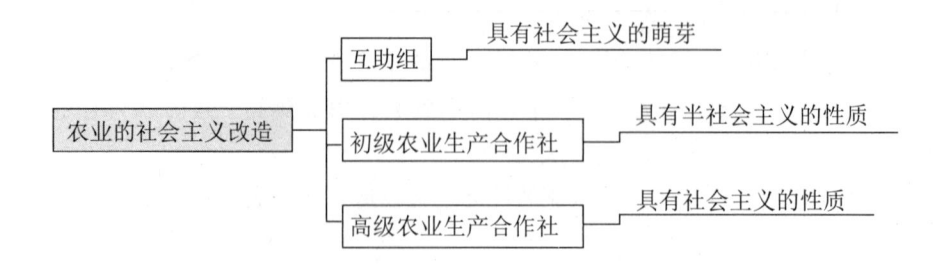

农业的社会主义改造
- 互助组 —— 具有社会主义的萌芽
- 初级农业生产合作社 —— 具有半社会主义的性质
- 高级农业生产合作社 —— 具有社会主义的性质

（2）中国对农业社会主义改造的基本原则和方针常考查论述题，请同学们注意掌握。

(3) 中国对资本主义工商业的社会主义改造，实行和平赎买的政策，常考查选择题。

(4) 和平赎买政策的特点，常考查简答题，请同学们注意掌握。

(5) 高级形式的国家资本主义是公私合营，常考查选择题。

真题小练

【选择题】

1. （2018年10月北京）在引导农民走向社会主义的过渡性经济组织形式中，具有社会主义性质的是（　　）

A. 互助组　　　　　　　　　B. 初级农业合作社

C. 高级农业合作社　　　　　D. 个别行业公私合营

正确答案 C

解析 本题考查中国对农业的社会主义改造的内容。高级农业生产合作社，将土地及其他主要生产资料归集体所有，统一经营、集体劳动，实行各尽所能、按劳分配的原则。这具有社会主义的性质，故选C。

2. （2017年4月全国）我国对资本主义工商业进行社会主义改造的基本政策是（　　）

A. 无偿没收　　　　　　　　B. 有偿征用

C. 和平赎买　　　　　　　　D. 四马分肥

正确答案 C

解析 本题考查中国对资本主义工商业的社会主义改造的内容。中国对资本主义工商业的社会主义改造，实行和平赎买的政策，采取国家资本主义的形式来改造资本主义工商业，故选C。

【简答题】

3. （2013年1月全国）我国农业社会主义改造中的过渡性经济组织形式及其性质是什么？

答案与解析

(1) 互助组，这是具有社会主义萌芽性质的经济组织形式。

(2) 初级农业生产合作社，这是具有半社会主义性质的经济组织形式。

(3) 高级农业生产合作社，这是具有社会主义性质的经济组织形式。

4. （2014年1月全国）简述国家对资本主义工商业采取和平赎买的政策的特点。

答案与解析

（1）有偿地而不是无偿地，逐步地而不是突然地改变资产阶级的所有制。

（2）在改造他们的同时，给予他们以必要的工作安排。

（3）不剥夺资产阶级的选举权，并且对于他们中间积极拥护社会主义改造，并在这个改造事业中有所贡献的代表人物给以恰当的政治安排。

【论述题】

5.（2018年4月全国）论述我国对个体农业进行社会主义改造的基本原则和方针。

答案与解析

（1）在中国的条件下，可以走先合作化、后机械化的道路。

（2）充分利用和发挥土改后农民的两种生产积极性，通过互助组、初级农业生产合作社、高级农业生产合作社这种由低到高的互助合作的组织形式，实行积极发展、稳步前进、逐步过渡的方针。

（3）农业互助合作的发展，要坚持自愿和互利的原则，采取典型示范、逐步推广的方法。

（4）要始终把是否增产作为衡量合作社是否办好的标准。

（5）要把社会改造同技术改造相结合。

牛刀小试

【选择题】

毛泽东系统阐明农业合作化理论的重要文献是（　　）

A.《介绍一个合作社》　　　　　B.《关于农业合作化问题》

C.《组织起来》　　　　　　　　D.《中国农村的社会主义高潮》

正确答案 B

解析 1955年7月31日，毛泽东在省市自治区党委书记会议上作《关于农业合作化问题》的报告。报告对农业合作化运动的基本经验作了比较全面的总结，阐明了农业合作化的基本道路、基本方针、基本政策，并对农业合作化同机械化、社会改革同技术改革的关系作了比较全面的论述，是一篇指导农业合作化的重要文献，故选B。

知识点② 社会主义工业化与社会主义改造同时并举 ★

1. 有计划的社会主义工业化建设的开端

（1）1953年，新中国开始实施发展国民经济的第一个五年计划。

（2）发展国民经济的第一个五年计划规定要集中主要力量发展重工业。

2. 为建立社会主义制度奠定物质基础

（1）1957年，新中国国民经济第一个五年计划正式完成。

（2）发展国民经济的第一个五年计划期间，在苏联的援助下，中国着重建设了一大批基础性的重点工程，为国家的工业化奠定了初步的坚实基础。

知识解读

本知识点考查选择题，同学们注意发展国民经济的第一个五年计划的时间。

名称	发展国民经济的第一个五年计划
开始时间	1953 年
完成时间	1957 年
主要发展	重工业

真题小练

【选择题】

1.（2016 年 4 月全国）新中国开始实施发展国民经济第一个五年计划的时间是（　）

A. 1950 年　　　　　　　　B. 1951 年

C. 1952 年　　　　　　　　D. 1953 年

正确答案 D

解析 1953 年，新中国开始实施发展国民经济的第一个五年计划，故选 D。

2.（2014 年 4 月北京）我国发展国民经济的第一个五年计划规定要集中主要力量发展的是（　）

A. 农业　　　　　　　　　B. 轻工业

C. 重工业　　　　　　　　D. 国防工业

正确答案 C

解析 发展国民经济的第一个五年计划规定要集中主要力量发展重工业，故选 C。

知识点 ③ 社会主义基本制度在中国的全面确立 ★★

1. 社会主义改造基本完成的意义

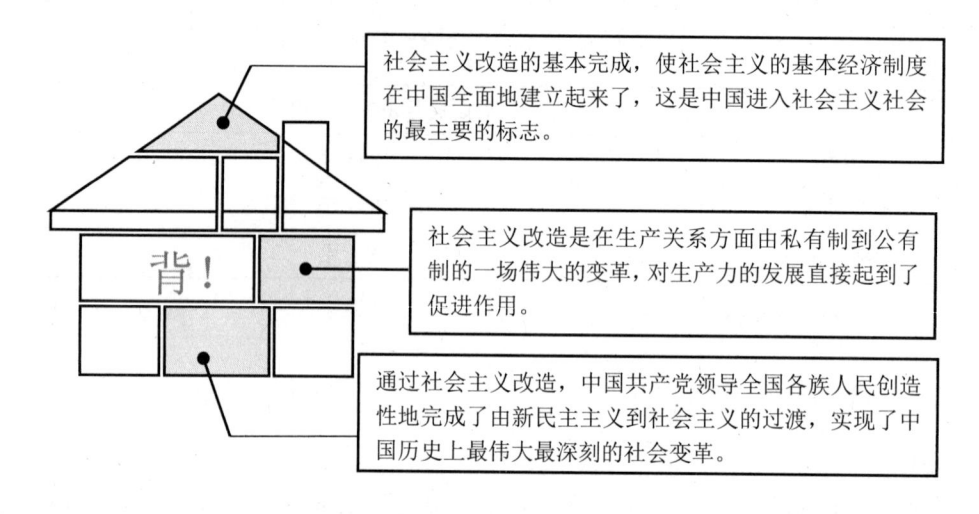

- 社会主义改造的基本完成，使社会主义的基本经济制度在中国全面地建立起来了，这是中国进入社会主义社会的最主要的标志。
- 社会主义改造是在生产关系方面由私有制到公有制的一场伟大的变革，对生产力的发展直接起到了促进作用。
- 通过社会主义改造，中国共产党领导全国各族人民创造性地完成了由新民主主义到社会主义的过渡，实现了中国历史上最伟大最深刻的社会变革。

2. 在社会主义条件下推进工业化、现代化

（1）新民主主义革命的胜利，社会主义基本制度的建立，为当代中国一切发展进步奠定了根本政治前提和制度基础。

（2）中国是在没有实现工业化的情况下进入社会主义的。一方面，当时中国有了先进的无产阶级的政党，有了初步的资本主义经济，加上国际条件，所以在一个很不发达的中国能搞社会主义。另一方面，由于经济文化比较落后，中国的社会主义还只能是初级阶段的社会主义，或者说只能是社会主义的初级阶段。不经过生产力的巨大发展，是不可能越过这个阶段的。

知识解读

本知识点主要考查社会主义改造基本完成的意义，常考查简答题、论述题；特别注意中国进入社会主义社会的最主要的标志是社会主义三大改造的完成，常考查选择题。

真题小练

【选择题】

1. （2018年10月全国）中国进入社会主义社会的主要标志是（　　）

A. 中华人民共和国的成立

B. "一五"计划的制定

C. 第一届全国人民代表大会的召开

D. 社会主义三大改造的完成

正确答案 D

解析 社会主义改造的基本完成，使社会主义的基本经济制度在中国全面地建立起来了，这是中国进入社会主义社会的最主要的标志，故选 D。

【论述题】

2.（2015 年 10 月全国）社会主义改造基本完成的意义。

答案与解析

（1）社会主义改造的基本完成，使社会主义的基本经济制度在中国全面地建立起来了，这是中国进入社会主义社会的最主要的标志。

（2）社会主义改造是在生产关系方面由私有制到公有制的一场伟大的变革，对生产力的发展直接起到了促进作用。

（3）通过社会主义改造，中国共产党领导全国各族人民创造性地完成了由新民主主义到社会主义的过渡，实现了中国历史上最伟大最深刻的社会变革。

第九章
社会主义建设在探索中曲折发展

本章思维导图

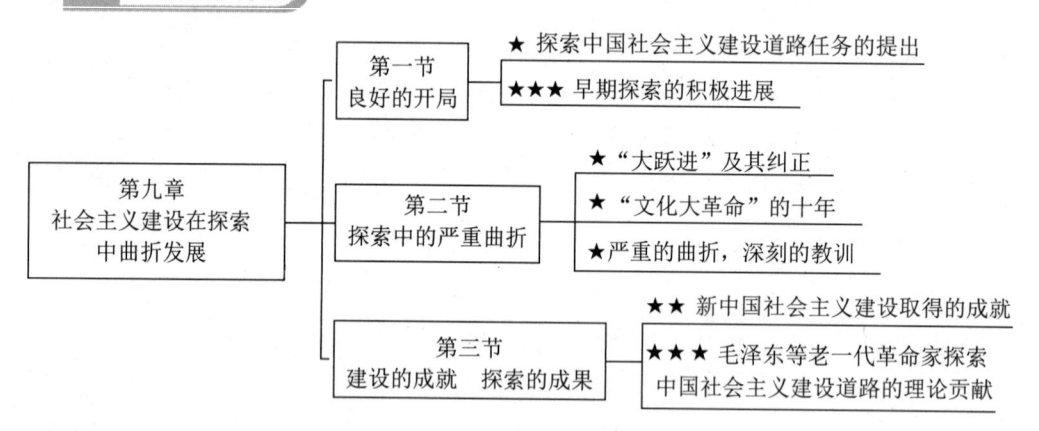

- 第九章 社会主义建设在探索中曲折发展
  - 第一节 良好的开局
    - ★ 探索中国社会主义建设道路任务的提出
    - ★★★ 早期探索的积极进展
  - 第二节 探索中的严重曲折
    - ★ "大跃进"及其纠正
    - ★ "文化大革命"的十年
    - ★ 严重的曲折，深刻的教训
  - 第三节 建设的成就 探索的成果
    - ★★ 新中国社会主义建设取得的成就
    - ★★★ 毛泽东等老一代革命家探索中国社会主义建设道路的理论贡献

第一节 良好的开局

本节内容提要

1956年，随着生产资料所有制的社会主义改造基本完成，社会主义基本制度全面确立，中国进入开始全面建设社会主义的历史阶段。从1956年初开始，以毛泽东为主要代表的中国共产党人，对中国的社会主义建设道路进行了艰苦的探索，并开始取得积极的成果。1957年，中国共产党在全党全面开展整风运动。

知识点名称	考纲要求	考核内容	考试题型
探索中国社会主义建设道路任务的提出	——	——	选择题

续表

知识点名称	考纲要求	考核内容	考试题型
早期探索的积极进展	识记	社会主义制度确立后中国国内的主要矛盾	简答题、论述题
		《关于正确处理人民内部矛盾的问题》	选择题
		整风运动与反右派斗争	——
	领会	《论十大关系》及其提出的建设社会主义的基本方针	选择题、简答题
	简单运用	中共八大制定的路线及其意义	选择题、简答题、论述题
		毛泽东关于社会主义社会基本矛盾的分析	选择题、简答题
	综合运用	毛泽东关于正确区分两类社会矛盾以及正确处理人民内部矛盾的思想及其意义	选择题、论述题

知识点 ① 探索中国社会主义建设道路任务的提出 ★

1. 1956年，随着生产资料所有制的社会主义改造基本完成，社会主义基本制度全面确立，中国进入开始全面建设社会主义的历史时期。

2. 新中国成立初期，因为没有经验，在经济建设和其他方面主要是学习苏联的经验。但是在1956年2月召开的苏共二十大前后，苏联暴露了其在社会主义建设中存在的缺点和错误。苏联的教训，表明了中国社会主义建设必须立足于本国情况，独立自主地走自己的道路。

3. 1956年4月，毛泽东在中共中央书记处会议上提出关于实现马克思主义同中国实际"第二次结合"的任务，为探索适合中国情况的社会主义建设道路，提供了基本的指导原则。

知识解读

本知识点主要考查选择题，同学们在学习过程中注意识记。

真题小练

【选择题】

1.（2010年4月上海）新中国成立初期，在经济建设方面主要学习的是（   ）

A. 匈牙利的经验　　　　　　B. 苏联的经验

C. 法国的经验　　　　　　　D. 英国的经验

正确答案 B

解析 新中国成立初期，因为没有经验，在经济建设和其他方面主要是学习苏联的经验，故选 B。

2. （2011 年 7 月浙江）1956 年 4 月，毛泽东在中央书记处会议上提出（　　）

A. 尽快实现国家的社会主义工业化

B. 正确处理人民内部矛盾

C. 多快好省地建设社会主义

D. 实现马克思主义同中国实际"第二次结合"

正确答案 D

解析 1956 年 4 月，毛泽东在中共中央书记处会议上提出关于实现马克思主义同中国实际"第二次结合"的任务，故选 D。

知识点 ② 早期探索的积极进展 ★★★

1. 《论十大关系》的发表

《论十大关系》	
时间	毛泽东先后在 1956 年 4 月 25 日中央政治局扩大会议和 5 月 2 日最高国务会议上作《论十大关系》的报告。
基本方针	一定要努力把党内党外、国内国外的一切积极的因素，直接的、间接的积极因素，全部调动起来，把我国建设成为一个强大的社会主义国家。
经济建设	基本精神是要在着重发展重工业和国防工业的同时，大力发展同国计民生密切相关的轻工业、农业，并且充分发挥中央和地方、沿海与内地两方面的建设积极性。
政治建设	(1) 共产党和其他民主党派要实行"长期共存，互相监督"的方针。 (2) 在肃反中坚持"一个不杀、大部不捉"的方针。
文化建设	艺术问题上的百花齐放，学术问题上的百家争鸣。
意义	(1)《论十大关系》是以毛泽东为主要代表的中国共产党人开始探索中国自己的社会主义建设道路的标志。 (2) 在新的历史条件下从经济方面（这是主要的）和政治方面提出了新的指导方针，为中共八大的召开作了理论准备。

2. 中共八大路线的制定

(1) 1956 年 9 月 15 日至 27 日，中国共产党第八次全国代表大会在北京举行。毛泽东致开幕词，刘少奇代表中央委员会作政治报告，周恩来作关于发展国民经济的第二个五年计划的建议的报告，邓小平作关于修改党章的报告。

（2）中共八大正确地分析了国内的主要矛盾和主要任务

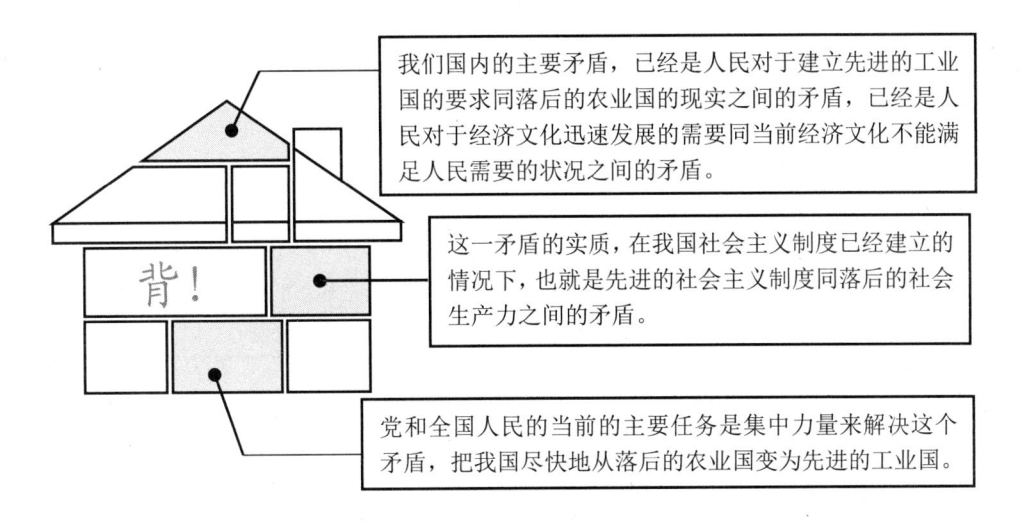

> 我们国内的主要矛盾，已经是人民对于建立先进的工业国的要求同落后的农业国的现实之间的矛盾，已经是人民对于经济文化迅速发展的需要同当前经济文化不能满足人民需要的状况之间的矛盾。

> 这一矛盾的实质，在我国社会主义制度已经建立的情况下，也就是先进的社会主义制度同落后的社会生产力之间的矛盾。

> 党和全国人民的当前的主要任务是集中力量来解决这个矛盾，把我国尽快地从落后的农业国变为先进的工业国。

（3）中共八大对经济建设、政治建设和执政党建设提出了正确的指导方针

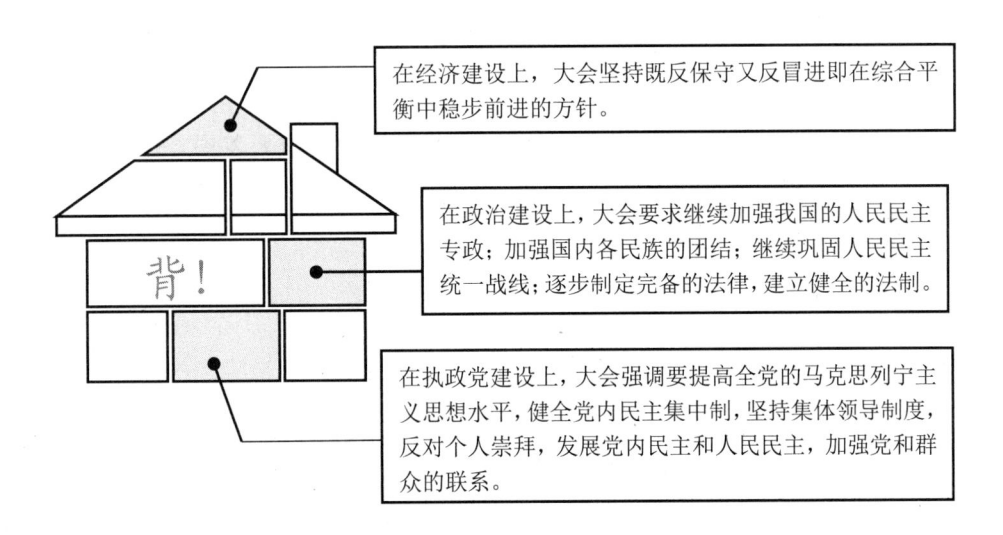

> 在经济建设上，大会坚持既反保守又反冒进即在综合平衡中稳步前进的方针。

> 在政治建设上，大会要求继续加强我国的人民民主专政；加强国内各民族的团结；继续巩固人民民主统一战线；逐步制定完备的法律，建立健全的法制。

> 在执政党建设上，大会强调要提高全党的马克思列宁主义思想水平，健全党内民主集中制，坚持集体领导制度，反对个人崇拜，发展党内民主和人民民主，加强党和群众的联系。

（4）中共八大上，陈云提出"三个主体、三个补充"的思想

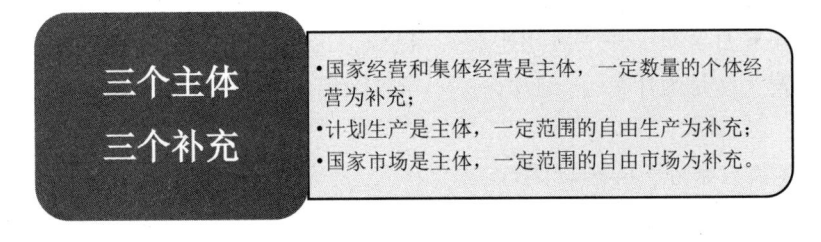

三个主体 三个补充

- 国家经营和集体经营是主体，一定数量的个体经营为补充；
- 计划生产是主体，一定范围的自由生产为补充；
- 国家市场是主体，一定范围的自由市场为补充。

（5）中共八大集中全党智慧总结提出的探索中国建设社会主义道路的重要成果，对于社会主义建设事业和党的事业的发展有着长远的指导意义。

3. 《关于正确处理人民内部矛盾的问题》发表

（1）1957年2月，毛泽东在扩大的最高国务会议上发表《关于正确处理人民内部矛盾的问题》的讲话，提出要把正确处理人民内部矛盾作为国家政治生活的主题。

（2）毛泽东在文章中科学分析了社会主义社会的基本矛盾。

\multicolumn{2}{c}{社会主义社会的基本矛盾}	
内容	①社会主义社会的基本矛盾仍然是生产力和生产关系、经济基础和上层建筑之间的矛盾。 ②这些矛盾可以经过社会主义制度本身的自我调整和完善，不断地得到解决。
意义	实际上为积极促进社会主义制度的自我完善和发展奠定了理论基石。

（3）毛泽东在文章中概括提出了区分和处理敌我和人民内部两类矛盾的学说：

\multicolumn{2}{c}{区分和处理敌我和人民内部两类矛盾的学说}	
内容	①社会主义社会存在着敌我矛盾和人民内部矛盾两类性质根本不同的矛盾。 ②前者需要用强制的、专政的方法去解决，后者只能用民主的、说服教育的、"团结—批评—团结"的方法去解决，决不能以解决敌我矛盾的方法去解决人民内部的矛盾。

（4）《关于正确处理人民内部矛盾的问题》运用马克思主义对立统一规律，创造性地阐述了社会主义社会矛盾学说，是对科学社会主义理论的重要发展，进一步丰富和发展了中共八大路线，对中国社会主义事业具有长远的指导意义。

4. 整风运动和反右派斗争

（1）整风运动

①中国共产党进行整风是在1956年11月召开的中共八届二中全会上正式提出的。全会认为，必须警惕和防止干部特殊化和脱离群众的危险，要采取整风方法，同主观主义、宗派主义、官僚主义的倾向作斗争，并确定下一年开展全党整风。

②1957年4月27日，中共中央正式发出《关于整风运动的指示》，整风运动全面展开。这次整风运动的主题是正确处理人民内部矛盾。

（2）反右派斗争

①在整风运动中，人们提出的绝大多数意见是诚恳的，但确有极少数资产阶级右派分子乘机向党和新生的社会主义制度发动进攻。

②1957年6月8日，中央发出组织力量反击右派分子进攻的党内指示，同日《人民日报》发表《这是为什么？》的社论。一场全国规模的群众性的反右派运动全面开展起来。

③对极少数右派分子的进攻实行坚决反击，是完全正确的和必要的，但是反右派斗争被严重地扩大化了。

> **知识解读**

本知识点主要考查中共八大、《论十大关系》和《关于正确处理人民内部矛盾的问题》的内容（即一个会议，两个文献），属于重要且高频知识点，请同学们着重学习。

（1）《论十大关系》的发表

这部分内容主要考查选择题。《论十大关系》围绕的基本方针是调动一切积极因素为社会主义事业服务；共产党和其他民主党派关系的方针是"长期共存，互相监督"，在肃反中坚持"一个不杀，大部不捉"；文化建设的方针是"双百"方针。

（2）中共八大路线的制定

这部分内容会以各种题型考查，请同学们着重掌握这部分内容。

主要矛盾	主要任务
• 人民对于建立先进的工业国的要求同落后的农业国的现实之间的矛盾。 • 人民对于经济文化迅速发展的需要同当前经济文化不能满足人民需要的状况之间的矛盾。	• 集中力量来解决这个主要矛盾，把我国尽快地从落后的农业国变为先进的工业国。

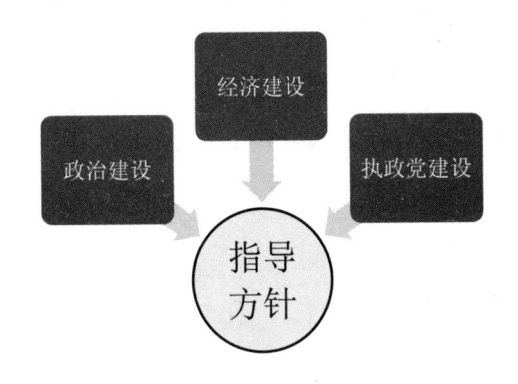

指导方针：经济建设、政治建设、执政党建设

陈云提出"三个主体、三个补充"的思想：
- 国家经营和集体经营是主体，一定数量的个体经营为补充
- 计划生产是主体，一定范围的自由生产为补充
- 国家市场是主体，一定范围的自由市场为补充

（3）《关于正确处理人民内部矛盾的问题》发表

这部分内容主要考查选择题、简答题。在探索中国社会主义建设道路过程中，毛泽东分析了社会主义社会的基本矛盾，还概括提出了区分和处理敌我和人民内部两类矛盾的学说，提出要把正确处理人民内部矛盾作为国家政治生活的主题。

真题小练

【选择题】

1. （2017年4月全国）毛泽东在《论十大关系》中提出的中国社会主义建设的基本方针是（　　）

　　A. 不要四面出击　　　　　　　　　　B. 调整、巩固、充实、提高
　　C. 调动一切积极因素为社会主义事业服务　　D. 积极引导、稳步前进

正确答案 C

解析 《论十大关系》围绕一个基本方针："一定要努力把党内党外、国内国外的一切积极的因素，直接的、间接的积极因素，全部调动起来，把我国建设成为一个强大的社会主义国家。"即调动一切积极因素为社会主义事业服务，故选C。

2. （2019年10月全国）1956年召开的中共八大指出，党和全国人民当前的主要任务是（　　）

　　A. 争取国家财政经济状况的根本好转
　　B. 正确处理人民内部矛盾
　　C. 把我国从落后的农业国变为先进的工业国
　　D. 实现社会主义四个现代化

正确答案 C

解析 中共八大指出党和全国人民的当前的主要任务是集中力量把我国尽快地从落后的农业国变为先进的工业国，故选C。

3. （2018年10月全国）1956年，在中共八大上提出"三个主体，三个补充"思想的是（　　）

　　A. 周恩来　　　　　　　　　　B. 刘少奇
　　C. 邓小平　　　　　　　　　　D. 陈云

正确答案 D

解析 中共八大专门安排党和国家领导人及各方面代表作大会发言。在发言中，陈云提出"三个主体、三个补充"的思想，故选D。

4. （2018年10月全国）毛泽东在1957年2月扩大的最高国务会议上指出，我国政治生活的主题是（　　）

　　A. 正确处理敌我矛盾　　　　　　B. 正确处理人民内部矛盾
　　C. 正确处理共产党和民主党派的关系　　D. 正确处理民主和专政的关系

正确答案 B

解析 1957年2月，毛泽东在扩大的最高国务会议上发表《关于正确处理人民内部矛盾的问题》的讲话，提出要把正确处理人民内部矛盾作为国家政治生活的主题，

故选 B。

【简答题】

5. （2015年10月全国）毛泽东发表《论十大关系》一文的意义。

答案与解析

（1）它是以毛泽东为主要代表的中国共产党人开始探索中国自己的社会主义建设道路的标志。

（2）从经济和政治方面提出了新的指导方针，为中共八大的召开作了理论准备。

6. （2016年10月北京）简述中共八大关于国内主要矛盾和主要任务的分析。

答案与解析

（1）大会分析了国内的主要矛盾和主要任务，指出：我们国内的主要矛盾，已经是人民对于建立先进的工业国的要求同落后的农业国的现实之间的矛盾，已经是人民对于经济文化迅速发展的需要同当前经济文化不能满足人民需要的状况之间的矛盾。

（2）这一矛盾的实质，在我国社会主义制度已经建立的情况下，也就是先进的社会主义制度同落后的社会生产力之间的矛盾。

（3）党和全国人民的当前的主要任务是集中力量来解决这个矛盾，把我国尽快地从落后的农业国变为先进的工业国。

7. （2013年7月浙江）简述陈云在中共八大发言中提出的"三个主体、三个补充"的思想。

答案与解析

（1）国家经营和集体经营是主体，一定数量的个体经营为补充。

（2）计划生产是主体，一定范围的自由生产为补充。

（3）国家市场是主体，一定范围的自由市场为补充。

8. （2018年10月北京）简述毛泽东关于社会主义社会基本矛盾的分析。

答案与解析

（1）毛泽东在《关于正确处理人民内部矛盾的问题》中科学分析了社会主义社会的基本矛盾。

（2）毛泽东指出：社会主义社会的基本矛盾仍然是生产力和生产关系、经济基础和上层建筑之间的矛盾。

（3）这些矛盾可以经过社会主义制度本身的自我调整和完善，不断地得到解决。这实际上为积极促进社会主义制度的自我完善和发展奠定了理论基石。

【论述题】

9. （2014年4月全国）试述中共八大提出的我国经济建设、政治建设和执政党建设的指导方针。

答案与解析

（1）在经济建设上，大会坚持既反保守又反冒进即在综合平衡中稳步前进的方针。

（2）在政治建设上，大会要求继续加强我国的人民民主专政；加强国内各民族的团结；继续巩固人民民主统一战线；逐步制定完备的法律，建立健全的法制。

（3）在执政党建设上，大会强调要提高全党的马克思列宁主义思想水平，健全党内民主集中制，坚持集体领导制度，反对个人崇拜，发展党内民主和人民民主，加强党和群众的联系。

10.（2015年4月全国）毛泽东关于正确区分社会主义社会两类不同性质矛盾学说的主要内容及其意义。

答案与解析

（1）1957年，毛泽东在《关于正确处理人民内部矛盾的问题》一文中提出，社会主义社会存在着敌我矛盾和人民内部矛盾两类性质根本不同的矛盾。

（2）前者需要用强制的、专政的方法去解决，后者只能用民主的、说服教育的、"团结——批评——团结"的方法去解决。

（3）这一学说创造性地阐述了社会主义社会矛盾学说，是对科学社会主义理论的重要发展，对中国社会主义事业具有长远的指导意义。

牛刀小试

【选择题】

1.《论十大关系》提出在"肃反"中必须坚持的方针是（　　）

A．"长期共存，互相监督"　　B．"一个不杀，大部不捉"

C．"三个主体，三个补充"　　D．"一要吃饭，二要建设"

正确答案 B

解析 《论十大关系》在社会主义政治建设方面，提出共产党和其他民主党派要实行"长期共存，互相监督"的方针，在肃反中坚持"一个不杀、大部不捉"的方针，故选B。

2. 1957年整风运动的主题是（　　）

A．正确处理人民内部矛盾　　B．加强执政党建设

C．改进党的作风　　D．批评与自我批评

正确答案 A

解析 1957年4月27日，中共中央正式发出《关于整风运动的指示》，整风运动全面展开。这次整风运动的主题是正确处理人民内部矛盾，故选A。

3. 1957年6月开展的全国规模的群众性运动是（　　）

A．肃反运动　　B．整风运动

C．反右派运动　　D．人民公社化运动

正确答案 C

解析 （1）1957年4月27日，中共中央正式发出《关于整风运动的指示》，整风运动全面展开。在整风运动中，人们提出的绝大多数意见是诚恳的，但确有极少数资产阶级右派分子乘机向党和新生的社会主义制度发动进攻。

（2）1957年6月8日，中央发出组织力量反击右派分子进攻的党内指示，同日《人民日报》发表《这是为什么？》的社论。一场全国规模的群众性的反右派运动全面开展起来。故选C。

第二节 探索中的严重曲折

本节内容提要

中国共产党的工作在指导方针上也有过重大失误，出现过"大跃进"和人民公社化运动的错误。中国共产党对经济工作指导思想上的"左"倾错误进行了纠正，但并不彻底，而在政治和思想文化方面还有发展，最终导致了"文化大革命"的发动。"文化大革命"是一场由领导者错误发动，被反革命集团利用，给党、国家和各族人民带来严重灾难的内乱。它使党、国家和人民遭到新中国成立以来最严重的挫折和损失。在这一时期，中国共产党和中国人民，同"左"倾错误和林彪、江青反革命集团进行了艰难曲折的斗争，使"文化大革命"的破坏受到了一定程度的限制。

知识点名称	考纲要求	考核内容	考试题型
"大跃进"及其纠正	识记	"大跃进"运动	选择题
		人民公社化运动	——
		庐山会议	选择题
	领会	20世纪60年代前期的国民经济调整	选择题
	简单运用	1958年秋冬至庐山会议前期的纠"左"努力	——
		"七千人大会"的召开及其意义	选择题、简答题
	综合运用	探索中国社会主义建设道路的曲折历程	——

续表

知识点名称	考纲要求	考核内容	考试题型
"文化大革命"的十年	识记	"二月逆流"	选择题
		林彪反革命集团	选择题
		"四人帮"	选择题
	领会	"文化大革命"的发动	选择题
		"文化大革命"的结束	选择题
严重的曲折，深刻的教训	综合运用	"文化大革命"发生的社会历史原因	论述题
		科学分析中国共产党在探索中所犯的错误	简答题

知识点① "大跃进"及其纠正★

1. "大跃进"和人民公社化运动的发动

（1）"大跃进"的提出，标志着中国共产党和政府在探索中国社会主义建设道路中力图打开一个新局面。这个努力没有获得成功。

（2）1957年冬季，掀起了以兴修水利、养猪积肥、改良土壤为中心的冬季农业生产高潮，揭开了"大跃进"的序幕。

（3）在发动"大跃进"的同时，农村人民公社化运动也开展起来了。

2. 纠正"左"倾错误的初步努力

（1）1958年秋冬之间，党和政府逐渐发现"大跃进"和人民公社化运动出了不少乱子。毛泽东的头脑也逐渐冷静下来，通过调查研究较早地觉察到运动中出现的尖锐问题，并立即着手纠正已经察觉到的问题。

（2）1958年11月，毛泽东主持召开第一次郑州会议，开始纠正"左"倾错误。从第一次郑州会议开始，经过八九个月纠"左"的努力，取得了初步的成效。

3. 庐山会议与纠"左"进程的中断

（1）1959年7月2日起，中共中央在庐山召开政治局扩大会议。7月14日，彭德怀给毛泽东写了一封信，着重指出"大跃进"存在的严重问题和突出矛盾。7月23日，毛泽东在会上发表讲话，错误地对彭德怀的信提出尖锐批评。8月2日至16日，毛泽东在庐山主持召开中共八届八中全会，作出了《关于以彭德怀同志为首的反党集团的错误的决议》，随后在全党范围错误地开展了"反右倾"斗争。

（2）主要由于"大跃进"和"反右倾"斗争的错误，加上当时的自然灾害和苏联政府背信弃义撕毁合同、撤走全部专家，中国国民经济在1959年到1961年发生严重困难。

4. 国民经济的调整

（1）1960年11月，中共中央发出《关于农村人民公社当前政策的紧急指示信》，要求彻底清理"一平二调"，彻底纠正"共产风"，一心一意地发展农业生产。

（2）中共八届九中全会

中共八届九中全会	
时间	1961年1月
方针	正式决定对国民经济实行"调整、巩固、充实、提高"的方针。

（3）《紧急指示信》的发布和中共八届九中全会的召开，标志着党和政府指导方针的重要转变。

5. "七千人大会"的召开

（1）"七千人大会"

"七千人大会"	
背景	①1962年1、2月间，中共中央在北京召开扩大的中央工作会议。 ②这次会议打破惯例，直接请来自中央、大区、省市自治区、地区、县五级的党政军领导干部七千余人与会，以便于中央与地方各级的直接沟通，被称为"七千人大会"。
意义	①对于恢复实事求是、民主精神和自我批评精神起了积极作用。 ②在贯彻落实"八字方针"（即"调整、巩固、充实、提高"）、推动形势迅速好转的过程中起了关键作用。

（2）第三届全国人民代表大会第一次会议

第三届全国人民代表大会第一次会议	
背景	1964年底到1965年初，在国民经济调整任务即将基本完成的时候，我国召开了第三届全国人民代表大会第一次会议。
内容	（1）周恩来总理在会上宣布：我国国民经济即将进入一个新的发展时期。 （2）全国人民要努力奋斗，把我国逐步建设成为一个具有现代农业、现代工业、现代国防和现代科学技术的社会主义强国。
意义	中国共产党和政府第一次郑重地向全国人民提出实现"四个现代化"的奋斗目标。

6. "左"倾错误指导的继续发展

在国民经济调整工作顺利进行的同时，"左"倾错误在经济工作的指导思想上并未得到彻底纠正，而且在政治和思想文化方面还有发展。

知识解读

本知识点主要考查选择题，同学们在学习过程中注意识记三个会议的内容。

中共八届九中全会
- 正式决定对国民经济实行"调整、巩固、充实、提高"的方针

"七千人大会"
- 1962年初，中共中央召开的扩大的中央工作会议，党政军领导干部七千余人与会

第三届全国人民代表大会第一次会议
- 中国共产党和政府第一次郑重地向全国人民提出实现"四个现代化"的奋斗目标

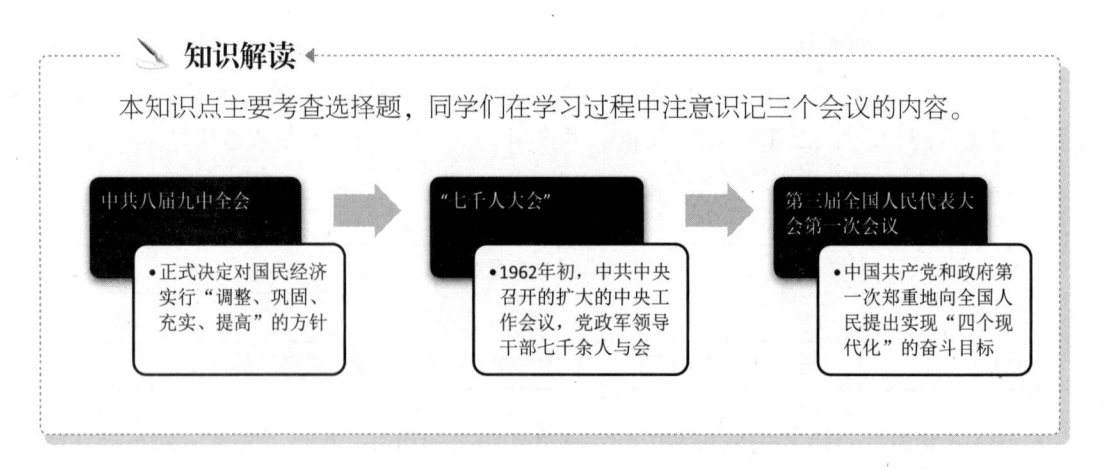

真题小练

【选择题】

1.（2018年10月全国）1961年，中共中央决定对国民经济实行"调整、巩固、充实、提高"方针的会议是（   ）

A. 中共八届五中全会　　　　B. 中共八届六中全会
C. 中共八届九中全会　　　　D. 中共八届十中全会

正确答案 C

解析 1961年1月，中共八届九中全会正式决定对国民经济实行"调整、巩固、充实、提高"的方针。毛泽东在会上号召全党大兴调查研究之风，搞一个实事求是年，故选C。

2.（2013年4月全国）1962年初，中共中央召开的扩大的中央工作会议是（   ）

A. "七千人大会"　　　　B. 庐山会议
C. 南宁会议　　　　　　D. 武昌会议

正确答案 A

解析 1962年1、2月间，中共中央在北京召开扩大的中央工作会议。这次会议打破惯例，直接请来自中央、大区、省市自治区、地区、县五级的党政军领导干部七千余人与会，以便于中央与地方各级的直接沟通，被称为"七千人大会"，故选A。

3.（2018年4月全国）新中国第一次正式提出实现"四个现代化"奋斗目标的会议是（   ）

A. 第一届全国人民代表大会
B. 第二届全国人民代表大会
C. 第三届全国人民代表大会
D. 第四届全国人民代表大会

正确答案 C

解析 1964年底到1965年初,在国民经济调整任务即将基本完成的时候,我国召开了第三届全国人民代表大会第一次会议。中国共产党和政府第一次郑重地向全国人民提出实现"四个现代化"的奋斗目标。故选C。

知识点 ② "文化大革命"的十年 ★

1. "文化大革命"的发动

(1) 1965年11月10日,姚文元的文章《评新编历史剧<海瑞罢官>》在上海《文汇报》发表,成为毛泽东发动"文化大革命"的导火线。

(2) 1966年8月1日至12日,毛泽东主持召开中共八届十一中全会,并在全会上印发《炮打司令部——我的一张大字报》,对"文化大革命"进行再发动。全会通过的《关于无产阶级文化大革命的决定》(简称"十六条"),成为"文化大革命"的指导方针。

2. 全面内乱的形成

(1) 1967年2月中旬,在有部分中共中央政治局委员、国务院和中共中央军委领导人参加的碰头会上,谭震林、陈毅、叶剑英、李富春、李先念、徐向前、聂荣臻等对中央文革小组的错误做法提出强烈批评。然而,这次抗争却被诬称为"二月逆流"而遭到压制。

(2) 1969年4月1日至24日,中国共产党第九次全国代表大会在北京召开,九大在思想上、政治上和组织上的指导方针都是错误的。这次大会使"文化大革命"的错误理论和实践合法化,加强了林彪、江青、康生等人在党中央的地位。

3. 粉碎林彪反革命集团

(1) 1971年8月中旬,毛泽东到南方巡视,尖锐地提出林彪问题。林彪等人获悉后大为恐慌,在密谋杀害毛泽东未遂后,于9月13日凌晨仓皇出逃,在蒙古人民共和国境内温都尔汗附近坠机身亡。

(2) 林彪反革命集团阴谋夺取最高权力、策动反革命武装政变事件的发生,是"文化大革命"推翻党的一系列基本原则的结果,客观上宣告了"文化大革命"的理论和实践的失败。

4. 挫败"四人帮""组阁"图谋

(1) 1973年8月召开的中国共产党第十次全国代表大会,继续了九大的"左"倾错误方针。江青、张春桥、姚文元、王洪文在中央政治局内结成"四人帮"。

(2) 1974年7月17日,毛泽东在中共中央政治局会议上批评江青。随后,他建议周恩来继续担任国务院总理,由邓小平担任国务院第一副总理。江青等人的"组阁"图谋破灭。

5. 1975年整顿和"文化大革命"的结束

(1) 1975年,邓小平着手对各方面的工作进行整顿,形势开始有了明显好转。这次整顿实际上是后来拨乱反正的预演。

（2）1976年1月8日，周恩来逝世。毛泽东提议华国锋担任中共中央第一副主席、国务院总理。

（3）1976年9月9日，毛泽东逝世。江青反革命集团加紧进行夺取党和国家最高领导权的阴谋活动。10月6日晚，中共中央政治局执行党和人民的意志，毅然粉碎了江青反革命集团，结束了"文化大革命"。在这场斗争中，华国锋、叶剑英、李先念等起了重要作用，做出了重要贡献。10月14日，中共中央公布粉碎"四人帮"的消息，举国上下一片欢腾。中国人民在经历了十年磨难和挫折之后，终于迎来了社会主义现代化事业发展的新时期。

知识解读

"文化大革命"给党、国家和民族造成的损失是十分巨大的，它所提供的教训是极为沉痛和深刻的。但是，错误和挫折并没有摧毁中国共产党。它最终还是依靠自身的力量和人民群众的支持、帮助，彻底纠正了这些错误，使党和国家的工作重新回到正确的轨道。这个事实证明，中国共产党作为一个对人民负责的马克思主义政党，具有为人民的根本利益坚持真理、纠正错误的能力。

本知识点考查选择题，同学们在学习过程中注意识记历史节点：

时间	事件	注释
1965年	《评新编历史剧〈海瑞罢官〉》	"文化大革命"的导火线
1967年	"二月逆流"	老一辈革命家与中央文革小组的错误做法进行的抗争被诬称为"二月逆流"
1971年	粉碎林彪反革命集团	客观上宣告了"文化大革命"的理论和实践的失败
1976年	江青反革命集团垮台	"文化大革命"结束的标志

真题小练

【选择题】

1.（2017年10月北京）发动"文化大革命"的导火线是（ ）

A. 反右派斗争

B. 大跃进运动

C. 《评新编历史剧〈海瑞罢官〉》的发表

D. 《炮打司令部——我的一张大字报》的发表

正确答案 C

解析 1965年11月10日，姚文元的文章《评新编历史剧〈海瑞罢官〉》在上海《文汇报》发表，成为毛泽东发动"文化大革命"的导火线，故选C。

2.（2019年4月全国）1967年，谭震林等对中央文革小组的错误做法进行的抗争被诬称为（　　）

A. "一月风暴"　　　　　　　　B. "反攻倒算"
C. "右倾翻案"　　　　　　　　D. "二月逆流"

正确答案 D

解析 1967年2月中旬，在有部分中共中央政治局委员、国务院和中共中央军委领导人参加的碰头会上，谭震林、陈毅、叶剑英、李富春、李先念、徐向前、聂荣臻等对中央文革小组的错误做法提出强烈批评。然而，这次抗争却被诬称为"二月逆流"而遭到压制，故选D。

3.（2010年10月上海）1971年发生的、在客观上宣告"文化大革命"理论和实践失败的事件是（　　）

A. "一月风暴"　　　　　　　　B. "天安门事件"
C. 林彪反革命集团的覆灭　　　　D. 江青反革命集团的垮台

正确答案 C

解析 林彪反革命集团阴谋夺取最高权力、策动反革命武装政变事件的发生，是"文化大革命"推翻党的一系列基本原则的结果，客观上宣告了"文化大革命"的理论和实践的失败，故选C。

4.（2014年10月北京）"文化大革命"结束的标志是（　　）

A. 天安门事件的发生　　　　　B. 林彪反革命集团被粉碎
C. 江青反革命集团被粉碎　　　D. 全面整顿的开始

正确答案 C

解析 1976年9月9日，毛泽东逝世。江青反革命集团加紧进行夺取党和国家最高领导权的阴谋活动。10月6日晚，中共中央政治局执行党和人民的意志，毅然粉碎了江青反革命集团，结束了"文化大革命"，故选C。

知识点 ③ ▶ 严重的曲折，深刻的教训 ★

1. 正确认识错误的性质及其原因

（1）我们党在迅速进入社会主义新的历史阶段之后，对于如何在一个经济文化不发达的国家进行全面的社会主义建设，缺乏充分的思想准备和科学研究；对于什么是社会主义、怎样建设社会主义的问题，并没有完全搞清楚。

（2）由于中国共产党在历史上积累下了丰富的阶级斗争经验，在社会主义改造基本完成之后，在观察和处理社会主义建设中遇到的新事物、新问题时，容易照搬过去的经验，把本不属于阶级斗争的问题看做是阶级斗争，仍然习惯于采取大规模群众性政治运动的方法去处理。这种脱离现实生活的主观主义的思想和做法，由于把马克思、恩格斯、列宁、斯大林著作中的某些设想和论点加以误解或教条化，反而显得有"理论根据"。这些都促成了阶级斗争扩大化错误的产生。

（3）党的民主集中制和集体领导制度遭到严重破坏，致使党无法依靠制度的和集体的力量及时地发现并纠正错误。由于种种历史原因，使党的权力过分集中于个人，党内个人专断和个人崇拜现象滋长起来，这样也就使党和国家难于防止和制止像"文化大革命"这样全局性错误的发生和发展。

2. 对错误进行科学分析

（1）中国共产党在犯严重错误的时候，其性质和宗旨都没有改变。

（2）党内外广大干部群众在"文化大革命"期间对"左"倾错误的抵制和抗争，对林彪、江青两个反革命集团的斗争，一直没有停止过。

（3）毛泽东在全局上坚持"文化大革命"的错误，但也制止和纠正过一些具体错误。

> **知识解读**
>
> 本知识点考查简答题和论述题，请同学们注意领会。中国共产党在开始全面建设社会主义时期所犯的错误，包括"文化大革命"在内，是探索中的错误，并不是由社会主义制度本身所造成的，而且依靠社会主义制度的自我完善和发展是完全可以纠正的。对这一时期中国共产党所犯的错误，需要做具体的、历史的分析。

真题小练

【简答题】

1.（2012年7月浙江）简要对中国共产党在探索中所犯的错误进行科学分析。

答案与解析

（1）中国共产党在犯严重错误的时候，其性质和宗旨都没有改变。

（2）党内外广大干部群众在"文化大革命"期间对"左"倾错误的抵制和抗争，对林彪、江青两个反革命集团的斗争，一直没有停止过。

（3）毛泽东在全局上坚持"文化大革命"的错误，但也制止和纠正过一些具体错误。

【论述题】

2.（2017年4月北京）论述"文化大革命"发生并持续十年之久的社会历史原因。

答案与解析

（1）我们党在迅速进入社会主义新的历史阶段之后，对于如何在一个经济文化不发达的国家进行全面的社会主义建设，缺乏充分的思想准备和科学研究；对于什么是社会主义、怎样建设社会主义的问题，并没有完全搞清楚。

（2）由于中国共产党在历史上积累下了丰富的阶级斗争经验，在社会主义改造基本完成之后，在观察和处理社会主义建设中遇到的新事物、新问题时，容易照搬过去的经验，把本不属于阶级斗争的问题看做是阶级斗争，仍然习惯于采取大规模群众性政治运动的方法去处理。这种脱离现实生活的主观主义的思想和做法，由于把马克思、恩格斯、列宁、斯大林著作中的某些设想和论点加以误解或教条化，反而显得有"理论根据"。这些都促成了阶级斗争扩大化错误的产生。

（3）党的民主集中制和集体领导制度遭到严重破坏，致使党无法依靠制度的和集体的力量及时地发现并纠正错误。由于种种历史原因，使党的权力过分集中于个人，党内个人专断和个人崇拜现象滋长起来，这样也就使党和国家难于防止和制止像"文化大革命"这样全局性错误的发生和发展。

第三节 建设的成就 探索的成果

本节内容提要

从"一五"时期开始到1976年的20多年，尽管经历了"大跃进"和"文化大革命"的严重挫折，这个时期中国经济的发展速度仍然是比较快的，对外工作也打开了新的局面。新中国在短时间内取得巨大的成就，与中国共产党人对社会主义建设的探索密不可分。以毛泽东为主要代表的中国共产党人在创建新中国和探索适合中国情况的社会主义建设道路过程中，作出了一系列重要的理论贡献。

知识点名称	考纲要求	考核内容	考试题型
新中国社会主义建设取得的成就	识记	"两弹一星"	选择题
		中国恢复在联合国的合法席位	选择题
		"乒乓外交"与中美关系正常化	选择题
	综合运用	社会主义建设的成就	选择题、简答题

续表

知识点名称	考纲要求	考核内容	考试题型
毛泽东等老一代革命家探索中国社会主义建设道路的理论贡献	领会	毛泽东关于社会主义发展阶段的思考	简答题
	简单运用	实现社会主义现代化的"两步走"战略	简答题
	综合运用	毛泽东等老一代革命家探索中国社会主义建设道路的理论贡献及其意义	选择题、简答题、论述题

知识点 ① 新中国社会主义建设取得的成就 ★★

1. 独立的、比较完整的工业体系和国民经济体系的基本建立

（1）从"一五"时期开始到1976年的20多年，尽管经历了"大跃进"和"文化大革命"的严重挫折，这个时期中国经济的发展速度仍然是比较快的。

（2）这一时期最大的建设成就，是基本建立了独立的、比较完整的工业体系和国民经济体系，从根本上解决了工业化中"从无到有"的问题。

（3）独立的、比较完整的工业体系和国民经济体系的建立，不仅使中国在赢得了政治上的独立之后赢得了经济上的独立，而且为中国以后的发展奠定了牢固的物质技术基础。

2. 人民生活水平的提高与文化、医疗、科技事业的发展

（1）保障了人民的基本生活需要。

（2）文化、医疗、科技事业得到长足的发展。

（3）在科学技术的发展上，尖端科学技术领域取得了一系列重要的成就。

原子弹	中近程地地导弹	氢弹	人造卫星
• 1964年10月 • 第一颗原子弹爆炸	• 1966年10月 • 装有核弹头的中近程地地导弹发射成功	• 1967年6月 • 第一颗氢弹爆炸	• 1970年4月 • 第一颗人造地球卫星发射成功

3. 国际地位的提高与国际环境的改善

（1）新中国在成立初期，一面奉行独立自主基础上的"一边倒"政策，争取了苏联和其他社会主义国家对中国的支持；一面发展同西方国家的民间外交，实现了以民（间）促官（方），以经（济）促政（治）。

（2）1950年至1953年的抗美援朝战争，以及随后召开的日内瓦国际会议和万隆会议，极大提高了新中国的国际地位；中国同印度、缅甸等国倡导的和平共处五项原则，

成为处理国与国关系的公认的国际准则。

（3）中国恢复联合国的合法席位

中国恢复联合国的合法席位	
时间	1971年10月
内容	在广大发展中国家的积极争取下，中国恢复了在联合国的合法席位。
意义	从此，中国在联合国中发挥了日益重要的作用，成为维护世界和平、反对霸权主义的一支中坚力量。

（4）20世纪60年代末，尼克松总统开始检讨美国的对华政策，毛泽东、周恩来敏锐地觉察到美方的变化，抓住时机发起了"乒乓外交"，实现"小球转动了大球"。1972年2月，美国总统尼克松访华，中美两国发表上海联合公报。同年9月，中日两国发表关于建交的联合声明。

（5）随着中美关系正常化，1972年出现了西方国家对华建交热潮，中国同英国、荷兰、希腊、联邦德国等国先后建立大使级外交关系。同中国建交的国家，从1965年的49个增加到1976年的111个，仅1970年以后的新建交国家就有62个。

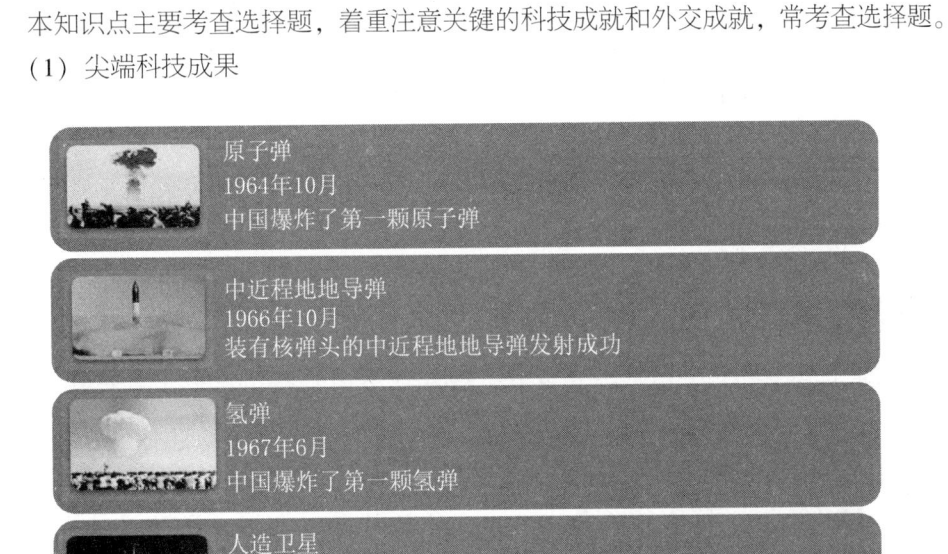

> **知识解读**
>
> 本知识点主要考查选择题，着重注意关键的科技成就和外交成就，常考查选择题。
>
> （1）尖端科技成果
>
> 原子弹
> 1964年10月
> 中国爆炸了第一颗原子弹
>
> 中近程地地导弹
> 1966年10月
> 装有核弹头的中近程地地导弹发射成功
>
> 氢弹
> 1967年6月
> 中国爆炸了第一颗氢弹
>
> 人造卫星
> 1970年4月
> 中国第一颗人造地球卫星发射成功

（2）外交成果

恢复联合国的合法席位	中美关系正常化
•时间：1971年10月 •中国在联合国中发挥了日益重要的作用，成为维护世界和平、反对霸权主义的一支中坚力量。	•时间：1972年 •美国总统尼克松访华，中美两国发表上海联合公报。

真题小练

【选择题】

1.（2018年10月全国）新中国第一颗人造地球卫星发射成功的时间是（ ）

A. 1964年10月　　　　　　　B. 1966年10月

C. 1967年10月　　　　　　　D. 1970年4月

正确答案 D

解析 本题考查新中国的科技成就。1970年4月，新中国第一颗人造地球卫星发射成功，故选D。

2.（2018年4月北京）1967年6月，我国科技上取得的重大成就是（ ）

A. 爆炸了第一颗氢弹

B. 装有核弹头的中近程导弹发射成功

C. 爆炸了第一颗原子弹

D. 第一颗人造卫星发射成功

正确答案 A

解析 本题考查新中国的科技成就。1967年6月，我国爆炸了第一颗氢弹，故选A。

3.（2019年10月全国）新中国恢复在联合国合法席位的时间是（ ）

A. 1949年　　B. 1966年　　C. 1971年　　D. 1978年

正确答案 C

解析 本题考查新中国的外交成就。1971年10月，在广大发展中国家的积极争取下，中国恢复了在联合国的合法席位，故选C。

【简答题】

4.（2017年10月北京）简述新中国社会主义建设道路初步探索取得的成就。

答案与解析

（1）独立的、比较完整的工业体系和国民经济体系的建立，不仅使中国在赢得了政治上的独立之后赢得了经济上的独立，而且为中国以后的发展奠定了牢固的物质技术基础。

（2）保障了人民的基本生活需要，文化、医疗、科技事业得到长足的发展，尖端科学技术领域取得了一系列重要的成就，如原子弹、氢弹等。

（3）国际地位的提高与国际环境的改善，恢复了在联合国的合法席位，与世界上111个国家建交。

牛刀小试

【选择题】

1. 我国探索社会主义建设道路取得的最大的成就是（　　）

A. 基本建立了独立的、比较完整的工业体系和国民经济体系

B. 保障了人民的基本生活需要

C. 文化、医疗、科技事业得到进一步的发展

D. 国际地位的提高与国际环境的改善

正确答案 A

解析 从"一五"时期开始到1976年的20多年，尽管经历了"大跃进"和"文化大革命"的严重挫折，这个时期中国经济的发展速度仍然是比较快的。我国探索社会主义建设道路取得的最大的成就是基本建立了独立的、比较完整的工业体系和国民经济体系，从根本上解决了工业化中"从无到有"的问题，故选A。

2. 1966年10月，我国科技上取得的重大成就是（　　）

A. 爆炸了第一颗氢弹

B. 装有核弹头的中近程地地导弹发射成功

C. 爆炸了第一颗原子弹

D. 第一颗人造卫星发射成功

正确答案 B

解析 本题考查新中国的科技成就。1966年10月，装有核弹头的中近程地地导弹发射成功，故选B。

3. 新中国第一颗原子弹爆炸成功的时间是（　　）

A. 1964年10月　　　　　　　B. 1966年10月

C. 1967年10月　　　　　　　D. 1970年4月

正确答案 A

解析 本题考查新中国的科技成就。1964年10月，中国爆炸了第一颗原子弹，故选A。

知识点 ② 毛泽东等老一代革命家探索中国社会主义建设道路的理论贡献 ★★★

1. 毛泽东论述了必须实行马克思主义与中国实际"第二次结合"的基本思想，提出了社会主义社会矛盾的学说，阐明了建设社会主义的基本方针。

2. 社会主义的发展阶段

社会主义的发展阶段	
内容	(1) 社会主义的发展阶段，可能为两个阶段。 (2) 第一个阶段是不发达的社会主义，第二个阶段是比较发达的社会主义。 (3) 后一阶段可能比前一阶段需要更长的时间。

3. 社会主义现代化建设的战略目标和步骤

社会主义现代化建设的战略目标和步骤	
战略目标	把中国建设成为一个具有现代农业、现代工业、现代国防和现代科学技术的强国。
步骤	(1) 建成一个独立的比较完整的工业体系和国民经济体系。 (2) 全面实现农业、工业、国防和科学技术的现代化，使中国的经济走在世界前列。

4. 社会主义经济建设的理论贡献

社会主义经济建设的理论贡献	
内容	(1) 正确处理重工业、轻工业和农业的关系，以农、轻、重为序发展国民经济。 (2) 在优先发展重工业的条件下，坚持工业和农业并举、重工业和轻工业并举、中央工业和地方工业并举、大中小企业并举等"两条腿"走路的方针。 (3) 正确解决好综合平衡的问题，处理好积累和消费、生产和生活的问题，处理好国家、集体和个人之间的关系，统筹兼顾，适当安排。

5. 社会主义民主政治建设的理论贡献

社会主义民主政治建设的理论贡献	
内容	(1) 要造成一个又有集中又有民主，又有纪律又有自由，又有统一意志又有个人心情舒畅、生动活泼的政治局面。 (2) 把正确处理人民内部矛盾作为国家政治生活的主题，坚持人民民主，尽可能团结一切可以团结的力量。 (3) 处理好中国共产党同各民主党派的关系，坚持"长期共存、互相监督"的方针，巩固和扩大爱国统一战线。 (4) 切实保障人民当家作主的各项权利，尤其是人民参与国家和社会事务管理的权利。 (5) 社会主义法制要保护劳动人民利益，保护社会主义经济基础，保护社会生产力。

6. 在社会主义文化建设方面，毛泽东提出，要坚持马克思主义的指导地位，实行"百花齐放、百家争鸣"的方针，对古今中外的优秀文化实行"古为今用、洋为中用、百花齐放、推陈出新"的方针。

7. 在国防建设和军队建设方面，毛泽东提出必须加强国防、建设现代化正规化国防军和发展现代化国防技术的重要指导思想。

8. 关于加强共产党自身建设，毛泽东最早觉察到帝国主义的"和平演变"战略的危险，号召共产党人提高警惕，同这种危险作斗争。

知识解读

本知识点重要且考频高，常考查简答题、论述题，请同学们着重掌握本知识点。

（1）社会主义的发展阶段

| 第一个阶段 不发达的社会主义 | → | 第二个阶段 比较发达的社会主义 | ：| 后一阶段可能比前一阶段需要更长的时间 |

（2）社会主义现代化建设的战略目标和步骤

| 第一步 建成一个独立的比较完整的工业体系和国民经济体系 | → | 第二步 全面实现农业、工业、国防和科学技术的现代化，使中国的经济走在世界前列 | ：| 战略目标 把中国建设成为一个具有现代农业、现代工业、现代国防和现代科学技术的强国 |

（3）社会主义经济建设的理论贡献

农、轻、重	"两条腿"走路	解决好综合平衡的问题
•正确处理重工业、轻工业和农业的关系，以农、轻、重为序发展国民经济。	•在优先发展重工业的条件下，坚持工业和农业并举、重工业和轻工业并举、中央工业和地方工业并举、大中小企业并举等"两条腿"走路的方针。	•正确解决好综合平衡的问题，处理好积累和消费、生产和生活的问题，处理好国家、集体和个人之间的关系，统筹兼顾，适当安排。

（4）社会主义民主政治建设的理论贡献

政治局面	政治生活	政党关系	当家作主	社会法制
●要造成一个又有集中又有民主，又有纪律又有自由，又有统一意志、又有个人心情舒畅、生动活泼的政治局面。	●把正确处理人民内部矛盾作为国家政治生活的主题，坚持人民民主，尽可能团结一切可以团结的力量。	●处理好中国共产党同各民主党派的关系，坚持"长期共存、互相监督"的方针，巩固和扩大爱国统一战线。	●切实保障人民当家作主的各项权利，尤其是人民参与国家和社会事务管理的权利。	●社会主义法制要保护劳动人民利益，保护社会主义经济基础，保护社会生产力。

真题小练

【简答题】

1.（2018年4月全国）毛泽东提出的关于社会主义的发展阶段和现代化建设的战略目标。

答案与解析

（1）关于社会主义的发展阶段，可能为两个阶段，第一个阶段是不发达的社会主义，第二个阶段是比较发达的社会主义。后一阶段可能比前一阶段需要更长的时间。

（2）社会主义现代化建设的战略目标，是要把中国建设成为一个具有现代农业、现代工业、现代国防和现代科学技术的强国。

2.（2013年7月全国）毛泽东提出的我国社会主义现代化建设"两步走"的发展战略。

答案与解析

（1）建成一个独立的比较完整的工业体系和国民经济体系。

（2）全面实现农业、工业、国防和科学技术的现代化，使中国的经济走在世界前列。

3.（2012年4月全国）在探索中国社会主义建设道路过程中，毛泽东提出的关于经济建设的主要思想是什么？

答案与解析

（1）正确处理重工业、轻工业和农业的关系，以农、轻、重为序发展国民经济。

（2）在优先发展重工业的条件下，坚持工业和农业并举、重工业和轻工业并举、中央工业和地方工业并举、大中小企业并举等"两条腿"走路的方针。

（3）正确解决好综合平衡的问题，处理好积累和消费、生产和生活的问题，处理好国家、集体和个人之间的关系，统筹兼顾，适当安排。

【论述题】

4. （2016年4月全国）试述毛泽东等老一代革命家探索中国社会主义民主政治建设道路的理论贡献。

答案与解析

（1）要造成一个又有集中又有民主，又有纪律又有自由，又有统一意志、又有个人心情舒畅、生动活泼的政治局面。

（2）把正确处理人民内部矛盾作为国家政治生活的主题，坚持人民民主，尽可能团结一切可以团结的力量。

（3）处理好中国共产党同各民主党派的关系，坚持"长期共存、互相监督"的方针，巩固和扩大爱国统一战线。

（4）切实保障人民当家作主的各项权利，尤其是人民参与国家和社会事务管理的权利。

（5）社会主义法制要保护劳动人民利益，保护社会主义经济基础，保护社会生产力。

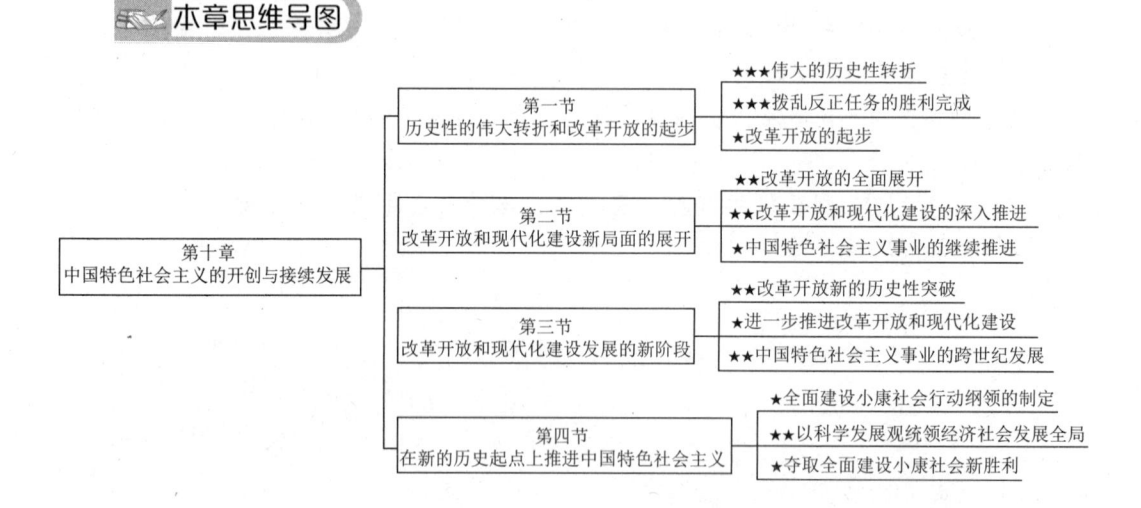

第十章 中国特色社会主义的开创与接续发展

本章思维导图

```
                                            ★★★伟大的历史性转折
                        第一节                ★★★拨乱反正任务的胜利完成
                历史性的伟大转折和改革开放的起步  ★改革开放的起步

                        第二节                ★★改革开放的全面展开
                改革开放和现代化建设新局面的展开  ★★改革开放和现代化建设的深入推进
第十章                                        ★中国特色社会主义事业的继续推进
中国特色社会主义的
开创与接续发展          第三节                ★★改革开放新的历史性突破
                改革开放和现代化建设发展的新阶段  ★进一步推进改革开放和现代化建设
                                            ★★中国特色社会主义事业的跨世纪发展

                        第四节                ★全面建设小康社会行动纲领的制定
                在新的历史起点上推进中国特色社会主义  ★★以科学发展观统领经济社会发展全局
                                            ★夺取全面建设小康社会新胜利
```

第一节 历史性的伟大转折和改革开放的起步

本节内容提要

1978年5月11日,《光明日报》发表题为《实践是检验真理的唯一标准》的特邀评论员文章,这一讨论冲破了"两个凡是"的思想束缚。1978年12月18日至22日,中共十一届三中全会在北京召开,揭开了社会主义改革开放和现代化建设的序幕。从中共十一届三中全会到十二大前夕,经过三年多的时间,改革开放顺利起步,各方面工作走上正轨,人民的精神面貌为之一振。

知识点名称	考纲要求	考核内容	考试题型
伟大的历史性转折	简单运用	关于真理标准问题的大讨论	选择题、简答题
	综合运用	中共十一届三中全会的历史贡献	选择题、论述题

续表

知识点名称	考纲要求	考核内容	考试题型
拨乱反正任务的胜利完成	识记	四项基本原则	选择题、简答题
	领会	平反冤假错案	选择题
	综合运用	第二个历史决议关于毛泽东和毛泽东思想历史地位的科学评价	选择题、简答题、论述题
改革开放的起步	识记	20世纪70年代末80年代初的国民经济调整	——
		经济特区	选择题
	领会	全国人大常委会《告台湾同胞书》	选择题
		"统分结合"的农村家庭联产承包责任制	——

知识点 ① ▶ 伟大的历史性转折 ★★★

1. 冲破"两个凡是"的思想禁锢

（1）在1976年，主持中共中央工作的华国锋在粉碎"四人帮"的斗争中起了决定性的作用，并在开展揭批"四人帮"运动等方面发挥了积极作用。但他坚持"两个凡是"（即：凡是毛主席作出的决策，我们都坚决维护，凡是毛主席的指示，我们都始终不渝地遵循）的错误方针，使彻底纠正"文化大革命"错误的要求和愿望遇到严重阻碍，党和国家的工作出现了在徘徊中前进的局面。

（2）关于真理标准问题的大讨论

关于真理标准问题的大讨论	
背景	1978年5月11日，《光明日报》发表题为《实践是检验真理的唯一标准》的特邀评论员文章，在全国开始了关于真理标准问题的大讨论。
意义	（1）这一讨论冲破了"两个凡是"的思想束缚，自始至终得到邓小平、叶剑英、陈云、李先念、胡耀邦等的全力支持。 （2）关于真理标准问题的大讨论，是继延安整风之后又一场马克思主义思想解放运动，成为拨乱反正和改革开放的思想先导，为党重新确立实事求是的思想路线，纠正长期以来的"左"倾错误，实现历史性的转折作了思想理论准备。

2. 中共十一届三中全会的召开

（1）1978年12月18日至22日，中共十一届三中全会在北京召开。在这次全会召开以前，先举行了为期一个月的中央工作会议。12月13日，邓小平在中央工作会议闭幕会上作了题为《解放思想，实事求是，团结一致向前看》的讲话。这个讲话实际上是中共十一届三中全会的主题报告，它为全会实现具有划时代意义的伟大转折奠定了重要基础。

（2）中共十一届三中全会的重大决定：

现代化建设	政治生活	立法工作	社会主义法制
• 鉴于全国范围的大规模的揭批林彪、"四人帮"的群众运动已经基本上胜利完成，全党工作的着重点应转移到社会主义现代化建设上来。	• 为了适应社会主义现代化建设的需要，全会决定在党的生活和国家政治生活中加强民主，明确党的思想路线，加强党的领导机构和成立中央纪律检查委员会。	• 从现在起，应当把立法工作摆到全国人民代表大会及其常务委员会的重要议程上来。	• 为了保障人民民主，必须加强社会主义法制，使民主制度化、法律化，使这种制度和法律具有稳定性、连续性和极大的权威，做到有法可依，有法必依，执法必严，违法必究。

（3）中共十一届三中全会的意义：

- 冲破了长期"左"的错误的严重束缚，彻底否定了"两个凡是"的错误方针，高度评价了关于真理标准问题的讨论，重新确立了党的马克思主义思想路线。

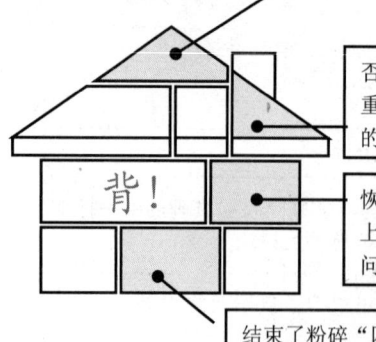

- 否定了"以阶级斗争为纲"的指导思想，作出了把工作重点转移到社会主义现代化建设上来和实行改革开放的战略决策。

- 恢复了党的民主集中制的优良传统，审查解决了历史上遗留的一批重大问题和一些重要领导人的功过是非问题。

- 结束了粉碎"四人帮"后两年在徘徊中前进的局面，开始了党和国家在各个领域的全面拨乱反正，形成了以邓小平为核心的党中央领导集体，揭开了改革开放的序幕。

背！

第十章　中国特色社会主义的开创与接续发展

知识解读

```
1978年5月              1978年12月              中国进入了改革开放
中国开始了关于真理  →  中共十一届三中全  →  和社会主义现代化建
标准问题的大讨论      会召开                  设的历史新时期
```

（1）1978年，我国开展的一场马克思主义思想解放运动是关于真理标准问题的大讨论，常考查选择题和简答题，着重注意关于真理标准问题大讨论的历史意义。

（2）中共十一届三中全会是新中国成立以来党的历史上具有深远意义的伟大转折，改革开放的序幕由此揭开。这部分内容重要且考频高，常考查选择题和论述题，请同学们着重进行学习。

真题小练

【选择题】

1.（2014年4月北京）拨乱反正和改革开放的思想先导指的是（　　）
A. "两个凡是"的思想　　　　　　B. 关于真理标准问题的大讨论
C. 关于姓"社"姓"资"的讨论　　D. 关于社会主义本质问题的讨论

正确答案 B

解析 关于真理标准问题的大讨论，是继延安整风之后又一场马克思主义思想解放运动，成为拨乱反正和改革开放的思想先导，为党重新确立实事求是的思想路线，纠正长期以来的"左"倾错误，实现历史性的转折作了思想理论准备，故选B。

【简答题】

2.（2018年10月北京）简述关于"真理标准问题的大讨论"。

答案与解析

（1）1978年5月11日，《光明日报》发表题为《实践是检验真理的唯一标准》的特邀评论员文章，在全国开始了关于真理标准问题的大讨论。

（2）这一讨论冲破了"两个凡是"的思想束缚，自始至终得到邓小平、叶剑英、陈云、李先念、胡耀邦等的全力支持。

（3）关于真理标准问题的大讨论，是继延安整风之后又一场马克思主义思想解放运动，成为拨乱反正和改革开放的思想先导，为党重新确立实事求是的思想路线，纠正长期以来的"左"倾错误，实现历史性的转折作了思想理论准备。

【论述题】

3.（2011年4月全国）中共十一届三中全会作出的一系列重大决策是什么？

答案与解析

（1）鉴于全国范围的大规模的揭批林彪、"四人帮"的群众运动已经基本上胜利完成，全党工作的着重点应转移到社会主义现代化建设上来。

（2）为了适应社会主义现代化建设的需要，全会决定在党的生活和国家政治生活中加强民主，明确党的思想路线，加强党的领导机构和成立中央纪律检查委员会。

（3）从现在起，应当把立法工作摆到全国人民代表大会及其常务委员会的重要议程上来。

（4）为了保障人民民主，必须加强社会主义法制，使民主制度化、法律化，使这种制度和法律具有稳定性、连续性和极大的权威，做到有法可依，有法必依，执法必严，违法必究。

4.（2018年10月全国）中共十一届三中全会是新中国成立以来党的历史上具有深远意义的伟大转折。

答案与解析

（1）全会冲破了长期"左"的错误的严重束缚，彻底否定了"两个凡是"的错误方针，高度评价了关于真理标准问题的讨论，重新确立了党的马克思主义思想路线；

（2）否定了"以阶级斗争为纲"的指导思想，作出了把工作重点转移到社会主义现代化建设上来和实行改革开放的战略决策；

（3）恢复了党的民主集中制的优良传统，审查解决了历史上遗留的一批重大问题和一些重要领导人的功过是非问题；

（4）结束了粉碎"四人帮"后两年在徘徊中前进的局面，开始了党和国家在各个领域的全面拨乱反正，形成了以邓小平为核心的党中央领导集体，揭开了改革开放的序幕。

知识点 ② 拨乱反正任务的胜利完成 ★★★

1. 平反冤假错案

（1）1978年11月25日，中共中央政治局作出为"天安门事件""反击右倾翻案风"等重大错案平反的决定。

（2）1980年2月，中共十一届五中全会决定为刘少奇彻底平反并恢复名誉。

（3）到1982年年底，全国大规模的平反冤、假、错案工作基本结束，290多万名干部的冤假错案得到了平反和纠正。这期间还改正了错划右派分子的案件。

2. 阐明必须坚持四项基本原则

四项基本原则	
背景	1979年3月30日，邓小平在理论工作务虚会上提出四项基本原则。
内容	坚持社会主义道路，坚持人民民主专政，坚持共产党的领导，坚持马克思列宁主义、毛泽东思想。

续表

四项基本原则	
重要性	(1)"是实现四个现代化的根本前提"。 (2) 如果动摇了其中的任何一项，那就动摇了整个社会主义事业，整个现代化建设事业。

3. 郑重作出第二个历史决议

(1) 1981年6月，中共十一届六中全会通过了《关于建国以来党的若干历史问题的决议》（以下简称"第二个历史决议"）。

(2) 第二个历史决议科学地评价了毛泽东和毛泽东思想的历史地位：

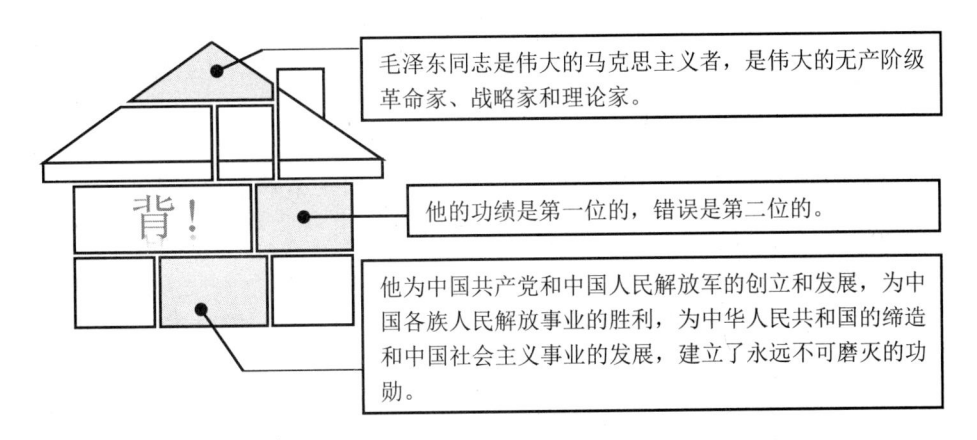

- 毛泽东同志是伟大的马克思主义者，是伟大的无产阶级革命家、战略家和理论家。
- 他的功绩是第一位的，错误是第二位的。
- 他为中国共产党和中国人民解放军的创立和发展，为中国各族人民解放事业的胜利，为中华人民共和国的缔造和中国社会主义事业的发展，建立了永远不可磨灭的功勋。

(3) 第二个历史决议对毛泽东思想的科学体系和活的灵魂（即实事求是、群众路线、独立自主）作了概括。

(4) 第二个历史决议从根本上否定了"文化大革命"的理论和实践，对新中国成立以来的重大历史事件作出了基本结论，进一步指明了中国社会主义事业和党的工作继续前进的方向。

(5) 第二个历史决议的通过，标志着指导思想上拨乱反正的胜利完成。它表明，中国共产党是在政治上、理论上成熟的坚强的马克思主义政党。中国共产党能够在"文化大革命"结束后不长的时间里作出这样一个经得起历史检验的决议，体现出以邓小平为核心的中共中央领导集体的成熟和远见，体现出中国共产党在反省错误、纠正错误的过程中总结新经验、探索新道路的能力。

> **知识解读**
>
> 本知识点主要考查四项基本原则和第二个历史决议的内容，主要考查选择题和简答题。
>
> (1) 四项基本原则
>
> 1979年3月30日，邓小平在理论工作务虚会上提出四项基本原则。四项基本原则的内容和重要性常考查选择题，请同学们注意。

| 坚持社会主义道路 | 坚持人民民主专政 | 坚持共产党的领导 | 坚持马克思列宁主义、毛泽东思想 |

（2）第二个历史决议

1981年6月，中共十一届六中全会通过了《关于建国以来党的若干历史问题的决议》（简称"第二个历史决议"），标志着指导思想上拨乱反正的胜利完成。第二个历史决议中关于对毛泽东的历史地位的科学评价常考查简答题，请同学们着重注意。

真题小练

【选择题】

1．（2019年10月全国）邓小平在1979年3月的理论工作务虚会上明确提出，必须坚持（　　）

A．以经济建设为中心　　　　B．四项基本原则

C．"两手抓、两手都要硬"的方针　　D．"三个有利于"的标准

正确答案 A

解析 1979年3月30日，邓小平在理论工作务虚会上提出四项基本原则，故选A。

2．（2014年1月全国）标志着中国共产党在指导思想上拨乱反正胜利完成的是（　　）

A．第一个历史决议的通过　　B．第二个历史决议的通过

C．十一届三中全会的召开　　D．关于真理标准问题的大讨论

正确答案 B

解析 1981年6月，中共十一届六中全会通过了《关于建国以来党的若干历史问题的决议》（简称"第二个历史决议"），标志着指导思想上拨乱反正的胜利完成，故选B。

【简答题】

3．（2016年4月全国）简述1979年3月，邓小平提出的四项基本原则及坚持这些原则的重要性。

答案与解析

（1）四项基本原则是指：坚持社会主义道路，坚持人民民主专政，坚持共产党的领导，坚持马克思列宁主义、毛泽东思想。

(2) 坚持这些原则的重要性：这是实现四个现代化的根本前提。如果动摇了其中的任何一项，那就动摇了整个社会主义事业，整个现代化建设事业。

4. （2014 年 4 月全国）简述《关于建国以来党的若干历史问题的决议》对毛泽东历史地位的评价。

答案与解析

(1)《关于建国以来党的若干历史问题的决议》科学地评价了毛泽东和毛泽东思想的历史地位，指出：毛泽东同志是伟大的马克思主义者，是伟大的无产阶级革命家、战略家和理论家。

(2) 他的功绩是第一位的，错误是第二位的。

(3) 他为中国共产党和中国人民解放军的创立和发展，为中国各族人民解放事业的胜利，为中华人民共和国的缔造和中国社会主义事业的发展，建立了永远不可磨灭的功勋。

牛刀小试

【选择题】

中共中央通过《关于建国以来党的若干历史问题的决议》的会议是（　　）

A. 十一届三中全会　　　　　　　　B. 十一届六中全会

C. 十二届三中全会　　　　　　　　D. 十二届六中全会

正确答案 B

解析 1981 年 6 月，中共十一届六中全会通过了《关于建国以来党的若干历史问题的决议》（简称"第二个历史决议"），故选 B。

知识点 ③　改革开放的起步 ★

1. 国民经济的调整

(1) 针对 1977 年至 1978 年这两年中出现的国民经济比例失调的情况，1979 年 4 月召开的中共中央工作会议，提出对国民经济实行"调整、改革、整顿、提高"的方针，坚决纠正前两年经济工作中的失误，认真清理长期存在的"左"倾错误影响。

(2) 调整、改革、整顿、提高方针的提出，是在中共十一届三中全会的正确路线指引下我国经济建设指导思想的重要转变，也是改革开放的前奏。

2. 农村等改革的突破性进展

（1）"统分结合"的农村家庭联产承包责任制：

从1978年开始，安徽、四川的基层干部和农民群众，在省委支持下，开始探索试行包产到组、包产到户、包干到户等多种形式的农业生产责任制，取得了很好的效果。 → 在中共中央的支持和推动下，以包产到户、包干到户为主要形式的家庭联产承包责任制，在全国各地逐渐推广开来。 → "统分结合"的农村家庭联产承包责任制的普遍实行，促进了"政社合一"的人民公社体制的解体。

（2）农村改革取得突破性进展期间，城市经济体制改革也开始进行探索。

（3）经济特区：1980年5月，中共中央决定在深圳、珠海、汕头、厦门设立经济特区，采取多种形式吸引和利用外资，学习国外的先进技术和经营管理方法。

3. 对外政策的调整

（1）1979年1月1日，中美两国正式建立外交关系。同年1月，邓小平访问美国，实现了中国领导人对美国的首次国事访问。

（2）《告台湾同胞书》

	《告台湾同胞书》
背景	1979年1月1日，全国人大常委会发表《告台湾同胞书》。
内容	"首先应当通过中华人民共和国政府和台湾当局之间的商谈结束这种军事对峙状态，以便为双方的任何一种范围的交往接触创造必要的前提和安全的环境。"

> **知识解读**
>
> 本知识点主要考查选择题，注意1979年1月1日，全国人大常委会发表的重要文献是《告台湾同胞书》。

真题小练

【选择题】

1.（2015年10月全国）1979年元旦，全国人大常委会发表的重要文献是（　　）

A.《关于台湾回归祖国实现和平统一的方针政策》

B.《告台湾同胞书》

C.《为促进祖国统一大业的完成而继续奋斗》

D.《反国家分裂法》

正确答案 B

解析 1979年1月1日，全国人大常委会发表《告台湾同胞书》，故选B。

2.（2010年7月浙江）1980年5月，中央决定在深圳、珠海、汕头、厦门四地设立（　　）

A. 经济技术开发区　　　　　　B. 经济特区
C. 高新技术开发区　　　　　　D. 特别行政区

正确答案 B

解析 1980年5月，中共中央决定在深圳、珠海、汕头、厦门设立经济特区，采取多种形式吸引和利用外资，学习国外的先进技术和经营管理方法，故选B。

牛刀小试

【选择题】

1979年4月召开的中共中央工作会议，提出对国民经济实行的方针是（　　）

A. 调整、改革、整顿、提高
B. 调整、巩固、充实、提高
C. 调动一切积极因素为社会主义事业服务
D. 争取国家财政经济状况的基本好转

正确答案 A

解析 针对1977年至1978年这两年中出现的国民经济比例失调的情况，1979年4月召开的中共中央工作会议，提出对国民经济实行"调整、改革、整顿、提高"的方针，故选A。

第二节　改革开放和现代化建设新局面的展开

本节内容提要

中共十一届三中全会后，以邓小平为主要代表的中国共产党人，制定并稳步推进社会主义现代化建设"三步走"战略，逐步形成了建设中国特色社会主义的一整套路线、方针、政策。

知识点名称	考纲要求	考核内容	考试题型
改革开放的全面展开	识记	中共十二大	选择题
	领会	中共十二届三中全会《关于经济体制改革的决定》	选择题
		多层次对外开放格局	选择题
		社会主义精神文明建设	选择题、简答题
	简单运用	邓小平《党和国家领导制度的改革》	选择题
改革开放和现代化建设的深入推进	识记	中共十三大	选择题
	领会	一个中心，两个基本点	简答题
	综合运用	"三步走"发展战略	简答题
		社会主义初级阶段理论和中国共产党的基本路线	选择题、简答题
中国特色社会主义事业的继续推进	简单运用	邓小平关于中国农业改革和发展"两个飞跃"的思想	选择题、简答题

知识点 ① ▶ 改革开放的全面展开 ★★

1. 社会主义现代化建设宏伟纲领的制定

（1）1982年9月1日至11日，中国共产党第十二次全国代表大会在北京召开。邓小平在开幕词中提出，"把马克思主义的普遍真理同我国的具体实际结合起来，走自己的道路，建设有中国特色的社会主义"。

（2）1982年12月，五届全国人大五次会议通过《中华人民共和国宪法》，继承和发展了1954年宪法确立的人民民主和社会主义原则，充分体现了十一届三中全会以来党和国家在社会主义现代化建设和社会主义民主法制建设方面的新思想、新举措和新要求。

2. 改革重点从农村转向城市

（1）《关于经济体制改革的决定》

《关于经济体制改革的决定》	
背景	1984年10月，中共十二届三中全会通过《关于经济体制改革的决定》。
内容	突破把计划经济同商品经济对立起来的观点，指出我国社会主义经济是在公有制基础上的有计划的商品经济，并阐明了经济体制改革中的一系列重大理论和实践问题。

续表

《关于经济体制改革的决定》	
意义	《决定》的作出和实施，使经济体制改革以城市为重点全面展开，在一些方面取得重要进展。

（2）生产资料所有制结构突破单一公有制结构，形成以公有制为主体、多种经济成分开始发展的局面。

3. 多层次对外开放格局的形成

（1）1983年4月，中共中央和国务院决定对海南岛实行经济特区的某些政策，给予较多的自主权，以加速海南岛的开发。

（2）建立海南经济特区

1988年4月，七届全国人大一次会议通过设立海南省和建立海南经济特区的决定。

（3）1984年5月，中共中央决定进一步开放天津、上海等14个沿海港口城市。1985年2月，决定把长江三角洲、珠江三角洲、闽南厦门泉州漳州三角地区开辟为沿海经济开放区。

（4）逐步形成了"经济特区——沿海开放城市——沿海经济开放区——内地"这样一个多层次、有重点、点面结合的对外开放格局。

4. 整党和社会主义精神文明建设

（1）整党：1983年10月召开的十二届二中全会作出关于整党的决定，开始全面整党；这次整党历时三年半，到1987年5月基本结束。

（2）社会主义精神文明建设

社会主义精神文明建设	
背景	1986年9月，中共十二届六中全会作出《关于社会主义精神文明建设指导方针的决议》，明确社会主义精神文明建设的根本任务。
根本任务	（1）培养有理想、有道德、有文化、有纪律的社会主义公民。 （2）提高整个中华民族的思想道德素质和科学文化素质。

5. 政治体制改革基本思路的提出

（1）1980年8月，邓小平在中共中央政治局扩大会议上发表《党和国家领导制度的改革》的讲话，分析了党和国家领导体制中存在的问题和弊端，提出了政治体制改革的基本任务。

(2) 邓小平指出：政治体制改革是社会主义制度的自我完善，必须以四项基本原则为指导，遵循统一领导、循序渐进的原则，在中国共产党的领导下有步骤、有秩序地推进；必须坚持从本国国情出发，总结本国的实践经验，同时借鉴人类政治文明的有益成果，绝不应照搬西方政治制度的模式，绝不能搞资产阶级自由化。

> **知识解读**
>
> 本知识点主要考查选择题，请同学们注意识记重点内容。
> (1) 1982年，邓小平在中共十二大明确提出了建设有中国特色的社会主义。
> (2) 1984年，中共十二届三中全会通过的重要文件是《关于经济体制改革的决定》。
> (3) 1988年，七届全国人大一次会议决定建立海南经济特区，这部分内容是高频考点，常考查选择题，请同学们务必掌握。
> (4) 中共十二届六中全会提出的我国社会主义精神文明建设的根本任务考查简答题，注意识记。
> (5) 1980年8月，邓小平发表《党和国家领导制度的改革》，提出了政治体制改革的基本任务。

真题小练

【选择题】

1. （2010年7月全国）1982年，中共十二大明确提出了（　　）
A. 建设有中国特色的社会主义
B. 党在社会主义初级阶段的基本路线
C. 建设社会主义政治文明
D. 党在社会主义初级阶段的基本纲领

正确答案 A

解析 1982年，邓小平在中共十二大明确提出了建设有中国特色的社会主义，故选A。

2. （2019年10月全国）1984年，中共十二届三中全会通过的重要文件是（　　）
A.《关于加快农业发展若干问题的决定》
B.《关于经济体制改革的决定》
C.《关于科技体制改革的决定》
D.《关于教育体制改革的决定》

正确答案 B

解析 1984年10月，中共十二届三中全会通过《关于经济体制改革的决定》，突破把计划经济同商品经济对立起来的观点，指出我国社会主义经济是在公有制基础上的有计划的商品经济，故选 B。

3. （2019 年 10 月全国）1988 年，七届全国人大一次会议决定设立的经济特区是（ ）

A. 海南经济特区　　　　　　B. 珠海经济特区
C. 厦门经济特区　　　　　　D. 深圳经济特区

正确答案 A

解析　1983 年 4 月，中共中央和国务院决定对海南岛实行经济特区的某些政策，给予较多的自主权，以加速海南岛的开发。1988 年 4 月，七届全国人大一次会议通过设立海南省和建立海南经济特区的决定，故选 A。

4. （2017 年 4 月北京）1980 年 8 月，邓小平发表《党和国家领导制度的改革》，提出的基本任务是（ ）

A. 经济体制改革　　　　　　B. 政治体制改革
C. 军事体制改革　　　　　　D. 文化体制改革

正确答案 B

解析　1980 年 8 月，邓小平在中共中央政治局扩大会议上发表《党和国家领导制度的改革》的讲话，分析了党和国家领导体制中存在的问题和弊端，提出了政治体制改革的基本任务，故选 B。

【简答题】

5. （2009 年 7 月全国）中共十二届六中全会提出的我国社会主义精神文明建设的根本任务是什么？

答案与解析

(1) 培养有理想、有道德、有文化、有纪律的社会主义公民。
(2) 提高整个中华民族的思想道德素质和科学文化素质。

知识点 ② ▶ 改革开放和现代化建设的深入推进 ★★

1. 社会主义初级阶段理论和党的基本路线的提出

中共十三大	
时间	1987 年 10 月 25 日至 11 月 1 日
内容	(1) 比较系统地阐述了关于社会主义初级阶段的理论。 (2) 完整地概括了中国共产党在社会主义初级阶段"一个中心、两个基本点"的基本路线。 (3) 制定了下一步经济体制改革和政治体制改革的基本任务和奋斗目标。

续表

中共十三大	
社会主义初级阶段理论	(1) 我国社会已经是社会主义社会。我们必须坚持而不能离开社会主义。 (2) 我国的社会主义社会还处在初级阶段。
中国共产党在社会主义初级阶段的基本路线	(1) 领导和团结全国各族人民，以经济建设为中心，坚持四项基本原则，坚持改革开放。 (2) 自力更生，艰苦创业，为把我国建设成为富强、民主、文明的社会主义现代化国家而奋斗。

2. "三步走"发展战略的制定和实施

（1）中共十三大正式制定了社会主义现代化建设"三步走"的战略部署：

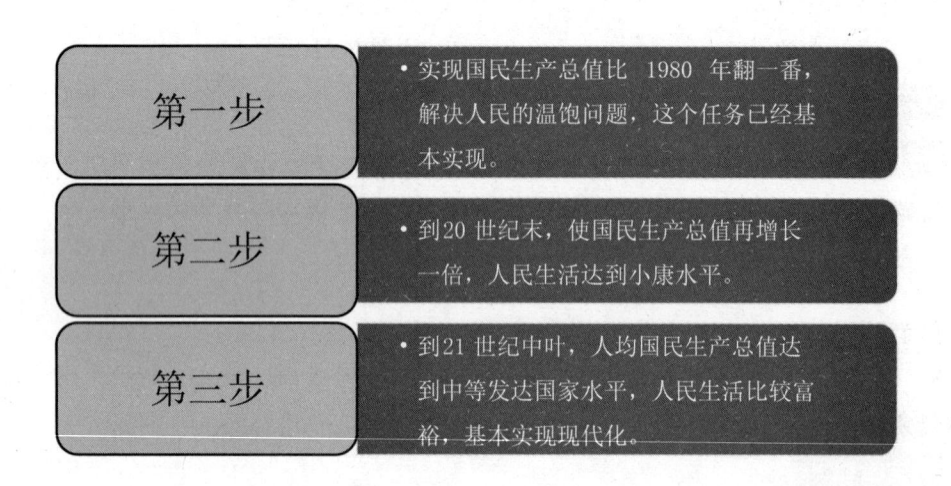

- **第一步**：实现国民生产总值比1980年翻一番，解决人民的温饱问题，这个任务已经基本实现。
- **第二步**：到20世纪末，使国民生产总值再增长一倍，人民生活达到小康水平。
- **第三步**：到21世纪中叶，人均国民生产总值达到中等发达国家水平，人民生活比较富裕，基本实现现代化。

（2）为了更好地实现"三步走"的战略，邓小平提出了"台阶式"发展的思想，要求抓住机遇，加快发展，争取每隔几年使国民经济上一个新台阶。

（3）中共十一届三中全会以来的实践历程，正是"三步走"的现代化建设宏伟蓝图逐步变为现实的过程。

> **知识解读**
>
> 本知识点主要考查中共十三大的历史贡献，请同学们注意识记和区分。
> （1）中共十三大比较系统地阐述了关于社会主义初级阶段的理论，常考查选择题。
> （2）中共十三大完整地概括了中国共产党在社会主义初级阶段"一个中心，两个基本点"的基本路线，常考查选择题、简答题。
> （3）中共十三大制定的"三步走"发展战略的内容是本知识点的重中之重，请同学们着重掌握，常考查简答题。

```
                    ┌─ 比较系统地阐述了 ─┬─ 第一，我国社会已经是社会主义社会，我们必须坚持而不能离开社会主义。
                    │  社会主义初级阶段理论 └─ 第二，我国的社会主义社会还处在初级阶段。
                    │
                    │  完整地概括了中国共产党      领导和团结全国各族人民，
                    ├─ 在社会主义初级阶段 ──┬── 以经济建设为中心，坚持四项基本原则，坚持改革开放。
中共十三大 ─┤  "一个中心、两个基本点"的基本路线 └── 自力更生，艰苦创业，
                    │                              为把我国建设成为富强、民主、文明的社会主义现代化国家而奋斗。
                    │                          ┌─ 第一步，
                    │                          │  实现国民生产总值比1980年翻一番，
                    │                          │  解决人民的温饱问题，这个任务已经基本实现。
                    │  正式制定了            │  第二步，
                    └─ 社会主义现代化建设 ──┼─ 到20世纪末，使国民生产总值再增长一倍，
                       "三步走"的战略部署     │  人民生活达到小康水平。
                                              │  第三步，
                                              └─ 到21世纪中叶，人均国民生产总值达到中等发达国家水平，
                                                 人民生活比较富裕，基本实现现代化。
```

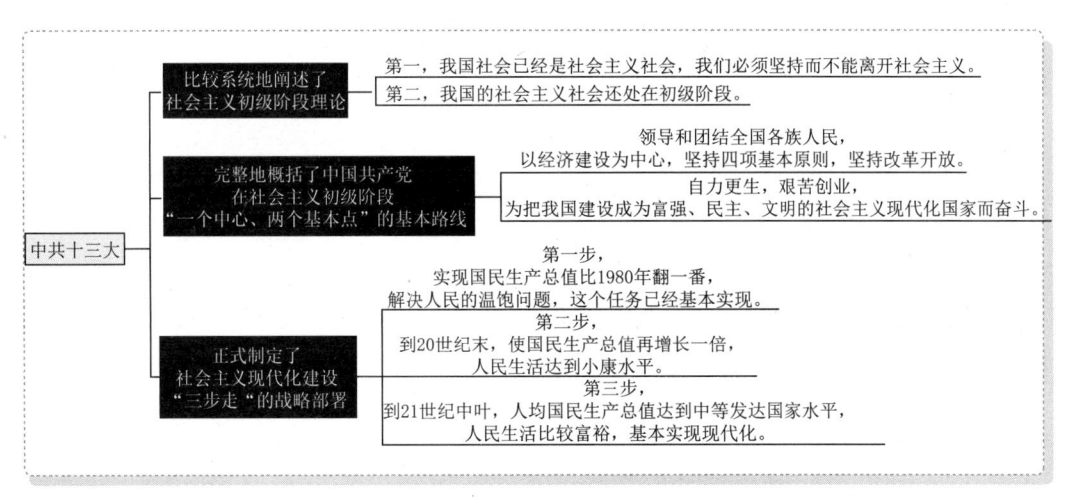

真题小练

【选择题】

1.（2010年10月全国） 中共十三大比较系统地阐述了（　　）

A. 社会主义本质理论　　　　　　B. 社会主义市场经济理论

C. 社会主义初级阶段理论　　　　D. "三个有利于"标准的理论

正确答案 C

解析 1987年10月25日至11月1日，中国共产党第十三次全国代表大会在北京举行，大会比较系统地阐述了关于社会主义初级阶段的理论，故选C。

2.（2013年7月全国） 中国共产党首次完整概括党在社会主义初级阶段的基本路线是在（　　）

A. 中共十一大　　　　　　　　　B. 中共十二大

C. 中共十三大　　　　　　　　　D. 中共十四大

正确答案 C

解析 1987年10月25日至11月1日，中国共产党第十三次全国代表大会在北京举行，大会完整地概括了中国共产党在社会主义初级阶段"一个中心，两个基本点"的基本路线，故选C。

【简答题】

3.（2010年4月全国） 中共十三大提出的社会主义初级阶段的基本路线是什么？

答案与解析

（1）领导和团结全国各族人民，以经济建设为中心，坚持四项基本原则，坚持改革开放。

（2）自力更生，艰苦创业，为把我国建设成为富强、民主、文明的社会主义现代化国家而奋斗。

4. (2016年4月北京）简述中共十三大制定的社会主义现代化建设"三步走"的战略。

答案与解析

第一步，实现国民生产总值比1980年翻一番，解决人民的温饱问题，这个任务已经基本实现；

第二步，到20世纪末，使国民生产总值再增长一倍，人民生活达到小康水平；

第三步，到21世纪中叶，人均国民生产总值达到中等发达国家水平，人民生活比较富裕，基本实现现代化。

知识点③ 中国特色社会主义事业的继续推进 ★

1. 向新的中共中央领导集体的顺利过渡

（1）1989年6月，中共十三届四中全会选举江泽民为中共中央总书记。

（2）1989年9月，邓小平向中共中央郑重提出从领导岗位退下来的请求。同年11月召开的中共十三届五中全会接受邓小平辞去中共中央军委主席职务的请求，决定由江泽民任中共中央军事委员会主席。

（3）中共十三届五中全会高度评价邓小平对党和国家建立的卓著功勋，并指出：邓小平提出的建设有中国特色的社会主义的理论，是毛泽东思想的重要组成部分，是毛泽东思想在新的历史条件下的继承和发展，是中国共产党和中国人民的宝贵精神财富。

2. 继续开展国民经济的治理整顿工作

（1）1989年11月，中共十三届五中全会通过《关于进一步治理整顿和深化改革的决定》，明确治理整顿的主要目标和必须抓好的重要环节。

（2）在治理整顿的同时，改革开放进一步推进。1990年4月，根据邓小平的建议，中共中央和国务院启动了上海浦东新区开发、开放的战略举措。

（3）在治理整顿和深化改革的推动下，到1990年年底，"七五"计划胜利完成。"七五"计划的胜利完成和"八五"计划的开始实施，标志着国民经济治理整顿任务全面实现。

（4）1990年3月，邓小平提出关于中国农业的改革与发展的"两个飞跃"的思想：

第一个飞跃	第二个飞跃
废除人民公社，实行家庭联产承包为主的责任制	发展集体经济

①社会主义经济以公有制为主体，农业也一样，最终要以公有制为主体。

②从长远的观点看，科学技术发展了，管理能力增强了，又会产生一个飞跃。农村经济最终还是要实现集体化和集约化。

③仅靠双手劳动，仅是一家一户的耕作，不向集体化集约化经济发展，农业现代化的实现是不可能的。就是过一百年二百年，最终还是要走这条路。这是一个长期发展的历史过程。

3. 对外工作在打破对华"制裁"中全方位推进

（1）邓小平在苏联解体、东欧剧变后的国际格局背景下，提出冷静观察、稳住阵脚、沉着应付、韬光养晦、善于守拙、决不当头、有所作为的方针。

（2）与此同时，中国政府继续坚持全方位对外开放的方针。继 1985 年和 1988 年中国吸收外商直接投资的两次高潮之后，在 1991 年出现了第三次投资高潮。

4. 全面推进中国共产党的自身建设

（1）1990 年 3 月召开的中共十三届六中全会，通过了《关于加强党同人民群众联系的决定》。

（2）《关于加强党同人民群众联系的决定》强调能否始终保持和发展党同人民群众的血肉联系，直接关系到党和国家的盛衰兴亡；提出在党内普遍深入地进行马克思主义群众观点和群众路线的再教育，克服党内存在的各种腐败现象。

知识解读

本知识点主要考查选择题，同学们识记重要节点即可。

（1）1990 年 4 月，根据邓小平的建议，中共中央和国务院启动了上海浦东新区开发、开放的战略举措。

（2）1990 年 3 月，邓小平提出关于中国农业的改革与发展的"两个飞跃"的思想，着重注意识记此内容，考查频率较高。

（3）1990 年 3 月召开的中共十三届六中全会，通过了《关于加强党同人民群众联系的决定》。

真题小练

【选择题】

1. （2011 年 7 月全国）1990 年，中共中央和国务院为进一步推进对外开放作出的战略举措是（   ）

A. 建立厦门经济特区　　　　　　B. 建立珠海经济特区
C. 开发、开放长江三角洲　　　　D. 开发、开放上海浦东新区

正确答案 D

解析 1990年4月，根据邓小平的建议，中共中央和国务院启动了上海浦东新区开发、开放的战略举措，故选D。

2.（2016年4月全国）1990年，邓小平提出的关于中国农业改革与发展的思想是（　　）

A."三个主体，三个补充"　　　　B."三步走"
C."两个飞跃"　　　　　　　　　D."两个大局"

正确答案 C

解析 中国农业的改革与发展，是邓小平十分关注的重要问题。1990年3月，邓小平提出关于中国农业的改革与发展的"两个飞跃"的思想，故选C。

3.（2011年1月全国）1990年3月，中共十三届六中全会通过了（　　）

A.《关于科学技术体制改革的决定》
B.《关于教育体制改革的决定》
C.《关于加强党同人民群众联系的决定》
D.《关于加强党的执政能力建设的决定》

正确答案 C

解析 1990年3月召开的中共十三届六中全会，通过了《关于加强党同人民群众联系的决定》，故选C。

第三节　改革开放和现代化建设发展的新阶段

本节内容提要

1992年1、2月，邓小平发表南方谈话，科学地总结了十一届三中全会以来党的基本实践和基本经验。1992年10月，中共十四大召开，大会确立了邓小平建设有中国特色社会主义理论在全党的指导地位，概括了建设有中国特色社会主义理论的主要内容，明确提出建立社会主义市场经济体制。中国共产党人在领导建设中国特色社会主义的实践中，形成了"三个代表"重要思想，实现了指导思想上的与时俱进。

知识点名称	考纲要求	考核内容	考试题型
改革开放新的历史性突破	识记	中共十四大	选择题
	综合运用	邓小平南方谈话的主要内容及其意义	简答题、论述题
进一步推进改革开放和现代化建设	识记	中共十四届三中全会《关于建立社会主义市场经济体制若干问题的决定》	选择题
中国特色社会主义事业的跨世纪发展	识记	中共十五大	选择题
	领会	20世纪90年代后期改革开放和现代化建设经受的风险考验	选择题
	简单运用	香港、澳门的回归	选择题
	综合运用	"三个代表"重要思想的提出及其意义	——

知识点 ① 改革开放新的历史性突破 ★★

1. 邓小平南方谈话

（1）1992年1月18日至2月21日，邓小平先后视察武昌、深圳、珠海、上海等地，发表重要谈话。

（2）邓小平强调，革命是解放生产力，改革也是解放生产力。

（3）邓小平提出了判断改革开放是非的主要标准（即"三个是否有利于"标准）：

是否有利于	是否有利于	是否有利于
·发展社会主义社会的生产力	·增强社会主义国家的综合国力	·提高人民的生活水平

（4）邓小平指出，计划多一点还是市场多一点，不是社会主义与资本主义的本质区别。计划和市场都是经济手段。

（5）邓小平提出了社会主义的本质：社会主义的本质，是解放生产力，发展生产力，消灭剥削，消除两极分化，最终达到共同富裕。

（6）邓小平强调，发展才是硬道理，关键是发展经济。他指出，科学技术是第一生产力。

（7）邓小平指出，要坚持两手抓，一手抓改革开放，一手抓打击各种犯罪活动。这两只手都要硬。在整个改革开放过程中都要反对腐败。

（8）邓小平强调，我们搞社会主义才几十年，还处在初级阶段。

(9) 邓小平南方谈话的意义：

科学总结	明确回答	深远影响
•科学地总结了十一届三中全会以来党的基本实践和基本经验	•明确回答了长期困扰和束缚人们思想的许多重大认识问题	•对整个社会主义现代化建设事业产生了重大而深远的影响

2. 确立社会主义市场经济体制的改革目标

(1) 中共十四大

中共十四大	
时间	1992年10月12日至18日
标志	(1) 确立了邓小平建设有中国特色社会主义理论在全党的指导地位。 (2) 概括了建设有中国特色社会主义理论的主要内容。
社会主义市场经济体制	(1) 大会明确提出，我国经济体制改革的目标是建立社会主义市场经济体制。 (2) 社会主义市场经济，是同社会主义基本制度结合在一起的，就是要使市场在社会主义国家宏观调控下对资源配置起基础性作用。

(2) 以1992年邓小平南方谈话和中共十四大为标志，改革开放和现代化建设事业进入从计划经济体制向社会主义市场经济体制转变的新阶段，由此打开了中国经济、政治、文化发展的崭新局面。

> **知识解读**
>
> 本知识点主要考查选择题和简答题，着重注意三个"是否有利于"的判断标准、邓小平南方谈话的意义和中共十四大明确提出我国经济体制改革的目标是建立社会主义市场经济体制。
>
> 邓小平南方谈话 科学地总结了十一届三中全会以来党的基本实践和基本经验 → 中共十四大 明确提出建立社会主义市场经济体制 → 改革开放和现代化建设事业进入从计划经济体制向社会主义市场经济体制转变的新阶段

第十章 中国特色社会主义的开创与接续发展

真题小练

【选择题】

1. （2018年4月全国）中国共产党明确提出我国建立社会主义市场经济体制目标的会议是（ ）

 A. 中共十三大　　　　　　　B. 中共十四大

 C. 中共十五大　　　　　　　D. 中共十六大

正确答案 B

解析 1992年10月12日至18日，中国共产党第十四次全国代表大会在北京召开。大会明确提出，我国经济体制改革的目标是建立社会主义市场经济体制，故选B。

【简答题】

2. （2011年1月全国）1992年初，邓小平在南方谈话中提出的判断改革开放是非的主要标准。

答案与解析

（1）是否有利于发展社会主义社会的生产力。

（2）是否有利于增强社会主义国家的综合国力。

（3）是否有利于提高人民的生活水平。

3. （2014年7月全国）1992年初，邓小平南方谈话的意义是什么？

答案与解析

（1）科学地总结了十一届三中全会以来党的基本实践和基本经验。

（2）明确回答了长期困扰和束缚人们思想的许多重大认识问题。

（3）对整个社会主义现代化建设事业产生了重大而深远的影响。

牛刀小试

【选择题】

中共十四大明确提出，我国经济体制改革的目标是建立（ ）

A. 社会主义计划商品经济体制

B. 社会主义市场经济体制

C. 计划为主、市场为辅的经济体制

D. 市场为主、计划为辅的经济体制

正确答案 B

解析 中共十四大明确提出，我国经济体制改革的目标是建立社会主义市场经济体制。社会主义市场经济，是同社会主义基本制度结合在一起的，就是要使市场在社会主义国家宏观调控下对资源配置起基础性作用，故选B。

知识点 ② ▶ 进一步推进改革开放和现代化建设 ★

1. 经济体制改革的深入推进
（1）中共十四届三中全会

中共十四届三中全会	
时间	1993年11月
内容	（1）通过《关于建立社会主义市场经济体制若干问题的决定》。 （2）将十四大提出的社会主义市场经济体制改革的目标和基本原则具体化，成为20世纪90年代进行经济体制改革的行动纲领。

（2）按照中共十四届三中全会的部署，经济体制改革沿着建立社会主义市场经济的目标在各方面深入推进。

（3）1995年，"八五"计划胜利完成，提前实现了"三步走"战略的第二步目标。

2. 正确处理改革、发展、稳定的关系

（1）1994年5月，江泽民强调：稳定是前提，改革是动力，发展是目的，三者相互促进。

（2）1995年9月，江泽民阐述了要正确处理好社会主义现代化建设中的十二个重大关系。

3. 精神文明建设与民主法制建设不断加强

（1）1996年10月，中共十四届六中全会作出了《关于加强社会主义精神文明建设若干重要问题的决议》，强调要以科学的理论武装人，以正确的舆论引导人，以高尚的精神塑造人，以优秀的作品鼓舞人，培养有理想、有道德、有文化、有纪律的社会主义公民。

（2）自1993年至1997年，全国人大及其常委会制定了近百个法律及有关法律的决定，其中多数是社会主义市场经济方面的立法，为整个社会经济活动的正常运行提供了重要的法律保障。

> **知识解读**
>
> 本知识点主要考查选择题，同学们识记重要节点即可。
>
> （1）1993年11月召开的中共十四届三中全会，通过了《关于建立社会主义市场经济体制若干问题的决定》，成为20世纪90年代进行经济体制改革的行动纲领。
>
> （2）1996年10月，中共十四届六中全会作出了《关于加强社会主义精神文明建设若干重要问题的决议》。

真题小练

【选择题】

（2015年4月北京）中共中央通过《关于建立社会主义市场经济体制若干问题的决定》的会议是（   ）

A. 中共十二大　　　　　　　　B. 中共十三大

C. 中共十四届三中全会　　　　D. 中共十五届三中全会

正确答案 C

解析 中共十四届三中全会通过了《关于建立社会主义市场经济体制若干问题的决定》，将十四大提出的社会主义市场经济体制改革的目标和基本原则具体化，成为20世纪90年代进行经济体制改革的行动纲领，故选C。

牛刀小试

【选择题】

20世纪90年代我国进行经济体制改革的行动纲领是（   ）

A. 《关于经济体制改革的决定》

B. 《关于进一步治理整顿和深化改革的决定》

C. 《关于国有企业改革和发展若干重大问题的决定》

D. 《关于建立社会主义市场经济体制若干问题的决定》

正确答案 D

解析 中共十四届三中全会通过了《关于建立社会主义市场经济体制若干问题的决定》，将十四大提出的社会主义市场经济体制改革的目标和基本原则具体化，成为20世纪90年代进行经济体制改革的行动纲领，故选D。

知识点③ 中国特色社会主义事业的跨世纪发展★★

1. 高举邓小平理论伟大旗帜，提出跨世纪发展战略

（1）1997年2月19日，邓小平逝世。邓小平逝世后，中国能否继续沿着邓小平开辟的建设中国特色社会主义道路走下去，即中国今后举什么旗、走什么路，举世关注。

(2) 中共十五大

中共十五大	
时间	1997年9月12日至18日
内容	(1) 阐明了建设中国特色社会主义的经济、政治和文化的基本目标和基本政策。 (2) 提出了党在社会主义初级阶段的基本纲领。这个纲领，是党的基本路线在经济、政治、文化等方面的展开。 (3) 明确了中国跨世纪发展的战略部署，并就社会主义初级阶段的所有制结构和公有制实现形式，推进政治体制改革、依法治国、建设社会主义法治国家等问题提出了新的论断。
社会主义初级阶段的一项基本经济制度	公有制为主体、多种所有制经济共同发展
意义	(1) 在世纪之交的关键时刻，继承邓小平遗志，承前启后、继往开来，明确回答了中国的改革开放和现代化建设继续向前发展的一系列重大理论问题和政策问题。 (2) 从思想上、政治上、组织上为中国特色社会主义事业的跨世纪发展提供了根本保证。

2. 改革开放和现代化建设在经受风险考验中前进

(1) 一系列严峻考验：1997年爆发的亚洲金融危机，对中国经济产生了严重冲击。1998年，长江、嫩江和松花江等流域发生了历史上罕见的洪涝灾害。1999年，又接连发生以美国为首的北大西洋公约组织（简称北约）袭击中国驻南斯拉夫使馆、李登辉抛出"两国论""法轮功"邪教组织策划和煽动非法聚众闹事。

(2) 1998年10月，中共十五届三中全会通过《关于农业和农村工作若干重大问题的决定》，进一步推动解决"三农"（农业、农村、农民）问题。

(3) 中国正式加入世界贸易组织：

中国正式加入世界贸易组织
- 时间：2001年12月11日
- 标志：对外开放进入一个新阶段

3. 祖国统一大业的推进

(1) 20世纪70年代末80年代初，邓小平提出了"一个国家、两种制度"的构想。

(2) 根据"一国两制"的构想，中国政府先后同英国和葡萄牙政府举行谈判，并分别签署了中英《关于香港问题的联合声明》和中葡《关于澳门问题的联合声明》。

(3) 香港回归

1997年7月1日
- 中国对香港恢复行使主权
- 中华人民共和国香港特别行政区正式成立

(4) 澳门回归

1999年12月20日
- 中国对澳门恢复行使主权
- 中华人民共和国澳门特别行政区已正式成立

(5) 中国政府还遵循"一国两制"的方针,加强大陆同台湾的经济技术合作与交流,促进双方人员往来。1992年10月,大陆海峡两岸关系协会与台湾海峡交流基金会举行商谈,达成体现一个中国原则的"九二共识"。1993年4月,在新加坡举行"汪辜会谈",标志着两岸关系发展中迈出了历史性的重要一步。1995年1月30日,江泽民发表《为促进祖国统一大业的完成而继续奋斗》的讲话,提出了发展两岸关系、推进祖国和平统一的八项主张。

4. 实施党的建设新的伟大工程

(1) 1998年11月21日,中共中央决定在县级以上党政领导班子、领导干部中深入开展以讲学习、讲政治、讲正气为主要内容的党性党风教育。

(2) 2001年9月,中共十五届六中全会通过《关于加强和改进党的作风建设的决定》,提出紧紧围绕保持党同人民群众的血肉联系这个核心问题,把党的作风建设提高到一个新的水平。

5. "三个代表"重要思想的提出

(1) 2001年7月1日,江泽民在庆祝中国共产党成立80周年大会上发表讲话,系统阐述"三个代表"重要思想的科学内涵和基本内容,进一步强调"我们党要继续站在时代前列,带领人民胜利前进,归结起来,就是必须始终代表中国先进生产力的发展要求,代表中国先进文化的前进方向,代表中国最广大人民的根本利益"。

(2) "三个代表"重要思想的提出,在国内外引起强烈反响,全党和全国上下兴起了学习贯彻"三个代表"重要思想的高潮,有力地推动了改革开放和现代化建设的跨世纪发展,也为中共十六大的召开奠定了思想基础。

知识解读

（1）中共十五大把邓小平理论同马克思列宁主义、毛泽东思想一道确立为中国共产党的指导思想。

（2）2001年12月，中国对外开放进入一个新阶段的标志是加入世界贸易组织。请同学们着重注意，这是重要且高频内容，常考查选择题。

（3）1997年7月1日，中国对香港恢复行使主权；1999年12月20日，中国对澳门恢复行使主权。请同学们注意区分和掌握，这是重要且高频内容，常考查选择题。

（4）1995年1月30日，江泽民发表《为促进祖国统一大业的完成而继续奋斗》的讲话，提出了发展两岸关系、推进祖国和平统一的八项主张。

（5）1998年11月21日，中共中央决定在县级以上党政领导班子、领导干部中深入开展以讲学习、讲政治、讲正气为主要内容的党性党风教育。

真题小练

【选择题】

1.（2018年10月全国）2001年，中国对外开放进入一个新阶段的标志是（   ）

A. 加入世界贸易组织

B. 设立海南经济特区

C. 开发和开放上海浦东新区

D. 开放十四个沿海港口城市

正确答案 A

解析 2001年12月11日，中国正式加入世界贸易组织，标志着对外开放进入一个新阶段，故选A。

2.（2017年10月全国）中国对香港恢复行使主权是在（   ）

A. 1997年7月1日　　　　　　B. 1997年12月20日

C. 1999年7月1日　　　　　　D. 1999年12月20日

正确答案 A

解析 1997年7月1日，中国和英国两国政府举行了香港交接仪式，宣告中国对香港恢复行使主权，中华人民共和国香港特别行政区正式成立，故选A。

3.（2017年4月全国）1999年12月，中国在推进国家统一大业方面迈出的重要一步是（   ）

A. 海峡两岸达成"九二共识"

B. 海峡两岸举行"汪辜会谈"

C. 恢复对香港行使主权

D. 恢复对澳门行使主权

正确答案 D

解析 1999年12月20日，中国对澳门恢复行使主权，澳门特别行政区正式成立，故选 D。

4.（2011年10月全国）1995年，江泽民关于发展海峡两岸关系的重要讲话是（   ）

A.《告台湾同胞书》

B.《为促进祖国统一大业的完成而继续奋斗》

C.《一个国家，两种制度》

D.《实现两岸和平统一的九项方针》

正确答案 B

解析 1995年1月30日，江泽民发表《为促进祖国统一大业的完成而继续奋斗》的讲话，提出了发展两岸关系、推进祖国和平统一的八项主张，故选 B。

牛刀小试

【选择题】

1. 中国正式加入世界贸易组织的时间是（   ）

A. 1999年12月 　　　　　　　　B. 2000年12月

C. 2001年12月 　　　　　　　　D. 2002年12月

正确答案 C

解析 2001年12月11日，中国正式加入世界贸易组织，标志着对外开放进入一个新阶段，故选 C。

2. 中国对澳门恢复行使主权是在（   ）

A. 1997年7月1日 　　　　　　　B. 1997年12月20日

C. 1999年7月1日 　　　　　　　D. 1999年12月20日

正确答案 D

解析 1999年12月20日，中国对澳门恢复行使主权，澳门特别行政区正式成立，故选 D。

第四节　在新的历史起点上推进中国特色社会主义

本节内容提要

中共十六大以来，以胡锦涛为总书记的中共中央，在推进全面建设小康社会的进程中，提出了科学发展观以及构建社会主义和谐社会和建设社会主义新农村等一系列重大战略思想，成功地在新的历史起点上坚持和发展了中国特色社会主义。

知识点名称	考纲要求	考核内容	考试题型
全面建设小康社会行动纲领的制定	识记	中共十六大	选择题
	领会	全面建设小康社会	——
以科学发展观统领经济社会发展全局	领会	建设社会主义新农村	选择题
		加强党的执政能力建设	选择题
	简单运用	构建社会主义和谐社会	选择题
		坚持走和平发展的道路	——
	综合运用	科学发展观的提出及其意义	选择题、简答题、论述题
夺取全面建设小康社会新胜利	识记	中共十七大	——
	领会	应对国际金融危机	——

知识点 ① 全面建设小康社会行动纲领的制定 ★

1. 2002年11月8日至14日，中国共产党第十六次全国代表大会在北京召开。

2. 中共十六大高度评价"三个代表"重要思想的历史地位和重要作用，把"三个代表"重要思想同马克思列宁主义、毛泽东思想、邓小平理论一道确立为中国共产党必须长期坚持的指导思想，并写入党章，实现了党的指导思想的又一次与时俱进。

3. 中共十六大报告明确了全面建设小康社会的奋斗目标。

知识解读

本知识点主要考查选择题，着重注意中共十六大将"三个代表"重要思想确立为中国共产党必须长期坚持的指导思想，并写入党章。

真题小练

【选择题】

(2010年4月全国) 中国共产党将"三个代表"重要思想作为党的指导思想写入党章是在（　　）
- A. 中共十四大
- B. 中共十五大
- C. 中共十六大
- D. 中共十七大

正确答案 C

解析 2002年11月8日至14日，中国共产党第十六次全国代表大会在北京召开，大会把"三个代表"重要思想确立为中国共产党必须长期坚持的指导思想，并写入党章，故选C。

牛刀小试

【选择题】

中国共产党明确了全面建设小康社会奋斗目标的会议是（　　）

A. 中共十三大　　　　　　　　B. 中共十四大

C. 中共十五大　　　　　　　　D. 中共十六大

正确答案 D

解析 2002年11月8日至14日，中国共产党第十六次全国代表大会在北京召开，中共十六大报告明确了全面建设小康社会的奋斗目标，故选D。

知识点 ② 以科学发展观统领经济社会发展全局 ★★

1. 树立和落实科学发展观

（1）科学发展观的产生和发展

| 2003年10月 中共十六届三中全会，正式提出了坚持以人为本、全面协调可持续的科学发展观。 | → | 中共十六届五中全会，指出科学发展观是推动经济社会发展、加快推进社会主义现代化建设必须长期坚持的指导思想。 | → | 2007年10月 胡锦涛在党的十七大报告中，全面论述了科学发展观的科学内涵和精神实质。 |

（2）科学发展观的科学内涵和精神实质

科学发展观的科学内涵和精神实质	
科学发展观，第一要义是发展，核心是以人为本，基本要求是全面协调可持续，根本方法是统筹兼顾。	要始终把实现好、维护好、发展好最广大人民的根本利益作为党和国家一切工作的出发点和落脚点，尊重人民主体地位，发挥人民首创精神，保障人民各项权益，走共同富裕道路，促进人的全面发展，做到发展为了人民、发展依靠人民、发展成果由人民共享。

（3）科学发展观的意义

①科学发展观是以胡锦涛为主要代表的中国共产党人坚持以马克思列宁主义、毛泽东思想、邓小平理论、"三个代表"重要思想为指导，勇于推进实践基础上的理论创新，围绕坚持和发展中国特色社会主义提出一系列紧密相连、相互贯通的新思想、新观点、新论断。

②科学发展观是对新形势下实现什么样的发展、怎样发展等重大问题作出了新的科学回答，把我们对中国特色社会主义规律的认识提高到新的水平，开辟了当代中国马克思主义发展新境界。

2. 提出构建社会主义和谐社会的战略任务

（1）2004年9月，中共十六届四中全会提出构建社会主义和谐社会的战略任务。

（2）构建社会主义和谐社会战略思想的提出，使中国特色社会主义事业的总体布局由社会主义经济建设、政治建设、文化建设三位一体发展为社会主义经济建设、政治建设、文化建设、社会建设四位一体。

3. 推动经济又好又快地发展和促进社会全面进步

（1）2005年10月召开的中共十六届五中全会，提出了建设社会主义新农村的战略任务，提出了"生产发展、生活宽裕、乡风文明、村容整洁、管理民主"的要求。

（2）2005年10月，胡锦涛在中共十六届五中全会上的讲话中，明确提出建设创新型国家的任务。

4. 走和平发展的道路

（1）2004年8月，胡锦涛在纪念邓小平同志诞辰一百周年大会上的讲话中提出，要高举和平、发展、合作的旗帜，坚持走和平发展的道路。

（2）2005年11月，胡锦涛在英国伦敦金融城发表演讲，系统地阐述了走和平发展道路的基本内涵和重大意义。

5. 加强党的执政能力建设和先进性建设

（1）2004年9月，中共十六届四中全会通过了《关于加强党的执政能力建设的决定》。

（2）2005年1月，胡锦涛发表讲话，全面阐述了党的先进性建设思想，深刻揭示了党的先进性的科学内涵和本质要求。

> **知识解读**
>
> 本知识点主要考查科学发展观的相关内容。
>
> 1. 树立和落实科学发展观
>
> （1）2003年10月，中共十六届三中全会正式提出科学发展观，常考查选择题。
>
> （2）科学发展观的科学内涵和精神实质，常考查选择题和简答题，请同学们着重注意学习。
>
> （3）科学发展观的意义，常考查论述题。

2.2004年9月，中共十六届四中全会提出构建社会主义和谐社会的战略任务，请同学们着重注意学习，这是重要且高频知识点，常考查选择题。

3.2005年10月召开的中共十六届五中全会，提出了建设社会主义新农村的战略任务，考查选择题，请同学们注意区分。

构建社会主义和谐社会	建设社会主义新农村
• 中共十六届四中全会提出	• 中共十六届五中全会提出

真题小练

【选择题】

1.（2019年4月全国）2004年，中共十六届四中全会提出的战略任务是（　　）

A. 构建社会主义和谐社会　　B. 建立社会主义市场经济体制
C. 建设社会主义新农村　　　D. 全面建设小康社会

正确答案 A

解析 2004年9月，中共十六届四中全会提出构建社会主义和谐社会的战略任务，故选A。

2.（2018年10月北京）2005年10月，中共十六届五中全会提出的战略任务是（　　）

A. 建设社会主义新农村　　B. 坚持走和平发展道路
C. 加强党的先进性建设　　D. 全面建设小康社会

正确答案 A

解析 2005年10月召开的中共十六届五中全会，提出了建设社会主义新农村的战略任务，提出了"生产发展、生活宽裕、乡风文明、村容整洁、管理民主"的要求，故选A。

【简答题】

3.（2011年7月浙江）科学发展观的科学内涵和精神实质。

答案与解析

（1）科学发展观，第一要义是发展，核心是以人为本，基本要求是全面协调可持续，根本方法是统筹兼顾。

（2）要始终把实现好、维护好、发展好最广大人民的根本利益作为党和国家一切工作的出发点和落脚点，尊重人民主体地位，发挥人民首创精神，保障人民各项权益，走共同富裕道路，促进人的全面发展，做到发展为了人民、发展依靠人民、发展成果由人民共享。

【论述题】

4.（2012年4月全国）以胡锦涛为总书记的中共中央提出科学发展观的意义是什么？

答案与解析

（1）科学发展观是以胡锦涛为总书记的中共中央坚持以马克思列宁主义、毛泽东思想、邓小平理论、"三个代表"重要思想为指导，勇于推进实践基础上的理论创新，围绕坚持和发展中国特色社会主义提出一系列紧密相连、相互贯通的新思想、新观点、新论断。

（2）科学发展观是对新形势下实现什么样的发展、怎样发展等重大问题作出了新的科学回答，把我们对中国特色社会主义规律的认识提高到新的水平，开辟了当代中国马克思主义发展新境界。

知识点 ③ ▶ 夺取全面建设小康社会新胜利 ★

1. 中共十七大的召开

中共十七大	
时间	2007年10月15日至21日
内容	（1）大会强调，要深入贯彻落实科学发展观。要求始终坚持"一个中心、两个基本点"的基本路线，坚持把以经济建设为中心同四项基本原则、改革开放这两个基本点统一于发展中国特色社会主义的伟大实践。 （2）大会对我国改革开放的历史进程和基本经验作出了科学的总结，提出了全面建设小康社会奋斗目标的新要求，对我国社会主义经济建设、政治建设、文化建设、社会建设和党的建设作出了全面部署。 （3）大会通过关于《中国共产党章程（修正案）》的决议。大会一致同意将科学发展观写入党章。

2. 全面推进伟大工程和伟大事业

（1）2008年10月，中共十七届三中全会通过《关于推进农村改革发展若干重大问题的决定》，明确提出在新形势下推进农村改革发展的指导思想、目标任务、重大原则，成为推进农村改革发展的行动纲领。

（2）2009年9月，中共十七届四中全会通过《关于加强和改进新形势下党的建设若干重大问题的决定》，总结中国共产党在执政条件下加强自身建设的基本经验，提出加强和改进党的建设的总体要求、目标任务、重要举措，对新形势下加强和改进党的建设作出部署。

3. 应对国际金融危机

（1）2008年下半年，爆发了国际金融危机。

（2）2010年10月，中共十七届五中全会通过《关于制定国民经济和社会发展第十二个五年规划的建议》，适应国内外形势新变化，顺应各族人民过上更好生活新期待，明确"十二五"时期要以科学发展为主题，以加快转变经济发展方式为主线，深化改革开放，保障和改善民生，巩固和扩大应对国际金融危机冲击成果，促进经济长期平稳较快发展和社会和谐稳定，为全面建成小康社会打下具有决定性意义的基础。

4. 确立建设社会主义文化强国的战略目标

（1）2011年10月，中共十七届六中全会通过《关于深化文化体制改革 推动社会主义文化大发展大繁荣若干重大问题的决定》，确立了建设社会主义文化强国的战略目标，提出了新形势下推进文化改革发展的指导思想、重要方针、目标任务、政策举措。

（2）以中共十七届六中全会为标志，我国文化改革发展进入一个新阶段。

> **知识解读**
> 本知识点考查选择题，请同学们注意学习中共十七大的内容。

牛刀小试

【选择题】

中国共产党将"科学发展观"重要思想写入党章是在（　　）

A. 中共十四大　　　　　　　　B. 中共十五大

C. 中共十六大　　　　　　　　D. 中共十七大

正确答案 D

解析 2007年10月15日至21日，中国共产党第十七次全国代表大会在北京举行。大会通过了关于《中国共产党章程（修正案）》的决议。大会一致同意将科学发展观写入党章，故选D。

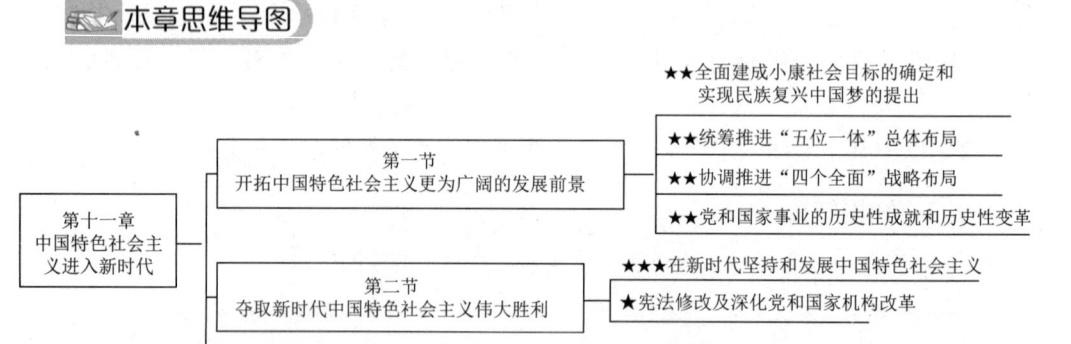

第十一章 中国特色社会主义进入新时代

本章思维导图

- 第十一章 中国特色社会主义进入新时代
  - 第一节 开拓中国特色社会主义更为广阔的发展前景
    - ★★全面建成小康社会目标的确定和实现民族复兴中国梦的提出
    - ★★统筹推进"五位一体"总体布局
    - ★★协调推进"四个全面"战略布局
    - ★★党和国家事业的历史性成就和历史性变革
  - 第二节 夺取新时代中国特色社会主义伟大胜利
    - ★★★在新时代坚持和发展中国特色社会主义
    - ★宪法修改及深化党和国家机构改革
  - 第三节 不断谱写实现中华民族伟大复兴的新篇章
    - ★★改革开放40年的巨大成就
    - ★齐心协力走向中华民族伟大复兴的光明前景

第一节 开拓中国特色社会主义更为广阔的发展前景

本节内容提要

中共十八大开启了中国特色社会主义新时代。全党全国各族人民在以习近平同志为核心的党中央领导下,迎难而上,开拓进取,统筹推进"五位一体"总体布局,协调推进"四个全面"战略布局,取得了改革开放和社会主义现代化建设的历史性成就,党和国家事业全面开创新局面。

知识点名称	考纲要求	考核内容	考试题型
全面建成小康社会目标的确定和实现民族复兴中国梦的提出	识记	中共十八大	选择题
	简单运用	中共十八大的精神及历史地位	选择题
		实现中华民族伟大复兴的中国梦	——

续表

知识点名称	考纲要求	考核内容	考试题型
统筹推进"五位一体"总体布局	识记	"三去一降一补"	——
	识记	塞罕坝精神	
	领会	经济发展新常态	
	简单运用	统筹推进"五位一体"总体布局	
协调推进"四个全面"战略布局	识记	决胜全面建成小康社会的三大攻坚战	——
	领会	全面深化改革总目标	选择题
	领会	全面推进依法治国总目标	
	综合运用	协调推进"四个全面"战略布局	——
党和国家事业的历史性成就和历史性变革	综合运用	党和国家事业的历史性成就和历史性变革	——

知识点① ▶ 全面建成小康社会目标的确定和实现民族复兴中国梦的提出 ★★

1. 中共十八大

中共十八大	
背景	(1) 2012年11月8日至14日，中国共产党第十八次全国代表大会在北京举行。 (2) 中共十八大是中国进入全面建成小康社会决定性阶段召开的一次大会。
主要内容	(1) 指出科学发展观同马克思列宁主义、毛泽东思想、邓小平理论、"三个代表"重要思想一道，是党必须长期坚持的指导思想。 (2) 阐明中国特色社会主义的总依据是社会主义初级阶段，总布局是经济、政治、文化、社会、生态文明建设五位一体，总任务是实现社会主义现代化和中华民族伟大复兴。
确定目标	强调确保到2020年实现全面建成小康社会的目标。
精神	中共十八大精神归结到一点，就是坚持和发展中国特色社会主义。
标志	中共十八大开启了中国特色社会主义新时代。

2. 实现中华民族伟大复兴的中国梦

（1）习近平在参观"复兴之路"展览时明确提出，实现中华民族伟大复兴就是中华民族近代以来最伟大的梦想，实现全面建成小康社会目标是实现中华民族伟大复兴中国梦的关键一步。

（2）2013年3月，习近平在十二届全国人大一次会议上进一步强调，实现中华民族伟大复兴的中国梦，就是要实现国家富强、民族振兴、人民幸福。实现中国梦必须走中国道路，即中国特色社会主义道路；实现中国梦必须弘扬中国精神；实现中国梦必须凝聚中国力量。

> **知识解读**
>
> 1. 中共十八大
>
> | 指出了 | 确立了 | 阐明了 |
> |---|---|---|
> | • 科学发展观是党必须长期坚持的指导思想 | • 中国到2020年全面建成小康社会的目标 | • 中国特色社会主义的总依据、总布局和总任务 |
>
> （1）中共十八大精神归结到一点，就是坚持和发展中国特色社会主义。
> （2）中共十八大开启了中国特色社会主义新时代。
> 2. 习近平在参观"复兴之路"展览时明确提出了实现中华民族伟大复兴的中国梦。

真题小练

【选择题】

1.（2019年10月全国）中共十八大提出，我国到2020年的奋斗目标是（　　）
A. 实现"四个现代化"　　　　　　B. 基本实现现代化
C. 全面建设小康社会　　　　　　D. 全面建成小康社会

正确答案 D

解析 中共十八大强调确保到2020年实现全面建成小康社会的目标，故选D。

2.（2018年4月北京）中共十八大精神归结到一点，就是（　　）
A. 坚持四项基本原则　　　　　　B. 完善社会主义市场经济
C. 全面深化改革　　　　　　　　D. 坚持和发展中国特色社会主义

正确答案 D

解析 中共十八大精神归结到一点，就是坚持和发展中国特色社会主义，故选D。

牛刀小试

【选择题】

标志着开启中国特色社会主义新时代的会议是（　　）
A. 中共十六大　　　　　　　　　B. 中共十七大
C. 中共十八大　　　　　　　　　D. 中共十九大

正确答案 C

解析 中共十八大开启了中国特色社会主义新时代，故选C。

知识点② 统筹推进"五位一体"总体布局 ★★

1. 主动适应和引领经济发展新常态

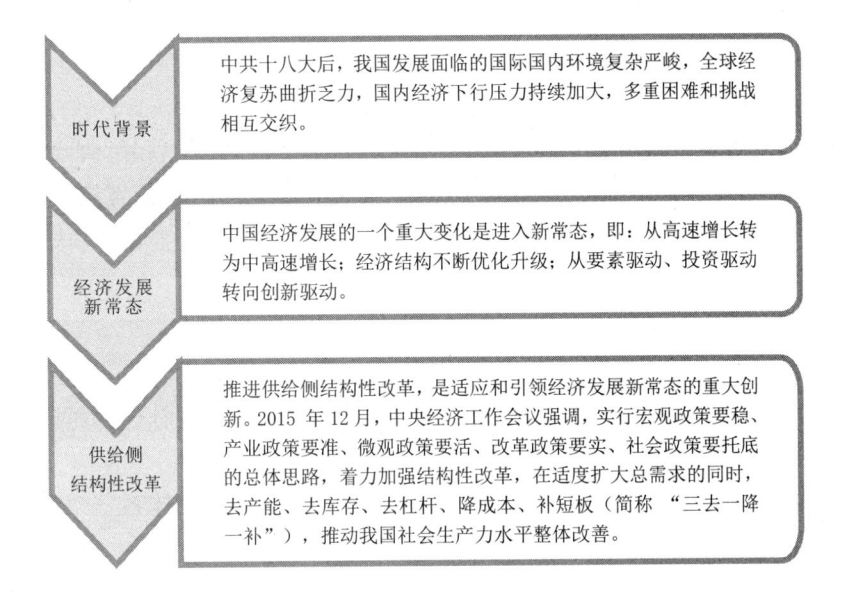

时代背景	中共十八大后，我国发展面临的国际国内环境复杂严峻，全球经济复苏曲折乏力，国内经济下行压力持续加大，多重困难和挑战相互交织。
经济发展新常态	中国经济发展的一个重大变化是进入新常态，即：从高速增长转为中高速增长；经济结构不断优化升级；从要素驱动、投资驱动转向创新驱动。
供给侧结构性改革	推进供给侧结构性改革，是适应和引领经济发展新常态的重大创新。2015年12月，中央经济工作会议强调，实行宏观政策要稳、产业政策要准、微观政策要活、改革政策要实、社会政策要托底的总体思路，着力加强结构性改革，在适度扩大总需求的同时，去产能、去库存、去杠杆、降成本、补短板（简称"三去一降一补"），推动我国社会生产力水平整体改善。

2. 发展社会主义民主政治

（1）坚持发挥中国共产党总揽全局、协调各方的领导核心作用，提高党科学执政、民主执政、依法执政水平，保证党领导人民有效治理国家。

（2）毫不动摇坚持人民代表大会制度，与时俱进完善人民代表大会制度，推动人大工作迈出新步伐、迈上新台阶。

（3）坚持和完善中国共产党领导的多党合作和政治协商制度。

（4）坚持和完善民族区域自治制度，强调坚持统一和自治相结合、民族因素和区域因素相结合。

（5）坚持和完善基层群众自治制度，发展基层民主，保障人民依法直接行使民主权利。

（6）正确处理一致性和多样性关系，做好新形势下统一战线工作。

（7）保持和增强党的群团工作和群团组织的政治性先进性群众性，开创党的群团工作新局面。

3. 发展中国特色社会主义文化

（1）坚持和巩固党对意识形态工作的领导。

（2）培育和践行社会主义核心价值观。

（3）牢记历史，弘扬以爱国主义为核心的民族精神。

9月3日	9月30日	12月13日
• 中国人民抗日战争胜利纪念日	• 烈士纪念日	• 南京大屠杀死难者国家公祭日

（4）推进文化体制改革，建设公共文化服务网络。

4. 在发展中保障和改善民生

把增进人民福祉、促进人的全面发展作为一切工作的出发点和落脚点，坚持人民主体地位，顺应人民群众对美好生活的向往，从人民群众最关心最直接最现实的利益问题入手，统筹做好教育、就业、收入分配、社会保障、医疗卫生等各领域民生工作。

（1）不断促进教育发展成果更多更公平惠及全体人民。

（2）促进社会公平正义，让广大人民群众共享改革发展成果。

（3）多渠道创造就业机会。

（4）坚持全覆盖、保基本、多层次、可持续发展，加强城乡社会保障体系建设。

（5）加快推进健康中国建设。

（6）加强和创新社会治理，完善中国特色社会主义社会治理体系。

5. 建设美丽中国

（1）贯彻新发展理念，坚持节约资源和保护环境的基本国策，坚持节约优先、保护优先、自然恢复为主的方针，强调"绿水青山就是金山银山"，推动形成绿色发展方式和生活方式。

（2）坚持山水林田湖是一个生命共同体，按照系统工程的思路，全方位、全地域、全过程开展生态环境保护建设。

（3）完善生态文明制度体系，用最严格的制度、最严密的法治保护生态环境。2014年4月，十二届全国人大常委会第八次会议通过修订后的《中华人民共和国环境保护法》。

（4）强化公民环境意识。加强生态文明宣传教育，增强全民节约意识、环保意识、生态意识，倡导弘扬"牢记使命、艰苦创业、绿色发展"的塞罕坝精神，营造爱护生态环境的良好风气。

（5）积极参与国际合作。中国率先签署全球合作应对气候变化的《巴黎协定》，倡议二十国集团发表首份气候变化问题主席声明。

> **知识解读**
>
> 统筹推进"五位一体"总体布局需要主动适应和引领经济发展新常态、发展社会主义民主政治、发展中国特色社会主义文化、在发展中保障和改善民生和建设美丽中国。
>
> 请同学们注意识记"三去一降一补"、塞罕坝精神、经济发展新常态的内容，综合运用统筹推进"五位一体"总体布局的内容。

牛刀小试

【选择题】

1. 中国特色社会主义进入新时代以来,中共中央适应和引领经济发展新常态的重大创新是（　　）

A. 推进供给侧结构性改革
B. 提出构建社会主义和谐社会的战略任务
C. 建立社会主义市场经济体制
D. 提出"三步走"发展战略

正确答案 A

解析 中共十八大后,我国发展面临的国际国内环境复杂严峻,全球经济复苏曲折乏力,国内经济下行压力持续加大,多重困难和挑战相互交织。推进供给侧结构性改革,是适应和引领经济发展新常态的重大创新,故选A。

【简答题】

2. 简述统筹推进"五位一体"总体布局的内容。

答案与解析

(1) 主动适应和引领经济发展新常态
(2) 发展社会主义民主政治
(3) 发展中国特色社会主义文化
(4) 在发展中保障和改善民生
(5) 建设美丽中国

知识点 ③ 协调推进"四个全面"战略布局 ★★

1. 推进全面深化改革

(1) 中共十八届三中全会

	中共十八届三中全会
背景	2013年11月,中共十八届三中全会审议通过《中共中央关于全面深化改革若干重大问题的决定》,勾画了到2020年全面深化改革的时间表、路线图。
内容	(1) 全面深化改革的总目标是"完善和发展中国特色社会主义制度,推进国家治理体系和治理能力现代化";要求到2020年,在重要领域和关键环节改革上取得决定性成果。 (2) 中央成立全面深化改革领导小组,负责改革总体设计、统筹协调、整体推进、督促落实。 (3) 设立国家安全委员会。

（2）深化农村改革

名称	《关于全面深化农村改革 加快推进农业现代化的若干意见》	《关于稳步推进农村集体产权制度改革的意见》
时间	2014年1月	2016年12月
内容	明确了农村改革的八大任务，第一条就是完善国家粮食安全保障体系。	探索集体经济新的实现形式和运行机制。

（3）2016年4月，中央国家安全委员会第一次会议强调要坚持总体国家安全观，走出一条中国特色国家安全道路。

2. 推进全面依法治国

（1）《中共中央关于全面推进依法治国若干重大问题的决定》

《中共中央关于全面推进依法治国若干重大问题的决定》	
背景	2014年10月，中共十八届四中全会审议通过。
内容	（1）全面推进依法治国，总目标是建设中国特色社会主义法治体系，建设社会主义法治国家。 （2）党的领导是中国特色社会主义最本质的特征，是社会主义法治的根本保证。坚持党的领导，是中国特色社会主义法治道路的核心要义。 （3）必须完善以宪法为核心的中国特色社会主义法律体系、加强宪法实施。 （4）建议将每年12月4日定为国家宪法日，建立宪法宣誓制度。

（2）2014年11月，十二届全国人大常委会第十一次会议通过《关于设立国家宪法日的决定》，将12月4日设立为国家宪法日。

（3）2015年3月，十二届全国人大三次会议审议通过《关于修改〈中华人民共和国立法法〉的决定》。

（4）2015年4月，中共中央全面深化改革领导小组审议通过《党的十八届四中全会重要举措实施规划（2015—2020年）》，这成为今后一个时期推进全面依法治国的总施工图和总台账。

（5）2017年3月，十二届全国人大五次会议通过《中华人民共和国民法总则》，为编纂好民法典奠定了坚实的基础。

3. 推进全面建成小康社会

（1）2015年10月，中共十八届五中全会审议通过《中共中央关于制定国民经济和社会发展第十三个五年规划的建议》。全会提出了全面建成小康社会新的目标要求。

（2）全面建成小康社会，最艰巨最繁重的任务在农村、特别是在贫困地区：

扶贫开发工作会议	
时间	2015年11月
内容	(1) 提出坚持精准扶贫、精准脱贫，坚决打赢脱贫攻坚战。 (2) 确保到2020年所有贫困地区和贫困人口同全国人民一道迈入全面小康社会。

4. 推进全面从严治党

中共十八届六中全会	
时间	2016年10月
内容	(1) 审议通过《关于新形势下党内政治生活的若干准则》和《中国共产党党内监督条例》。 (2) 明确习近平为党中央的核心、全党的核心。 (3) 号召全党同志牢固树立政治意识、大局意识、核心意识、看齐意识，坚定不移维护党中央权威和党中央集中统一领导，确保党团结带领人民不断开创中国特色社会主义事业新局面。

知识解读

中共十八大后，党中央从坚持和发展中国特色社会主义全局出发，提出并形成了全面建成小康社会、全面深化改革、全面依法治国、全面从严治党的战略布局。

请同学们注意识记推进全面建成小康社会中脱贫攻坚战的内容，领会全面深化改革总目标和全面推进依法治国总目标的内容，综合运用协调推进"四个全面"战略布局的内容。

真题小练

【选择题】

(2016年4月北京) 中共十八届三中全会通过的全面深化改革的纲领性文件是（　　）

A.《关于经济体制改革的决定》
B.《关于建立社会主义市场经济体制若干问题的决定》
C.《关于推进农村改革发展若干重大问题的决定》
D.《关于全面深化改革若干重大问题的决定》

正确答案 D

解析 2013年11月，中共十八届三中全会审议通过《中共中央关于全面深化改革若干重大问题的决定》，勾画了到2020年全面深化改革的时间表、路线图，故选D。

牛刀小试

【简答题】

简述协调推进"四个全面"战略布局的内容。

答案与解析

(1) 推进全面深化改革
(2) 推进全面依法治国
(3) 推进全面建成小康社会
(4) 推进全面从严治党

知识点 ④ 党和国家事业的历史性成就和历史性变革 ★★

1. 中共十八大后的五年，党和国家事业的历史性成就和历史性变革：
(1) 经济建设取得重大成就
(2) 全面深化改革取得重大突破
(3) 民主法治建设迈出重大步伐
(4) 思想文化建设取得重大进展
(5) 人民生活不断改善
(6) 生态文明建设成效显著
(7) 强军兴军开创新局面
(8) 港澳台工作取得新进展
(9) 全方位外交布局深入展开
(10) 全面从严治党成效卓著

2. 五年来取得的成就、发生的变革，留下的深刻启示：

(1) 必须始终坚持用党的理论创新成果武装头脑、指导实践。习近平新时代中国特色社会主义思想，是全党全国各族人民为实现中华民族伟大复兴而奋斗的行动指南，必须长期坚持。

(2) 必须始终维护党中央和全党的核心。习近平总书记赢得全党全军全国各族人民的高度评价和衷心爱戴，成为党中央的核心、全党的核心。对中国这样的大国，中共这样的大党，党中央有核心、全党有核心、全国各族人民有核心至关重要。

(3) 必须始终坚持和加强党的全面领导。这是党和国家的根本所在、命脉所在，是全国各族人民的利益所在、幸福所在。只有坚持和加强党的全面领导、推进全面从严治党，我们才能更好实现中华民族伟大复兴的中国梦。

> **知识解读**
>
> 中共十八大后党和国家事业之所以取得历史性成就、发生历史性变革，是全党全国各族人民同心同德、团结奋斗的结果，是各级党组织和广大党员、干部敬业履职、勇于担当的结果，最根本、最重要的是在于有习近平新时代中国特色社会主义思想的科学指引，有以习近平同志为核心的党中央的坚强领导。

真题小练

【论述题】

（2019年4月全国）中共十八大后党和国家事业的历史性成就和历史性变革给我们的启示。

答案与解析

（1）必须始终坚持用党的理论创新成果武装头脑、指导实践。习近平新时代中国特色社会主义思想，是全党全国各族人民为实现中华民族伟大复兴而奋斗的行动指南，必须长期坚持。

（2）必须始终维护党中央和全党的核心。习近平总书记赢得全党全军全国各族人民的高度评价和衷心爱戴，成为党中央的核心、全党的核心。对中国这样的大国，中共这样的大党，党中央有核心、全党有核心、全国各族人民有核心至关重要。

（3）必须始终坚持和加强党的全面领导。这是党和国家的根本所在、命脉所在，是全国各族人民的利益所在、幸福所在。只有坚持和加强党的全面领导、推进全面从严治党，我们才能更好实现中华民族伟大复兴的中国梦。

第二节　夺取新时代中国特色社会主义伟大胜利

本节内容提要

2017年中共十九大确立习近平新时代中国特色社会主义思想的历史地位，作出中国特色社会主义进入新时代、我国社会主要矛盾发生新变化的重大政治判断，确定决胜全面建成小康社会、开启全面建设社会主义现代化国家新征程的目标。

知识点名称	考纲要求	考核内容	考试题型
在新时代坚持和发展中国特色社会主义	识记	中共十九大	——
		习近平新时代中国特色社会主义思想的核心要义	——
		"红船精神"	——
	领会	推进伟大事业与伟大工程	——
	简单运用	改革开放以来党的全部理论和实践的主题	——
		决胜全面建成小康社会、开启全面建设社会主义现代化国家新征程的目标	——
	综合运用	习近平新时代中国特色社会主义思想的核心内容	——
		中国特色社会主义进入新时代我国社会的主要矛盾	——
宪法修改及深化党和国家机构改革	简单运用	为新时代坚持和发展中国特色社会主义提供有力宪法保障	——
		深化党和国家机构改革的目标和首要任务	——

知识点① ▶ 在新时代坚持和发展中国特色社会主义 ★★★

1. 中共十九大

（1）时代背景：2017年10月18日至24日，中国共产党第十九次全国代表大会在北京举行。这是在全面建成小康社会决胜阶段、中国特色社会主义进入新时代的关键时期召开的一次十分重要的大会。

（2）主要内容

行动指南	核心要义	核心内容	新时代	主要矛盾
•大会通过的党章修正案把习近平新时代中国特色社会主义思想确立为党的行动指南，实现了党的指导思想的又一次与时俱进。	•大会强调，坚持和发展中国特色社会主义，是习近平新时代中国特色社会主义思想的核心要义。	•"八个明确"和"十四个坚持"有机融合、有机统一，是习近平新时代中国特色社会主义思想的核心内容。	•经过长期努力，中国特色社会主义进入了新时代，这是我国发展新的历史方位。	•人民日益增长的美好生活需要和不平衡不充分的发展之间的矛盾。

（3）大会强调，我国社会主要矛盾的变化，没有改变我们对我国社会主义所处历史阶段的判断，我国仍处于并将长期处于社会主义初级阶段的基本国情没有变，我国是世界最大发展中国家的国际地位没有变。

(4) 大会确定了决胜全面建成小康社会、开启全面建设社会主义现代化国家新征程的目标：

| 第一个阶段 | • 从2020 年到2035 年，在全面建成小康社会的基础上，再奋斗十五年，基本实现社会主义现代化。 |
| 第二个阶段 | • 从2035 年到21 世纪中叶，在基本实现现代化的基础上，再奋斗十五年，把我国建成富强民主文明和谐美丽的社会主义现代化强国。 |

2. 红船精神

（1）背景：2017 年10 月31 日，习近平带领中共中央政治局常委赴上海瞻仰中共一大会址、赴浙江嘉兴瞻仰南湖红船，回顾建党历史，重温入党誓词，宣示新一届党中央领导集体的坚定政治信念。

（2）内容：

| 红船精神 | • 开天辟地、敢为人先的首创精神，坚定理想、百折不挠的奋斗精神，立党为公、忠诚为民的奉献精神。 |

知识解读

中共十九大的内容是本节的重中之重，会以各种题型考查，请同学们着重进行学习。课程考试内容包括中共十九大的召开；习近平新时代中国特色社会主义思想；中国特色社会主义进入新时代及其我国社会主要矛盾的变化；决胜全面建成小康社会、开启全面建设社会主义现代化国家新征程。

红船精神的内容易考查简答题，请同学们注意掌握。

牛刀小试

【选择题】

1. 习近平新时代中国特色社会主义思想的核心要义是（　　）

A. 坚持和发展中国特色社会主义

B. 构建社会主义和谐社会

C. 坚持走和平发展道路

D. 全面建设小康社会

正确答案 A

解析 中共十九大强调，坚持和发展中国特色社会主义，是习近平新时代中国特色社会主义思想的核心要义，故选 A。

【简答题】

2. 简述中共十九大关于决胜全面建成小康社会、开启全面建设社会主义现代化国家新征程的目标。

答案与解析

(1) 第一个阶段，从2020年到2035年，在全面建成小康社会的基础上，再奋斗十五年，基本实现社会主义现代化。

(2) 第二个阶段，从2035年到21世纪中叶，在基本实现现代化的基础上，再奋斗十五年，把我国建成富强民主文明和谐美丽的社会主义现代化强国。

3. 简述"红船精神"的内容。

答案与解析

(1) 开天辟地、敢为人先的首创精神

(2) 坚定理想、百折不挠的奋斗精神

(3) 立党为公、忠诚为民的奉献精神

知识点 ② 宪法修改及深化党和国家机构改革 ★

1. 为新时代坚持和发展中国特色社会主义提供有力宪法保障

(1) 中共十九届二中全会

中共十九届二中全会	
时间	2018年1月
文件	《中共中央关于修改宪法部分内容的建议》
内容	①宪法修改是国家政治生活中的一件大事，是党中央从新时代坚持和发展中国特色社会主义全局和战略高度作出的重大决策，也是推进全面依法治国、推进国家治理体系和治理能力现代化的重大举措。 ②要把党的十九大确定的重大理论观点和重大方针政策特别是习近平新时代中国特色社会主义思想载入国家根本法，体现党和国家事业发展的新成就新经验新要求，在总体保持我国宪法连续性、稳定性、权威性的基础上推动宪法与时俱进、完善发展，为新时代坚持和发展中国特色社会主义、实现"两个一百年"奋斗目标和中华民族伟大复兴的中国梦提供有力宪法保障。

(2) 2018年3月，十三届全国人大一次会议审议通过《中华人民共和国宪法修正案》，确立科学发展观、习近平新时代中国特色社会主义思想同马列主义、毛泽东思想、邓小平理论、"三个代表"重要思想在国家政治和社会生活中的指导地位。

2. 深化党和国家机构改革 完善坚持党的全面领导制度

(1) 中共十九届三中全会

中共十九届三中全会	
时间	2018年2月
文件	《中共中央关于深化党和国家机构改革的决定》和《深化党和国家机构改革方案》。
深化党和国家机构改革的目标	
①构建系统完备、科学规范、运行高效的党和国家机构职能体系。②形成总揽全局、协调各方的党的领导体系，职责明确、依法行政的政府治理体系，中国特色、世界一流的武装力量体系，联系广泛、服务群众的群团工作体系。③推动人大、政府、政协、监察机关、审判机关、检察机关、人民团体、企事业单位、社会组织等在党的统一领导下协调行动、增强合力，全面提高国家治理能力和治理水平。	
深化党和国家机构改革的首要任务	
完善坚持党的全面领导的制度，加强党对各领域各方面工作领导，确保党的领导全覆盖，确保党的领导更加坚强有力。	

(2) 2018年3月，十三届全国人大一次会议批准了根据中共十九届三中全会精神拟订的国务院机构改革方案。

> **知识解读**
>
> 本知识点注意区分中共十九届二中全会和中共十九届三中全会的内容，中共十九届二中全会审议通过了《中共中央关于修改宪法部分内容的建议》，中共十九届三中全会提出了深化党和国家机构改革的目标和首要任务。

牛刀小试

【选择题】

1. 确立科学发展观、习近平新时代中国特色社会主义思想在国家政治和社会生活中的指导地位的会议是（ ）

    A. 十届全国人大一次会议

    B. 十一届全国人大一次会议

    C. 十二届全国人大一次会议

    D. 十三届全国人大一次会议

正确答案 D

解析 2018年3月，十三届全国人大一次会议审议通过《中华人民共和国宪法修正案》，确立科学发展观、习近平新时代中国特色社会主义思想同马列主义、毛泽东思想、邓小平理论、"三个代表"重要思想在国家政治和社会生活中的指导地位，故选D。

【简答题】

2. 深化党和国家机构改革的目标。

答案与解析

（1）构建系统完备、科学规范、运行高效的党和国家机构职能体系。

（2）形成总揽全局、协调各方的党的领导体系，职责明确、依法行政的政府治理体系，中国特色、世界一流的武装力量体系，联系广泛、服务群众的群团工作体系。

（3）推动人大、政府、政协、监察机关、审判机关、检察机关、人民团体、企事业单位、社会组织等在党的统一领导下协调行动、增强合力，全面提高国家治理能力和治理水平。

第三节 不断谱写实现中华民族伟大复兴的新篇章

本节内容提要

改革开放是中国共产党在新的历史条件下带领全国各族人民进行的新的伟大革命，推动中国发生了翻天覆地的变化。中国近现代史的发展进程，是实现中华民族伟大复兴的宏伟征程。中国特色社会主义进入新时代，是中国发展新的历史方位，意味着我们前所未有地接近实现中华民族伟大复兴的伟大梦想。

知识点名称	考纲要求	考核内容	考试题型
改革开放40年的巨大成就	识记	决定当代中国命运的关键抉择	——
		社会主义市场经济体制	——
		《反分裂国家法》	选择题
		上海合作组织	——
	领会	减贫脱贫	——
		对外开放	——
		以改革的精神加强和改进党的建设	——
	简单运用	推进生态文明建设	——
		中国特色精兵之路	——
		中国特色大国外交	——
	综合运用	改革开放40年的巨大成就	选择题、简答题
齐心协力走向中华民族伟大复兴的光明前景	综合运用	中国共产党与中华民族伟大复兴	——

知识点 ① ▶ 改革开放 40 年的巨大成就 ★★

1. 极大解放和发展了中国社会生产力，国民经济保持持续快速健康发展，现代化建设事业稳步推进，综合国力和国际竞争力显著提高

（1）从 1978 年到 2017 年，中国国内生产总值由 3645 亿元增长到 82.7 万亿元，中国已经成为世界第二大经济体、第一大工业国、第一大货物贸易国、第一大外汇储备国。

（2）国家先后启动了东部地区率先发展战略、西部大开发战略、东北等老工业基地振兴战略、中部地区崛起战略以及"一带一路"建设、京津冀协同发展、长江经济带发展战略，激发了各大经济区域的发展活力，取得显著成效。

（3）在可持续发展战略、科教兴国战略、人才强国战略特别是创新驱动发展战略的大力推动下，国家创新体系、科技基础设施和自主创新能力建设得到加强，创新型国家建设成果丰硕。

2. 社会主义市场经济体制不断完善，各项改革事业取得重大进展，对外开放取得新突破

（1）社会主义市场经济体制日益完善，更具活力、更加开放的经济体系正在形成，市场在资源配置中的作用显著增强，新的宏观调控体系框架初具规模。

（2）对外开放取得新突破，形成全方位、多层次、宽领域的对外开放格局。

3. 社会主义民主法治建设迈出重大步伐，取得重要进展

（1）党的领导、人民当家作主、依法治国有机统一的制度建设全面加强，党的领导体制机制不断完善；人民代表大会制度、中国共产党领导的多党合作和政治协商制度、民族区域自治制度更加健全；基层民主建设取得重大进展。社会主义协商民主全面展开，爱国统一战线巩固发展，民族宗教工作创新推进。

（2）中国特色社会主义法治体系日益完善。自 1982 年全国人民代表大会全面修改宪法后，又通过五个宪法修正案。

4. 社会主义文化建设成效显著

5. 人民生活不断改善

6. 生态文明建设成效显著

7. 强军兴军开创新局面

8. 坚持"一国两制"，推进祖国统一

（1）香港、澳门相继回归祖国。中央政府全面准确贯彻"一国两制"方针，牢牢掌握宪法和基本法赋予的中央对香港、澳门全面管治权。

（2）坚持一个中国原则和"九二共识"，推动两岸关系和平发展，加强两岸经济文化交流合作，实现两岸领导人历史性会晤。

(3)《反分裂国家法》

《反分裂国家法》	
时间	2005年3月，十届全国人大三次会议
意义	将中国人民维护国家领土主权完整的坚强决心通过立法形式表达出来。

9. 深入展开全方位外交

（1）全面推进中国特色大国外交，形成全方位、多层次、立体化的外交布局。

（2）2001年6月正式成立的上海合作组织是第一个以中国城市命名的国际组织，它进一步加强了中国与周边国家的关系。

10. 全面推进党的建设新的伟大工程

知识解读

2018年是中国实行改革开放40周年。改革开放是决定当代中国命运的关键抉择，也是实现中华民族伟大复兴的关键一招。

请同学们着重注意《反分裂国家法》的内容，常考查选择题。

真题小练

【选择题】

1.（2019年10月全国）2010年以来，中国已经成为世界（　　）

A. 第一大经济体

B. 第二大经济体

C. 第三大经济体

D. 第四大经济体

正确答案 B

解析 从1978年到2017年，中国已经成为世界第二大经济体、第一大工业国、第一大货物贸易国、第一大外汇储备国，故选B。

2.（2019年10月全国）2005年，十届全国人大三次会议通过的法律是（　　）

A.《香港特别行政区基本法》

B.《国家安全法》

C.《澳门特别行政区基本法》

D.《反分裂国家法》

正确答案 D

解析 2005年3月，十届全国人大第三次会议高票通过《反分裂国家法》，将中国人民维护国家领土主权完整的坚强决心通过立法形式表达出来，故选 D。

牛刀小试

【选择题】

2001 年成立的第一个以中国城市命名的国际组织是（　　）

A. 北京合作组织　　　　　B. 上海合作组织

C. 广州合作组织　　　　　D. 博鳌亚洲论坛

正确答案 B

解析 2001 年 6 月正式成立的上海合作组织是第一个以中国城市命名的国际组织，它进一步加强了中国与周边国家的关系，故选 B。

知识点 ② 齐心协力走向中华民族伟大复兴的光明前景 ★

1. 中国特色社会主义是改革开放以来党的全部理论和实践的主题，是党和人民历尽千辛万苦、付出巨大代价取得的根本成就。中国特色社会主义道路是实现途径，中国特色社会主义理论体系是行动指南，中国特色社会主义制度是根本保障，中国特色社会主义文化是精神力量。四者统一于中国特色社会主义伟大实践。必须坚定中国特色社会主义道路自信、理论自信、制度自信、文化自信。

2. 经过长期努力，中国特色社会主义进入了新时代，这是我国发展新的历史方位。

3. 中国特色社会主义进入新时代，意味着近代以来久经磨难的中华民族迎来了从站起来、富起来到强起来的伟大飞跃，迎来了实现中华民族伟大复兴的光明前景；意味着科学社会主义在二十一世纪的中国焕发出强大生机活力，在世界上高高举起了中国特色社会主义伟大旗帜；意味着中国特色社会主义道路、理论、制度、文化不断发展，拓展了发展中国家走向现代化的途径，给世界上那些既希望加快发展又希望保持自身独立性的国家和民族提供了全新选择，为解决人类问题贡献了中国智慧和中国方案。

4. 今天，我们前所未有地走近世界舞台中心，前所未有地接近实现中华民族伟大复兴的中国梦，前所未有地具有实现这个目标的能力和信心。

5. 我们一定要牢记中国近现代的历史及其基本经验，继承先辈们的优良传统，自觉地承担起时代赋予我们的历史使命，锐意进取，埋头苦干，为实现推进现代化建设、完成祖国统一、维护世界和平与促进共同发展三大历史任务，为决胜全面建成小康社会、夺取新时代中国特色社会主义伟大胜利、实现中华民族伟大复兴的中国梦、实现人民对美好生活的向往贡献自己的聪明才智。

> **知识解读**
>
> 中国特色社会主义进入新时代，是中国发展新的历史方位，意味着我们前所未有地接近实现中华民族伟大复兴的最伟大梦想。
>
> （1）中国特色社会主义是改革开放以来党的全部理论和实践的主题，是党和人民历尽千辛万苦、付出巨大代价取得的根本成就。
>
> （2）中国特色社会主义进入了新时代，这是我国发展新的历史方位。

```
   中国特色社会        中国特色社会
   主义理论体系        主义制度是根
   是行动指南          本保障

中国特色社会                      中国特色社会
主义道路是实 →  统一于中国特色  ← 主义文化是精
现途径           社会主义伟大      神力量
                 实践
```

牛刀小试

【选择题】
改革开放以来党的全部理论和实践的主题是（　　）
A. 坚持走和平发展道路　　　　B. 构建社会主义和谐社会
C. 中国特色社会主义　　　　　D. 全面建设小康社会

正确答案 C

解析 中国特色社会主义是改革开放以来党的全部理论和实践的主题，是党和人民历尽千辛万苦、付出巨大代价取得的根本成就，故选C。

模拟卷

模拟卷（一）

第一部分 选择题

一、单项选择题：本大题共 25 小题，每小题 2 分，共 50 分。

1. 鸦片战争前中国封建社会的主要矛盾是（ ）
   A. 地主阶级和农民阶级的矛盾
   B. 帝国主义和中华民族的矛盾
   C. 资产阶级和工人阶级的矛盾
   D. 封建主义和资本主义的矛盾

2. 西方列强对中国的侵略，首先和主要的是（ ）
   A. 政治控制
   B. 军事侵略
   C. 经济掠夺
   D. 文化渗透

3. 1853 年，太平天国定都天京后颁布的纲领性文件是（ ）
   A.《原道觉世训》
   B.《十款天条》
   C.《天朝田亩制度》
   D.《资政新篇》

4. 洋务派创办的第一个规模较大的近代军事企业是（ ）
   A. 金陵机器局
   B. 天津机器局
   C. 湖北枪炮厂
   D. 江南制造总局

5. 戊戌维新时期，维新派在上海创办的影响较大的报刊是（　　）

A. 《时务报》

B. 《国闻报》

C. 《新民丛报》

D. 《湘报》

6. 在中国近代史上，资产阶级思想与封建主义思想的第一次正面交锋是（　　）

A. 洋务派与顽固派的论战

B. 维新派与守旧派的论战

C. 洋务派与维新派的论战

D. 革命派与改良派的论战

7. 1904年至1905年，为争夺在华利益而在中国东北进行战争的帝国主义国家是（　　）

A. 美国与俄国

B. 美国与英国

C. 英国与日本

D. 日本与俄国

8. 为反对袁世凯的独裁和卖国行径，孙中山在1913年领导革命党人发动了（　　）

A. 二次革命

B. 护国战争

C. 护法战争

D. 北伐战争

9. 第一次国共合作建立后形成的大革命风暴起始于（　　）

A. 五四运动

B. 五卅运动

C. 香港海员大罢工

D. 省港大罢工

10. 1930年8月，邓演达领导成立的中间党派是（　　）

A. 中国青年党

B. 中国国家社会党

C. 中国国民党临时行动委员会

D. 中国国民党革命委员会

11. 1936年10月，中国工农红军三大主力胜利会师地是（　　）

A. 四川懋功地区

B. 甘肃会宁、静宁将台堡

C. 西康甘孜地区

D. 陕北吴起镇

12. 1931年，日本帝国主义制造的侵略中国东北的事变是（　　）

　　A. "九·一八"事变

　　B. "一·二八"事变

　　C. "七·七"事变

　　D. "八·一三"事变

13. 抗日战争全面爆发后，中国军队取得第一次重大胜利的战役是（　　）

　　A. 平型关战役

　　B. 雁门关战役

　　C. 阳明堡战役

　　D. 台儿庄战役

14. 1945年8月至10月，国共双方就和平建国问题举行的谈判是（　　）

　　A. 西安谈判

　　B. 重庆谈判

　　C. 南京谈判

　　D. 北平谈判

15. 1947年，在宝岛台湾发生的反抗国民党当局暴政的事件是（　　）

　　A. "一二·一"运动

　　B. "五·二〇"运动

　　C. "二·二八起义"

　　D. "三区革命"

16. 1949年4月，中国人民解放军发起的重大战役是（　　）

　　A. 辽沈战役

　　B. 淮海战役

　　C. 平津战役

　　D. 渡江战役

17. 我国对资本主义工商业进行社会主义改造的政策是（　　）

　　A. 无偿没收

　　B. 有偿征用

　　C. 和平赎买

　　D. 限制发展

18. 1957年2月，毛泽东在扩大的最高国务会议上讲话指出，我国国家政治生活的主题是（　　）

　　A. 坚持共产党的领导

　　B. 坚持人民民主专政

　　C. 正确处理人民内部矛盾

　　D. 集中力量发展社会生产力

19. 新中国第一次提出实现"四个现代化"奋斗目标的会议是（   ）
   A. 第一届全国人民代表大会
   B. 第二届全国人民代表大会
   C. 第三届全国人民代表大会
   D. 第四届全国人民代表大会

20. 1978年12月，中国共产党召开的具有深远历史转折意义的会议是（   ）
   A. 中共十一届三中全会
   B. 中共十一届六中全会
   C. 中共十二届三中全会
   D. 中共十二届六中全会

21. 1988年，中共中央和国务院决定建立的经济特区是（   ）
   A. 海南经济特区
   B. 珠海经济特区
   C. 厦门经济特区
   D. 深圳经济特区

22. 中国恢复对澳门行使主权的时间是（   ）
   A. 1997年7月1日
   B. 1997年12月20日
   C. 1999年7月1日
   D. 1999年12月20日

23. 2004年9月，中共十六届四中全会提出的战略任务是（   ）
   A. 构建社会主义和谐社会
   B. 全面建设小康社会
   C. 建设社会主义新农村
   D. 建立社会主义市场经济体制

24. 习近平新时代中国特色社会主义思想的核心要义是（   ）
   A. 坚持和发展中国特色社会主义
   B. 构建社会主义和谐社会
   C. 坚持走和平发展道路
   D. 全面建设小康社会

25. 2005年，第十届全国人民代表大会第三次会议通过的法律是（   ）
   A.《香港特别行政区基本法》
   B.《澳门特别行政区基本法》
   C.《国家安全法》
   D.《反分裂国家法》

第二部分　非选择题

二、简答题：本大题共 5 小题，每小题 6 分，共 30 分。

26. 资产阶级革命派与改良派论战围绕的主要问题及其意义。
27. 中国共产党发动南昌起义的重大意义。
28. 中国人民抗日战争胜利的主要原因。
29. 毛泽东提出的关于社会主义的发展阶段和现代化建设的战略目标。
30. 简述统筹推进"五位一体"总体布局的内容。

三、论述题：本大题共 3 小题，考生任选其中 2 题作答，每小题 10 分，共 20 分。如果考生回答的题目超过 2 题，只按考生回答题目的前 2 题计分。

31. 近代中国社会的主要矛盾及其相互关系。
32. 中国共产党成立的历史意义。
33. 为什么说中华人民共和国的成立开辟了中国历史的新纪元？

参考答案

一、单项选择题

1.【考点】中国封建社会的基本特点

答案：A

解析：中国封建社会的主要矛盾，是地主阶级和农民阶级的矛盾。在这一矛盾基础上建立的封建性质的经济、政治、文化、社会结构，具有两方面的特性：一方面，它巩固和维系了中国封建社会的长期延续和稳定。另一方面，随着中国封建社会由盛转衰，地主阶级同农民阶级的固有矛盾日益显现出来，造成自身不可克服的政治经济社会的周期性危机。

2.【考点】军事侵略

答案：B

解析：资本—帝国主义列强对中国的侵略，首先和主要的是进行军事侵略，迫使中国政府签订不平等条约。

3.【考点】《天朝田亩制度》和《资政新篇》

答案：C

解析：（1）太平天国定都天京后，在政治、军事、经济、文化等方面采取了一系列的政策和措施，其中最重要的是《天朝田亩制度》的颁布。（2）《天朝田亩制度》颁布于1853年冬，是最能体现太平天国社会理想和这次农民战争特点的纲领性文件。

4.【考点】洋务新政的兴办

答案：D

解析：江南制造总局是洋务派创办的第一个规模较大可称之为近代军事工业的兵工厂，除了造船厂外，还有枪厂、黑药厂、炮弹厂、水雷厂等其他各种分厂，还设有译书局，聘请中外人士翻译了百余种科技、军工和人文科学书籍，在介绍与传播西方资本主义科技、文化上起了一定作用。

5.【考点】维新派倡导救亡和变法的活动

答案：A

解析：资产阶级维新派宣传变法维新主张的活动中包括办学会、办报纸、设学堂。影响较大的学会有强学会、南学会、保国会等。影响较大的报纸有梁启超任主笔的上海《时务报》、严复主办的天津《国闻报》以及湖南的《湘报》等。重要的学堂有康有为主持的广州万木草堂、梁启超任中学总教习的长沙时务学堂等。

6.【考点】维新派和守旧派的论战

答案：B

解析：维新派和守旧派的论战，实质上是资产阶级思想与封建主义思想在中国的第一次正面交锋。论战涉及的领域十分广泛，比较集中地反映了近代中国在文化思想领域中学和西学、新学和旧学之争，进一步开阔了新型知识分子的眼界，为维新变法运动作了思想舆论的准备。

7. 【考点】民族危机加深,社会矛盾激化

答案:D

解析:1904年至1905年,日、俄两国为了争夺在华利益竟然在中国东北进行战争,清政府却宣布"局外中立",结果日本战胜俄国,俄国将所攫得的中国东北南部所有一切权益"转让"日本。

8. 【考点】反对北洋军阀的斗争

答案:A

解析:面对北洋军阀的黑暗统治,以孙中山为首的资产阶级革命派仍坚持革命的立场,为捍卫资产阶级民主革命成果进行了一系列的斗争。为反对袁世凯刺杀宋教仁和"善后大借款",1913年7月,李烈钧在江西湖口通电讨袁,不久黄兴在南京宣布讨袁,其他地方如上海、安徽、湖南、广东、福建等地也先后响应。战争主要在九江、南京一带进行,史称"赣宁之役",又称"二次革命"。这场斗争只坚持两个月就失败了。

9. 【考点】国民革命的兴起

答案:B

解析:(1)第一次国共合作的形成实现了革命力量的大联合,以广州为中心,席卷大半个中国的反帝反军阀的国民革命迅速兴起。(2)全国范围的大革命风暴起始于五卅运动。1925年5月14日,上海工人反日大罢工开始。5月15日,日本资本家枪杀中国工人顾正红(共产党员),并打伤十多名工人。5月30日,在中国共产党的领导下,上海工人和学生举行反帝示威活动,遭到租界巡捕枪击,打死13人,打伤数十人,捕去53人,酿成震惊中外的五卅惨案。此后,工人罢工,学生罢课,商人罢市,反对帝国主义的民族运动浪潮迅速席卷全国。

10. 【考点】中间党派的活动及其政治主张

答案:C

解析:(1)在20世纪二三十年代中国政治舞台上,活跃着一些处于国共两党之间的中间党派。(2)当时,影响比较大的中间派别有邓演达领导的中国国民党临时行动委员会(又称第三党),梁漱溟为首的乡村建设派,黄炎培为首的中华职业教育社。此外,还有曾琦、李璜、左舜生为负责人的中国青年党(又称醒狮派、国家主义派),张君劢、张东荪、罗隆基为代表的中国国家社会党(又称再造派)等。(3)中国国民党临时行动委员会正式成立于1930年8月。其成员是一部分国民革命时期的国民党左派和一些国民革命失败后因为各种原因脱离共产党组织的人士。

11. 【考点】长征的胜利结束

答案:B

解析:1936年10月,红二、四方面军先后同红一方面军在甘肃会宁、静宁将台堡(今属宁夏回族自治区)会师,胜利结束长征。

12. 【考点】从九一八事变到华北事变

答案： A

解析： 1931年9月18日深夜，日本关东军自行炸毁"南满"铁路沈阳北郊柳条湖的一小段路轨，反诬中国军队所为，随即炮轰东北军驻地北大营；接着，日军分别向沈阳、长春、四平、公主岭等地发起进攻。这就是九一八事变。日本开始了变中国为其独占殖民地的侵华战争。1932年2月，中国东北全境沦陷。

13. 【考点】敌后战场的开辟和敌后根据地的建立

答案： A

解析： 全国性抗战开始后，共产党领导的八路军、新四军立即投入抗日斗争。八路军刚开赴前线时，主要是直接在战役上配合国民党军队作战。1937年9月，八路军第一一五师主力在晋东北平型关附近伏击日军，歼敌1000余人，击毁汽车100多辆，这是全民族抗战开始后中国军队的第一次重大胜利，粉碎了日军不可战胜的神话。

14. 【考点】重庆谈判和政治协商会议

答案： B

解析： 由于内战部署一时难以完成，1945年8月14日、20日、23日，蒋介石接连发出三封电报，邀请中共中央主席毛泽东到重庆进行和平谈判。为了争取和平民主，毛泽东不顾个人安危，于1945年8月28日偕周恩来、王若飞飞赴重庆与国民党当局进行谈判。10月10日，双方签署《政府与中共代表会谈纪要》（即双十协定），确认和平建国的基本方针。

15. 【考点】台湾和少数民族地区的人民民主运动

答案： C

解析： 1947年2月28日，台湾省台北市人民为反抗国民党当局的暴政、抗议反动军警屠杀市民，举行大规模示威游行，又遭国民党军警镇压。2月底3月初，台湾各地汉族、高山族人民纷起响应，夺取武器，举行起义，并攻占台中、嘉义等城市。国民党当局从大陆调来大批军警、特务，对起义群众进行镇压。3月14日，起义失败。"二二八起义"虽然失败了，但它有力地显示了台湾人民反对国民党的黑暗统治，争取人民民主的革命精神，它是全国人民民主运动的重要组成部分。

16. 【考点】南京国民党政权的覆灭

答案： D

解析： 1949年4月21日，毛泽东、朱德发布《向全国进军的命令》，中国人民解放军发起渡江战役。第二、第三野战军在东起江阴，西至湖口，长达1000多里的战线上强渡长江天险，一举摧毁了国民党苦心经营3个半月的长江防线。4月23日，人民解放军占领南京，延续了22年的国民党反动统治宣告覆灭。

17. 【考点】对资本主义工商业的社会主义改造

答案： C

解析： 经过国家资本主义来改造资本主义工商业，意味着国家对资本主义工商业采取和平赎买的政策。其特点是：第一，有偿地而不是无偿地，逐步地而不是突然地改变资产阶级的所有制；第二，在改造他们的同时，给予他们必要的工作安排；第三，不剥夺资产阶级的选举权，对于他们中间积极拥护社会主义改造，并在这个改造事业中有所贡献的代表人物给以恰当的政治安排。

18. 【主考点】《关于正确处理人民内部矛盾的问题》发表
【副考点】毛泽东等老一代革命家探索中国社会主义建设道路的理论贡献
答案：C
解析：1957 年 2 月，毛泽东在扩大的最高国务会议上发表《关于正确处理人民内部矛盾的问题》的讲话，提出要把正确处理人民内部矛盾作为国家政治生活的主题。

19. 【考点】"七千人大会"的召开
答案：C
解析：1964 年底到 1965 年初，在国民经济调整任务即将基本完成的时候，召开了第三届全国人民代表大会第一次会议。周恩来总理在会上宣布我国国民经济即将进入一个新的发展时期。全国人民要努力奋斗，把我国逐步建设成为一个具有现代农业、现代工业、现代国防和现代科学技术的社会主义强国。中国共产党和政府第一次郑重地向全国人民提出实现"四个现代化"的奋斗目标。

20. 【考点】中共十一届三中全会的召开
答案：A
解析：1978 年 12 月 18 日至 22 日，中共十一届三中全会在北京召开。中共十一届三中全会是新中国成立以来党的历史上具有深远意义的伟大转折。全会结束了粉碎"四人帮"后两年在徘徊中前进的局面，开始了中国共产党在思想、政治、组织等领域的全面拨乱反正，形成了以邓小平为核心的党的中央领导集体，揭开了社会主义改革开放的序幕。以这次全会为起点，中国进入了改革开放和社会主义现代化建设的历史新时期。

21. 【考点】多层次对外开放格局的形成
答案：A
解析：1983 年 4 月，中共中央和国务院决定对海南岛实行经济特区的某些政策，给予较多的自主权，以加速海南岛的开发。1988 年 4 月，七届全国人大一次会议通过设立海南省和建立海南经济特区的决定。

22. 【考点】祖国统一大业的推进
答案：D
解析：根据"一国两制"的构想，中国政府先后同英国和葡萄牙政府举行谈判，并分别于 1984 年 12 月和 1987 年 4 月签署了中英《关于香港问题的联合声明》和中葡《关于澳门问题的联合声明》。1997 年 7 月 1 日，中英两国政府举行了香港政权交接仪式，宣告中国对香港恢复行使主权，中华人民共和国香港特别行政区正式成立。1999 年 12 月 20 日，澳门也回归祖国，澳门特别行政区正式成立。

23. 【考点】提出构建社会主义和谐社会的战略任务

答案：A

解析：2004年9月，中共十六届四中全会提出构建社会主义和谐社会的战略任务。

24. 【考点】在新时代坚持和发展中国特色社会主义

答案：A

解析：(1) 2017年10月18日至24日，中国共产党第十九次全国代表大会在北京举行。这是在全面建成小康社会决胜阶段、中国特色社会主义进入新时代的关键时期召开的一次十分重要的大会。(2) 大会强调，坚持和发展中国特色社会主义，是习近平新时代中国特色社会主义思想的核心要义。

25. 【考点】坚持"一国两制"，推进祖国统一

答案：D

解析：2005年3月，第十届全国人民代表大会第三次会议高票通过《反分裂国家法》，将中国人民维护国家领土主权完整的坚强决心通过立法形式表达出来。

二、简答题

26. 【考点】关于革命与改良的辩论

答案：(1) 主要问题：

第一，要不要以革命手段推翻清政府。

第二，要不要推翻帝制，实行共和。

第三，要不要社会革命。

(2) 重要意义：

第一，划清了革命与改良的界限，使人们清楚地认识到实行民主革命的必要性，从而加入革命的行列。

第二，使资产阶级民主思想和三民主义思想得到了更加广泛的传播，为推翻清朝统治的革命斗争奠定了思想基础。

27. 【考点】中国共产党人发动武装斗争和土地革命

答案：(1) 它打响了武装反抗国民党反动统治的第一枪，体现了中国共产党人为实行中国人民的根本利益和中华民族的解放事业而前赴后继的革命精神。

(2) 它成为共产党独立领导革命战争、创建人民军队和武装夺取政权的伟大开端。

(3) 它揭开了土地革命战争的序幕。

28. 【考点】抗日战争胜利的意义及原因

答案：(1) 以爱国主义为核心的伟大民族精神是中国人民抗日战争胜利的决定因素。

(2) 中国共产党的中流砥柱作用是中国人民抗日战争胜利的关键。

(3) 全民族抗战是中国人民抗日战争胜利的重要法宝。

(4) 世界所有爱好和平与正义的国家和人民、国际组织以及各种反法西斯力量的同情和支持，是中国人民抗日战争取得胜利的国际条件。

29.【考点】毛泽东等老一代革命家探索中国社会主义建设道路的理论贡献

答案：（1）关于社会主义的发展阶段，可能为两个阶段，第一个阶段是不发达的社会主义，第二个阶段是比较发达的社会主义。后一阶段可能比前一阶段需要更长的时间。

（2）社会主义现代化建设的战略目标，是要把中国建设成为一个具有现代农业、现代工业、现代国防和现代科学技术的强国。

30.【主考点】主动适应和引领经济发展新常态

【副考点1】发展社会主义民主政治

【副考点2】发展中国特色社会主义文化

答案：（1）主动适应和引领经济发展新常态

（2）发展社会主义民主政治

（3）发展中国特色社会主义文化

（4）在发展中保障和改善民生

（5）建设美丽中国

三、论述题

31.【考点】两对主要矛盾及其关系

答案：（1）主要矛盾：帝国主义与中华民族的矛盾、封建主义与人民大众的矛盾，其中帝国主义与中华民族的矛盾是最主要的矛盾。

（2）相互关系：当外国列强向中国发动侵略战争时，阶级矛盾降到次要地位，民族矛盾上升到主要地位；当外国侵略者同中国封建政权相勾结，共同镇压中国革命，尤其是封建地主阶级对人民的压迫特别残酷时，阶级矛盾上升为主要矛盾。

32.【考点】中国共产党成立的历史特点和意义

答案：（1）它标志着中国革命终于有了一个坚强的领导核心，它的成立使中国革命有了可信赖的组织者和领导者。

（2）中国革命从此有了一个科学的指导思想，中国共产党以马克思列宁主义基本原理观察和分析中国的问题，为中国人民指明了斗争的目标、革命的前途和走向胜利的道路。

（3）它沟通了中国革命与世界革命的联系，把中华民族的解放运动同世界无产阶级社会主义革命运动相联结并成为其中一部分，使中国革命有了新的前途。

（4）自从有了中国共产党，中国革命的面目就焕然一新了。

33.【考点】中国历史的新纪元

答案：（1）帝国主义列强压迫中国、奴役中国人民的历史从此结束，中华民族一洗近百年来蒙受的屈辱，开始以崭新的姿态自立于世界的民族之林。占人类总数1/4的中国人从此站立起来了。

（2）本国封建主义、官僚资本主义统治的历史从此结束，长期以来受尽压迫和欺凌的广大中国人民在政治上翻了身，第一次成为新社会、新国家的主人。一个真正属于人民的共和国建立起来了。

（3）军阀割据、战乱频仍、匪患不断的历史从此结束，国家基本统一，民族团结，社会政治局面趋向稳定，各族人民开始过上安居乐业的生活。人民可以集中力量从事经济文化等方面建设的时期到来了。

（4）从根本上改变了中国社会的发展方向，为实现由新民主主义向社会主义的过渡创造了政治前提。

（5）中国共产党成为全国范围内的执政党。它可以运用国家政权凝聚和调集全国力量，巩固民族独立和人民解放的成果，解放并发展社会生产力，以造福于各族人民，造福于整个中华民族。

模拟卷（二）

第一部分　选择题

一、单项选择题：本大题共 25 小题，每小题 2 分，共 50 分。

1. 在中国近代史上，人民群众第一次大规模的反侵略武装斗争是（　　）

A. 三元里人民的抗英斗争

B. 太平天国抗击洋枪队的斗争

C. 台湾人民的抗日斗争

D. 义和团抗击八国联军的斗争

2. 1851 年，洪秀全率领拜上帝教教众发动起义。洪秀全发动起义的地点是（　　）

A. 东乡

B. 金田

C. 永安

D. 天京

3. 洋务派最早从事的洋务事业是（　　）

A. 兴办军用工业

B. 兴办民用工业

C. 派遣留学生

D. 创立新式学堂

4. 1894 年，孙中山建立的中国第一个资产阶级革命组织是（　　）

A. 兴中会

B. 光复会

C. 中国同盟会

D. 岳王会

5. 1905 年至 1907 年，资产阶级革命派与改良派论战的焦点是（　　）

A. 要不要打倒列强

B. 要不要以革命手段推翻清政府

C. 要不要实行共和

D. 要不要废科举，兴学堂

6. 1911 年，在湖北、湖南、广东、四川爆发的民众爱国运动是（　　）

A. 拒俄运动

B. 保路运动

C. 抵制美货运动

D. 拒法运动

7. 1914年二次革命失败后，孙中山在东京正式成立的革命组织是（   ）

A. 兴中会

B. 中国同盟会

C. 国民党

D. 中华革命党

8. 五四运动的直接导火线是（   ）

A. 俄国十月革命的影响

B. 中国工人阶级和民族资产阶级力量的壮大

C. 巴黎和会上中国外交的失败

D. 新文化运动掀起的思想解放潮流的推动

9. 1922年召开的中共二大第一次明确提出了（   ）

A. 新民主主义革命总路线

B. 土地革命总路线

C. 实现共产主义的最高纲领

D. 反帝反封建的民主革命纲领

10. 1927年，蒋介石在上海制造了捕杀共产党员和革命群众的（   ）

A. 中山舰事件

B. 整理党务案

C. "四·一二"政变

D. "七·一五"政变

11. 国民党在全国的统治建立后，官僚资本的垄断活动首先和主要是（   ）

A. 从农业方面开始的

B. 从重工业方面开始的

C. 从商业方面开始的

D. 从金融业方面开始的

12. 标志着中央红军长征胜利结束的事件是（   ）

A. 中央红军到达四川懋功

B. 陕甘支队到达吴起镇

C. 甘孜会师

D. 会宁、静宁会师

13. 1932年3月，日本关东军策划成立的亲日政权是（   ）

A. 冀东防共自治政府

B. 伪"满洲国"

C. 中华民国国民政府

D. 日本总督府

14. 1937年8月，红军主力改编为国民革命军第八路军，其总指挥是（   ）

A. 毛泽东

B. 朱德

C. 彭德怀

D. 林彪

15. 1941年3月，在抗日民主运动中成立的民主党派是（   ）

A. 中国国民党临时行动委员会

B. 中国青年党

C. 中国国家社会党

D. 中国民主政团同盟

16. 1945年8月至10月，国共双方就和平建国问题举行的谈判是（   ）

A. 西安谈判

B. 重庆谈判

C. 南京谈判

D. 北平谈判

17. 1947年6月，晋冀鲁豫野战军千里跃进大别山，揭开了人民解放战争（   ）

A. 战略防御的序幕

B. 战略转移的序幕

C. 战略进攻的序幕

D. 战略决战的序幕

18. 1947年10月，被国民党当局宣布为"非法团体"并勒令取缔的民主党派是（   ）

A. 中国农工民主党

B. 中国民主同盟

C. 中国民主促进会

D. 中国国民党革命委员会

19. 1948年9月，中国人民解放军发起战略决战的第一个战役是（   ）

A. 辽沈战役

B. 淮海战役

C. 平津战役

D. 渡江战役

20. 中华人民共和国的成立标志着中国进入了（   ）

A. 社会主义社会

B. 新民主主义社会

C. 社会主义初级阶段

D. 社会主义高级阶段

21. 1956年，在中共八大上提出"三个主体，三个补充"思想的是（   ）
    A. 周恩来
    B. 刘少奇
    C. 邓小平
    D. 陈云

22. 1961年，中共中央决定对国民经济实行"调整、巩固、充实、提高"方针的会议是（   ）
    A. 中共八届五中全会
    B. 中共八届六中全会
    C. 中共八届九中全会
    D. 中共八届十中全会

23. 1964年，新中国取得的重大科技成果是（   ）
    A. 第一颗原子弹试验成功
    B. 第一颗氢弹试验成功
    C. 第一台万吨水压机试制成功
    D. 第一颗人造卫星发射成功

24. 2005年10月，中共十六届五中全会提出的战略任务是（   ）
    A. 建设社会主义新农村
    B. 坚持走和平发展道路
    C. 加强党的先进性建设
    D. 全面建设小康社会

25. 中共十八大精神归结到一点，就是（   ）
    A. 坚持四项基本原则
    B. 完善社会主义市场经济
    C. 全面深化改革
    D. 坚持和发展中国特色社会主义

第二部分　非选择题

二、简答题：本大题共5小题，每小题6分，共30分。

26. 资产阶级维新派自身弱点和局限的主要表现是什么？

27. 中国国民党第一次全国代表大会对三民主义的新阐释是什么？

28. 20世纪20年代后期和30年代前期，中共党内屡次出现"左"倾错误的主要原因。

29. 中国人民抗日战争在世界反法西斯战争中的地位。

30. 简述协调推进"四个全面"战略布局的内容。

三、论述题：本大题共 3 小题，考生任选其中 2 题作答，每小题 10 分，共 20 分。如果考生回答的题目超过 2 题，只按考生回答题目的前 2 题计分。

31. 近代以来中华民族面临的两大历史任务及其相互关系。
32. 社会主义改造基本完成的意义。
33. 中共十一届三中全会是新中国成立以来党的历史上具有深远意义的伟大转折。

参考答案

一、单项选择题

1.【考点】人民群众的反侵略斗争

答案： A

解析： 鸦片战争时期，中国人民便掀起了反对外来侵略的斗争。1841年5月，广州郊区三元里人民联络附近103个乡的群众，与英国侵略者展开激烈战斗。这是中国近代史上中国人民第一次大规模的反侵略武装斗争。

2.【考点】金田起义和太平天国政权的建立

答案： B

解析： 1851年1月，洪秀全率领拜上帝教教众在广西省桂平县金田村发动起义，建号太平天国。

3.【考点】洋务新政的兴办

答案： A

解析： 19世纪60到90年代，洋务派举办的洋务事业归纳起来主要包括以下三个方面：一是兴办近代企业，洋务派最早兴办的是军用工业；二是建立新式海陆军；三是创办新式学堂、派遣留学生。

4.【考点】孙中山与资产阶级民主革命的开始

答案： A

解析： 1894年，孙中山在美国檀香山组织了中国第一个资产阶级革命组织——兴中会。

5.【考点】关于革命与改良的辩论

答案： B

解析： 1905年至1907年，以孙中山为代表的革命派和以康有为代表的改良派，分别以《民报》和《新民丛报》为主要舆论阵地展开了激烈论战。这场论战主要围绕以下问题展开：第一，要不要以革命手段推翻清政府，这是论战的焦点；第二，要不要推翻帝制，实行共和；第三，要不要社会革命。

6.【考点】各地武装起义与保路风潮

答案： B

解析： 1911年5月，清政府皇族内阁为筹措借款，宣布"铁路干线收归国有"，并将粤汉、川汉铁路的路权出卖给帝国主义，引起湖北、湖南、广东、四川四省民众的强烈反对，一场事关民族权益和个人利益的保路运动随后兴起，四川省尤其强烈。

7.【考点】反对北洋军阀的斗争

答案： D

解析： 1914年7月，孙中山在东京正式成立中华革命党。中华革命党坚持反对袁世凯专制统治的正确方向，但其要求党员个人绝对服从领袖，并采用打指模的封建入会方式，遭到黄兴等人的公开反对。中华革命党的社会影响远不如中国同盟会。

8. 【考点】五四运动的爆发

答案：C

解析：五四运动的直接导火线，是巴黎和会上中国外交的失败。第一次世界大战后，英、美、法、意、日等帝国主义为重新瓜分世界，于1919年1月在巴黎召开"和平会议"。会议对中国代表团的合理要求不予理睬，反而决定将德国在山东获得的一切权益转让给日本。中国在巴黎和会上外交失败的消息传到国内，立即激起了全国人民的强烈愤怒。

9. 【考点】反帝反封建革命纲领的制定

答案：D

解析：(1) 1922年7月，中国共产党第二次全国代表大会在上海召开。(2) 中共二大在中国近代史上第一次明确提出了反帝反封建的民主革命纲领，解决了分清敌友这个革命的首要问题。

10. 【考点】国民党右派发动反共政变

答案：C

解析：1927年4月12日，蒋介石在上海发动反共政变（史称"四一二"反革命政变），以"清党"名义捕杀共产党员和革命群众。4月18日，蒋介石在南京另立国民政府。此后，江苏、浙江、福建、广东、广西等省相继发生反共政变。

11. 【考点】国民党统治下的中国社会经济

答案：D

解析：国民党在全国的统治建立以后，官僚买办资本急剧地膨胀起来。它和国家政权结合在一起，同外国帝国主义、本国地主阶级结合在一起，成为买办的封建的国家垄断资本，成为国民党统治的经济基础。官僚资本的垄断活动，首先和主要的是在金融业方面开始的。

12. 【考点】长征的胜利结束

答案：B

解析：(1) 遵义会议后，在毛泽东等的领导下，中央红军根据实际情况的变化，灵活地变换作战方向，历经四渡赤水河、强渡金沙江、抢渡大渡河、翻越人迹罕至的夹金山，于1935年6月抵达四川懋功（今小金）地区，同1935年5月初离开川陕根据地实行转移到达那里的由张国焘、徐向前等率领的红四方面军会师。中共中央政治局会议决定，红军两大主力会师后集中北上，相机创建新的革命根据地。但是，张国焘却提出南下四川、西康的主张，给红军会师后的有利形势蒙上了阴影。(2) 中共中央同张国焘的错误主张进行了坚决的斗争，决定先行北上，并将北上的中央红军主力改称陕甘支队。(3) 1935年10月19日，中共中央率陕甘支队到达陕北吴起镇，同在那里的红十五军团会合。至此，中央红军行程二万五千里、纵横十一个省的长征胜利结束。中国共产党领导的革命力量有了新的落脚点和战略基地。

13. 【考点】残暴的殖民统治
    答案：B
    解析：九一八事变后，日本在中国东北实行了14年的殖民统治。1932年3月，在日本关东军的导演下，伪"满洲国"发表"建国"宣言，年号"大同"。早已被中国人民革命赶下台的清朝末代皇帝溥仪在长春举行"就职典礼"，担任伪"满洲国"的"执政"。日本通过伪"满洲国"，对东北人民实行殖民统治。

14. 【考点】第二次国共合作正式形成，全民族抗战的开始
    答案：B
    解析：1937年卢沟桥事变的第二天即7月8日，中国共产党就通电全国，号召全中国同胞团结起来，筑成民族统一战线的坚固长城，抵抗日本的侵略，并派周恩来等同国民党方面继续谈判。8月，国共两党达成将红军主力改编为国民革命军第八路军（简称八路军，后改称第十八集团军）等协议。八路军由朱德任总指挥，彭德怀任副总指挥。

15. 【考点】大后方的抗日民主运动
    答案：D
    解析：抗战时期的国民党统治区被称为大后方。全民族抗战开始后，大后方人民要求国民党坚持抗战，实行民主。中国共产党积极团结国统区抗日民主力量，推进国统区民主改革。在抗战初期，国民政府实行过若干有利于抗战的政策。1938年初，国民政府改组军事委员会，下设政治部，聘请周恩来担任政治部副部长。同年6月，国民参政会成立。1941年3月中国民主政团同盟成立后，由于无法在重庆公开活动，故到香港开展工作，9月创办了盟报《光明报》。

16. 【考点】重庆谈判和政治协商会议
    答案：B
    解析：由于内战部署一时难以完成，1945年8月14日、20日、23日，蒋介石接连发出三封电报，邀请中共中央主席毛泽东到重庆进行和平谈判。为了争取和平民主，毛泽东不顾个人安危，于1945年8月28日偕周恩来、王若飞飞赴重庆与国民党当局进行谈判。10月10日，双方签署《政府与中共代表会谈纪要》（即双十协定），确认和平建国的基本方针。

17. 【考点】人民解放军转入战略进攻
    答案：C
    解析：根据中共中央的决策和部署，1947年6月底，刘伯承、邓小平率领的晋冀鲁豫野战军主力强渡黄河，在鲁西南地区大量歼敌，配合华东野战军粉碎国民党军的重点进攻，随后千里跃进大别山，在鄂豫皖实施战略展开。与之相配合，陈毅、粟裕指挥的华东野战军主力为东路，挺进苏鲁豫皖地区；陈赓、谢富治指挥的晋冀鲁豫野战军一部为西路，挺进豫西。三支大军在江、淮、河、汉之间，布成"品"字形阵势，相互策应，机动歼敌。它们调动和吸引国民党军南线全部兵力160多个旅中约90个旅

左右于自己周围，迫使国民党军队处于被动地位。人民解放战争战略进攻的序幕由此揭开。

18.【考点】中国共产党与民主党派的团结合作

答案：B

解析：1947年10月，国民党当局宣布民盟（即中国民主同盟）为"非法团体"，明令对该组织及其成员的一切活动"严加取缔"。同年11月6日，民盟总部被迫发表公告，通告盟员自即日起一律停止政治活动，民盟总部即日解散。这就使在国民党统治下进行的和平改良的"第三条道路"的幻想归于破灭。

19.【考点】决定中国命运的战略决战

答案：A

解析：在毛泽东和中共中央军委的领导与指挥下，在人民群众的热烈支援下，中国人民解放军先后发动了辽沈、淮海、平津三大战役。辽沈战役自1948年9月12日开始至11月2日结束。淮海战役自1948年11月6日开始至1949年1月10日结束。平津战役自1948年11月29日开始至1949年1月31日结束。

20.【考点】中国历史的新纪元

答案：B

解析：中华人民共和国的成立，标志着中国的新民主主义革命取得了基本的胜利，标志着半殖民地半封建社会的结束和新民主主义社会在全国范围内的建立。

21.【考点】中共八大路线的制定

答案：D

解析：中共八大专门安排党和国家领导人及各方面代表作大会发言。在发言中，陈云提出"三个主体、三个补充"的思想，即：国家经营和集体经营是主体，一定数量的个体经营为补充；计划生产是主体，一定范围的自由生产为补充；国家市场是主体，一定范围的自由市场为补充。

22.【考点】国民经济的调整

答案：C

解析：1961年1月，中共八届九中全会正式决定对国民经济实行"调整、巩固、充实、提高"的方针。毛泽东在会上号召全党大兴调查研究之风，搞一个实事求是年。

23.【考点】科技事业的发展

答案：A

解析：新中国在核技术、人造卫星和运载火箭等尖端科学技术领域，取得了一系列重要的成就。1964年10月，中国爆炸了第一颗原子弹。1966年10月，装有核弹头的中近程地地导弹发射成功。1967年6月，爆炸了第一颗氢弹。1970年4月，第一颗人造地球卫星发射成功。

24.【考点】推动经济又好又快地发展和促进社会全面进步

答案：A

解析：2005年10月召开的中共十六届五中全会，提出了建设社会主义新农村的战略任务，提出了"生产发展、生活宽裕、乡风文明、村容整洁、管理民主"的要求。

25.【考点】全面建成小康社会目标的确定和实现民族复兴中国梦的提出

答案：D

解析：（1）2012年11月8日至14日，中国共产党第十八次全国代表大会在北京召开。（2）中共十八大精神归结到一点，就是坚持和发展中国特色社会主义。

二、简答题

26.【考点】戊戌维新运动失败的原因和教训

答案：（1）不敢否定封建主义。

（2）对帝国主义抱有幻想。

（3）脱离人民群众。

27.【考点】第一次国共合作的形成

答案：（1）民族主义突出了反对帝国主义的内容，强调对外争取中华民族的完全独立，同时主张国内各民族一律平等。

（2）民权主义强调民权为一般平民所共有，不应为"少数人所得而私"。

（3）民生主义在"平均地权"基础上增加了"节制资本"的原则，并提出改善工农的生活状况。

28.【考点】"左"倾教条主义的危害，土地革命战争的严重挫折

答案：（1）八七会议以后，党内一直存在着的浓厚的近乎拼命的冲动，始终未能从指导思想上得到认真的清理。

（2）全党的马克思主义理论准备不足，理论素养还不高，实践经验也很缺乏。

（3）共产国际的干预以及对王明的全力支持，更使许多人失去了识别和抵制能力。

29.【考点】中国人民抗日战争在世界反法西斯战争中的地位

答案：（1）中国人民抗日战争是世界反法西斯战争的东方主战场。中国抗战开始最早，持续时间最长，牵制和抗击了日本军国主义的主要兵力，对日本侵略者的彻底覆灭起到了决定性作用。

（2）中国人民的持久抗战，遏制了日本的"北进"计划，迟滞了日本的"南进"步伐，大大减轻了其他战场的压力，为盟国军队完成战略转折和实施战略反攻创造了有利条件。

（3）中国作为亚太地区盟军对日作战的重要后方基地，为盟国提供了大量战略物资和军事情报，中国军队出国作战，不仅打击了日军，还对盟军给予了实际支援。

30.【主考点】推进全面深化改革

【副考点1】推进全面依法治国

【副考点2】推进全面建成小康社会

答案：（1）推进全面深化改革

（2）推进全面依法治国

(3) 推进全面建成小康社会

(4) 推进全面从严治党

三、论述题

31.【考点】 两大历史任务及其关系

答案：(1) 近代以来中华民族始终面临着两大历史任务：一是求得民族独立和人民解放；二是实现国家繁荣富强和人民共同富裕。

(2) 两大历史任务既相互区别，又相互联系。

其区别在于：前者是要从根本上推翻中国半殖民地半封建社会的统治秩序，着重解决生产关系问题；后者是要改变近代中国经济、文化和社会落后的地位和状况，是要充分发展近代民族工商业，着重解决生产力问题。

其联系在于：只有完成第一大任务，才能为第二大任务的完成创造条件。一方面，争取民族独立和人民解放是实现国家繁荣富强和人民共同富裕的前提条件。另一方面，争取民族独立和人民解放的最终目的是使中国走向现代化，实现国家繁荣富强和人民的共同富裕，使中华民族自立于世界民族之林。

32.【考点】 社会主义改造基本完成的意义

答案：(1) 社会主义改造的基本完成，使社会主义的基本经济制度在中国全面地建立起来了，是中国进入社会主义社会的最主要的标志。

(2) 社会主义改造是在生产关系方面由私有制到公有制的一场伟大的变革，对生产力的发展直接起到了促进作用。

(3) 通过社会主义改造，中国共产党领导全国各族人民创造性地完成了由新民主主义到社会主义的过渡，实现了中国历史上最伟大最深刻的社会变革。

33.【考点】 中共十一届三中全会的召开

答案：(1) 全会冲破了长期"左"的错误的严重束缚，彻底否定了"两个凡是"的错误方针，高度评价了关于真理标准问题的讨论，重新确立了党的马克思主义思想路线；

(2) 否定了"以阶级斗争为纲"的指导思想，作出了把工作重点转移到社会主义现代化建设上来和实行改革开放的战略决策；

(3) 恢复了党的民主集中制的优良传统，审查解决了历史上遗留的一批重大问题和一些重要领导人的功过是非问题；

(4) 结束了粉碎"四人帮"后两年在徘徊中前进的局面，开始了党和国家在各个领域的全面拨乱反正，形成了以邓小平为核心的党中央领导集体，揭开了改革开放的序幕。

附录一

中国近现代史纲要大事记

时间	大事记	注释
公元前5世纪的战国时代到1840年的鸦片战争	中国处于封建社会	乾隆朝后期，清王朝由强盛走向衰落。
1839年	林则徐组织编写《四洲志》	林则徐是近代中国睁眼看世界的第一人。
1840年	第一次鸦片战争爆发	中国近代史开端，中国开始进入半殖民地半封建社会。
1841年	广州三元里人民抗英斗争	中国近代史上中国人民第一次大规模的反侵略武装斗争。
1842年	第一次鸦片战争结束	中国战败。
1842年	中英《南京条约（江宁条约）》签订	中国近代史上第一个不平等条约。
1843年	中英《虎门条约》《五口通商章程》签订	
1844年	中美《望厦条约》签订	
1844年	中法《黄埔条约》签订	
1849年	葡萄牙占领澳门	
19世纪40年代	中国工人阶级诞生	鸦片战争后，外国资本在广州、上海等地经营近代工商业，其中产生了中国最早的一批产业工人。
1851年	金田起义	洪秀全在广西省金田村发动起义，太平天国战争爆发。
1851年	永安建制	太平天国进行封王建制和整顿军纪等工作。

续表

时间	大事记	注释
1853年	定都天京	太平军攻占南京,改名天京,定为太平天国首都。
	《天朝田亩制度》颁布	《天朝田亩制度》是最能体现太平天国社会理想和农民起义特色的纲领性文件。
1856年	天京事变	天京事变的发生,严重地削弱了太平天国的领导和军事力量,成为太平天国由盛转衰的转折点。
	第二次鸦片战争爆发	
1858年	中俄《瑷珲条约》签订	
	中、英、法、俄、美《天津条约》签订	
1859年	洪仁玕提出《资政新篇》	《资政新篇》作为太平天国统筹全局的建议,是中国近代史上第一个具有资本主义色彩的改革与建设方案。
1860年	英法联军攻占北京	
	英法联军火烧圆明园	
	第二次鸦片战争结束	中国战败。
	中、英、法、俄《北京条约》签订	
1861年	洋务运动兴起	(1)洋务运动从近代军用工业着手,首要目的是镇压太平天国起义。 (2)恭亲王奕䜣是洋务派首领。 (3)冯桂芬对兴办洋务事业的指导思想最先作出比较完整的表述,后概括为"中学为体,西学为用"。
	总理各国事务衙门成立	总理各国事务衙门是清政府综理洋务的中央机关。
1862年	京师同文馆成立	洋务运动时期最早创办的翻译学堂。
1864年	天京失陷	天京被清军攻破,太平天国农民战争失败。
	中俄《勘分西北界约记》签订	

续表

时间	大事记	注释
1865 年	江南制造总局成立	洋务派创办的第一个规模较大的近代军事企业。
19 世纪 60 年代	中国资产阶级诞生	资产阶级主要由一些买办、商人、地主、官僚投资新式企业转化而来，分为官僚买办资产阶级和民族资产阶级两部分。
1881 年	中俄《改订伊犁条约》签订	
1885 年	镇南关大捷	冯子材率领清军和当地民众在镇南关（今友谊关）取得关键性胜利，完全扭转了整个中法战局，史称镇南关大捷。
1885 年	中法战争结束	中国与法国停战，中国"不败而败"。
1885 年	中法《中法新约》签订	
1887 年	中葡《中葡友好通商条约》签订	清政府允许葡萄牙"永驻管理澳门"。
1888 年	北洋海军正式成立	北洋水师是清政府海军的主力，一直由李鸿章管辖。
1894 年	中日甲午战争爆发	
1894 年	孙中山成立兴中会	中国第一个资产阶级革命组织。
1895 年	北洋海军全军覆没	洋务派经营多年的北洋海军全军覆没，标志着洋务运动的失败。
1895 年	中日甲午战争结束	（1）中国战败。 （2）中日甲午战争后，帝国主义列强对中国的侵略和瓜分达到高潮。 （3）中国人开始有了普遍的民族觉醒。
1895 年	中日《马关条约》签订	中国割让辽东半岛（后由中国政府以 3000 万两白银赎回）、台湾全岛及所有附属各岛屿和澎湖列岛给日本。
1895 年	公车上书	康有为联合在京参加会试的举人共同发起的"公车上书"，成为倡导维新运动的旗手。
1898 年	百日维新	光绪皇帝在维新派的推动和策划下，正式开始变法，史称"百日维新"。
1898 年	戊戌政变	守旧派向维新派发动政变，"百日维新"夭折，戊戌维新运动失败。
1898 年	义和团运动兴起	"扶清灭洋"，义和团运动开始。
1900 年	八国联军侵华战争爆发	英、俄、日、法、德、美、意、奥匈八国联军发动侵华战争。

续表

时间	大事记	注释
1901 年	八国联军侵华战争结束	（1）中国战败。 （2）义和团运动失败。 （3）列强瓜分中国图谋破产。
	《辛丑条约》签订	中国与英国、美国、日本、俄国、法国、德国、意大利、奥匈、比利时、西班牙、荷兰十一个国家签订。
	清政府宣布实行新政	1901 年 4 月清政府成立督办政务处，宣布实行新政。
1904 年	日俄战争爆发	日、俄两国为争夺在华利益在中国东北进行战争，清政府宣布"局外中立"。
1905 年	日俄战争结束	日本战胜俄国，俄国将所攫得的中国东北南部所有一切权益"转让"日本。
	孙中山、黄兴等人在东京成立中国同盟会	中国第一个全国性的资产阶级性质的政党。
	孙中山提出三民主义学说	1905 年 11 月，孙中山在《民报》发刊词中，将同盟会纲领概括为民族、民权、民生三大主义，后被称为"三民主义"。
1906 年	废除科举	清政府正式废除科举考试制度。
1911 年	黄花岗起义	1911 年 4 月，资产阶级革命派在广州举行起义，史称黄花岗起义。
	"皇族内阁"成立	1911 年 5 月，清朝责任内阁成立，被讥为"皇族内阁"，清末"新政"陷入破产。
	保路运动	保路运动是在湖北、湖南、广东、四川爆发的民众爱国运动，四川省尤其强烈。
	武昌起义	1911 年 10 月，武昌起义爆发，起义引来了全国响应，掀起了辛亥革命的高潮。
1912 年	中华民国成立	1912 年 1 月 1 日，孙中山就任临时大总统，宣告中华民国临时政府正式成立。
	清帝退位	1912 年 2 月 12 日，清帝退位，在中国延续了两千余年的封建帝制终于覆灭。
	《中华民国临时约法》颁布	1912 年 3 月颁布，中国历史上第一部具有资产阶级共和国宪法性质的法典。
	袁世凯就任临时大总统	袁世凯在北京就任中华民国临时大总统，辛亥革命果实落入袁世凯之手，北洋政府统治时期开始。

续表

时间	大事记	注释
1913年	二次革命	为反对袁世凯刺杀宋教仁和"善后大借款",资产阶级革命派发动斗争,仅坚持两个月就宣告失败。
	袁世凯就任正式大总统	
1914年	孙中山组织中华革命党	孙中山在日本组织中华革命党,坚持反袁武装斗争,但中华革命党的社会影响远不如同盟会。
1915年	袁世凯接受"二十一条"	1915年5月,为取得日本对他复辟帝制的支持,袁世凯基本接受日本提出的严重损害中国权益的"二十一条"。
	新文化运动兴起	1915年9月,陈独秀在上海创办《青年》杂志(后改名为《新青年》),成为新文化运动兴起的标志。
	袁世凯复辟帝制开始	1915年12月12日,袁世凯公然进行帝制复辟活动,帝制复辟活动遭到举国反对。
	护国战争爆发	为反对袁世凯称帝,1915年12月25日,蔡锷宣布云南独立,护国运动爆发。
1916年	袁世凯复辟帝制失败	袁世凯在举国反对中被迫取消帝制。
1917年	张勋复辟	前清官僚张勋拥清废帝溥仪复辟,仅12天破产。
	第一次护法运动开始	
	俄国十月革命	十月革命推动中国的先进分子从资产阶级民主主义转向社会主义。
1918年	第一次护法运动失败	
	鲁迅发表《狂人日记》	新文学运动的第一篇白话文小说。
1919年	巴黎和会上中国外交失败	五四运动的直接导火线是巴黎和会上中国外交的失败。
	五四运动	(1) 五四运动是中国近代史上一次彻底的反帝反封建的革命运动,把中国人民反帝反封建的斗争提升到一个新的水平线上。 (2) 五四运动广泛地动员和组织了群众,是一场真正的群众性的革命运动。青年学生起了先锋作用,工人阶级第一次作为独立的政治力量登上政治舞台,运动后期发挥主力军作用。 (3) 五四运动促进了马克思主义在中国的广泛传播,促进了马克思主义同中国工人运动的结合,为中国共产党成立作了思想和干部上的准备。 (4) 五四运动是中国新民主主义革命的开端。五四运动后,无产阶级逐渐代替资产阶级成为中国革命领导者。

续表

时间	大事记	注释
1920 年	上海共产主义小组成立	陈独秀在上海创办中国共产党第一个早期组织。
	《共产党宣言》中文全译本出版	陈望道翻译的《共产党宣言》第一个中文全译本在上海出版。
	第二次护法运动开始	
	上海机器工会成立	中国共产党早期组织领导的第一个产业工会。
1921 年	中共一大召开	中共一大在上海召开,标志中国共产党成立。
	中国劳动组合书记部成立	中国共产党领导工人运动的专门机关。
	衙前农民协会成立	中国共产党领导建立的第一个农民协会,位于浙江省萧山县衙前村,由沈定一成立。
1922 年	香港海员罢工	中国工人阶级第一次直接同帝国主义势力进行的有组织的较量,成为第一次工人运动高潮的起点。
	中共二大召开	中国近代史上第一次明确提出了反帝反封建的民主革命纲领。
	第二次护法运动失败	中国旧民主主义革命终结的标志。
	中共西湖特别会议召开	中国共产党员、青年团员可以以个人名义加入中国国民党。
	安源路矿工人罢工	
1923 年	《孙文越飞宣言》发表	孙中山正式确立联俄政策。
	京汉铁路工人罢工	北洋政府镇压罢工,制造"二七惨案",全国工人运动暂时转入了低潮。
	中共三大召开	会议集中讨论了建立革命统一战线的问题,决定全体共产党员以个人名义加入国民党。
1924 年	国民党一大召开	(1) 提出"新三民主义",成为国共合作的政治基础。 (2) 第一次国共合作正式形成的标志。
	黄埔军校的建立	
	冯玉祥发动北京政变	直系将领冯玉祥发动北京政变,电邀孙中山北上"共商国是"。
	孙中山发表《北上宣言》	孙中山发表《北上宣言》,应冯玉祥邀请扶病北上。

续表

时间	大事记	注释
1925年	中共四大召开	会议的中心议题是讨论党如何领导即将到来的革命高潮。
	孙中山在北京逝世	
	五卅运动	全国范围的大革命风暴起始于五卅运动。
	省港大罢工	罢工坚持了16个月。
	国民政府成立	
	国民革命军成立	
1926年	蒋介石制造"中山舰事件"	
	蒋介石提出"整理党务案"	
	北伐战争正式开始	
	农民运动委员会成立	由中共中央成立,毛泽东任农民运动委员会书记,以湖南、湖北、江西、河南的农民运动为重点。
1927年	汉口、九江人民收回英租界	
	北伐战争胜利进军	北伐军基本摧毁了吴佩孚、孙传芳两部主力,革命势力推进到长江流域和黄河流域。
	上海工人第三次武装起义	上海工人第三次武装起义胜利。
	四一二政变	蒋介石在上海发动反共政变,以"清党"名义捕杀共产党员和革命群众。
	中共五大召开	这次大会没有担负起危急关头挽救革命的任务。
	七一五政变	汪精卫在武汉发动反共政变,第一次国共合作全面破裂,国民大革命最终失败。
	南昌起义	(1) 打响了武装反抗国民党反动统治的第一枪。 (2) 它成为共产党独立领导革命战争、创建人民军队和武装夺取政权的伟大开端。 (3) 揭开了土地革命战争的序幕。
	八七会议	大革命失败到土地革命战争兴起的一个历史转折点。
	秋收起义	(1) 放弃了"左派国民党"运动的旗号,公开打出"工农革命军"的旗帜。 (2) 它不仅是军队的行动,而且有数量众多的工农武装参加。
	三湾改编	成为建设共产党领导的新型人民军队的重要开端。
	广州起义	广州起义是中国共产党对国民党屠杀政策的又一次英勇反击。

续表

时间	大事记	注释
1928 年	毛泽东写作《中国的红色政权为什么能够存在?》	毛泽东科学回答了红色政权存在和发展的原因和条件,第一次明确提出了"工农武装割据"的思想。
	毛泽东写作《井冈山的斗争》	
	《井冈山土地法》颁布	中国共产党历史上第一个土地法。
	东北易帜	张学良东北易帜,北洋军阀不再作为独立的政治力量存在,国民党在全国范围内建立了自己的统治。
1929 年	《兴国土地法》颁布	中国共产党历史上第二个土地法,将"没收一切土地"改为"没收一切公共土地及地主阶级的土地"。
	古田会议召开	(1) 确立了思想建党、政治建军原则。 (2) 解决了在农村环境中、在党组织和军队以农民为主要成分的环境下,如何从加强思想建设入手,保持党的无产阶级先锋队性质和建设党领导的新型人民军队的问题。
1930 年	毛泽东发表《星星之火,可以燎原》	毛泽东提出了以乡村为中心的思想,初步形成了农村包围城市、武装夺取政权的理论。
	毛泽东发表《反对本本主义》	毛泽东明确提出"中国革命斗争的胜利要靠中国同志了解中国情况"。
	中国国民党临时行动委员会成立	邓演达领导成立的中间党派。
1931 年	"左"倾教条主义出现	"左"倾教条主义错误使中国共产党及其领导的中国革命又一次陷入困境。
	九一八事变	标志着中国人民抗日战争的开始。
	中华苏维埃共和国成立	中华苏维埃第一次全国代表大会召开,毛泽东当选为中央执行委员会主席。
1932 年	一·二八事变	日本为了支援和配合其对中国东北的侵略,自导自演在上海引发冲突。
	伪"满洲国"成立	
	中华苏维埃临时中央政府宣布对日作战	
1933 年	察哈尔抗日同盟军成立	冯玉祥在张家口成立。
	福建事变	国民党将领蔡廷锴、蒋光鼐以及国民党内李济深、陈铭枢等反蒋爱国人士举行抗日反蒋事变。
1934 年	长征开始	第五次反"围剿"失败,红军开始长征。

续表

时间	大事记	注释
1935年	遵义会议召开	中国共产党历史上一个生死攸关的转折点。
	华北事变	日本试图侵占中国华北地区,制造了一系列事端。
	一二·九运动	标志着中国人民抗日救亡运动新高潮的到来。
	瓦窑堡会议	提出了在抗日的条件下与民族资产阶级重建统一战线的新政策。
1936年	长征结束	红二、四方面军先后同红一方面军在甘肃会宁、静宁将台堡(今属宁夏回族自治区)会师,胜利结束长征。
	西安事变	西安事变的和平解决成为时局转换的枢纽,十年内战的局面由此结束,国内和平基本实现。
1937年	七七事变	标志着日本全面侵华战争的开始。
	抗日民族统一战线正式建立	
	淞沪会战开始	谢晋元率孤军据守四行仓库,被誉为"八百壮士"。
	洛川会议召开	中国共产党提出《抗日救国十大纲领》。
	平型关战役	全国性抗战开始后中国军队的第一次重大胜利。
	南京大屠杀	南京沦陷,日军制造南京大屠杀。
1938年	台儿庄战役	在抗日战争的战略防御阶段,国民党军队在正面战场上取得胜利的战役。
	毛泽东发表《论持久战》	毛泽东集中全党智慧,系统地阐述了抗日战争的特点、前途和发展规律,阐明了持久抗战的总方针。
	广州、武汉失守	广州、武汉失守后,抗日战争转入战略相持阶段。
	中共六届六中全会召开	毛泽东明确提出"马克思主义的中国化"。
1939年	国民党五届五中全会召开	标志着国民党由片面抗战逐步转变为消极抗战。
1940年	伪"中华民国国民政府"成立	汪精卫伪国民政府在南京成立。
	枣宜战役	张自忠殉国。
	百团大战	八路军对华北日军的进攻战役。

续表

时间	大事记	注释
1941 年	延安整风	整风运动的主要内容：反对主观主义以整顿学风、反对宗派主义以整顿党风、反对党八股以整顿文风。
	太平洋战争爆发	日军偷袭珍珠港，太平洋战争爆发，美、英等国对日宣战。
	国民政府正式对日宣战	1941 年 12 月 9 日，国民政府正式对日宣战。
1942 年	中国远征军入缅甸作战	戴安澜殉国。
1944 年	豫湘桂战役爆发	日军发动打通中国大陆交通线的作战。
1945 年	豫湘桂战役结束	日军胜利，国民党军惨败。
	联合国制宪会议	中共党员董必武以解放区代表身份参加中国代表团出席会议。
	中共七大	中共七大，正式命名毛泽东思想，并将毛泽东思想规定为党的一切工作的指针。
	日本宣布投降	1945 年 8 月 15 日，日本天皇裕仁宣布接受《波茨坦公告》，宣布投降。
	抗日战争胜利结束	1945 年 9 月 2 日，日本正式签署投降书，抗日战争胜利结束。
	中国收回台湾以及澎湖列岛	抗日战争取得完全胜利的重要标志。
	重庆谈判	双方签署《政府与中共代表会谈纪要》，即"双十协定"，确定和平建国的基本方针。
	一二·一运动	国统区爱国学生运动的第一声号角。
1946 年	政治协商会议召开	政治协商会议通过政府组织案、国民大会案、和平建国纲领、宪法草案案、军事问题案五项协议。
	校场口惨案	
	《五四指示》颁布	中共中央发出《关于清算、减租及土地问题的指示》（史称《五四指示》），决定将党在抗日战争时期实行的减租减息政策改变为实现"耕者有其田"的政策。
	下关惨案	
	国民党发动全面内战	国民党军以大举围攻中原解放区为起点，挑起了全国性的内战。
	一二·三〇运动	

— 317 —

续表

时间	大事记	注释
1947年	二二八起义	台湾人民反对国民党统治的斗争。
	五·二〇运动	学生运动向着"反饥饿、反内战、反迫害"的目标发展，标志着反对国民党统治的第二条战线正式形成。
	挺进大别山	人民解放军转入战略进攻。
	全国土地会议召开	制定和通过了《中国土地法大纲》，土地改革运动在解放区农村迅速掀起。
	《中国人民解放军宣言》发表	提出"打倒蒋介石，解放全中国"的口号。
1948年	晋绥干部会议召开	毛泽东在晋绥干部会议上的讲话中完整地提出中国共产党在新民主主义革命阶段的总路线和总政策。
	三大战役爆发	中国人民解放军先后发动了辽沈、淮海、平津三大战役，开始决定中国命运的战略决战。
1949年	三大战役结束	国民党赖以维持其反动统治的主要军事力量基本上被摧毁。
	渡江战役	南京国民党政权覆灭。
	中共七届二中全会召开	1949年3月，中国共产党在河北省平山县西柏坡召开的重要会议。
	毛泽东发表《论人民民主专政》	系统论述中国共产党建国主张的著作。
	中国人民政治协商会议第一届全体会议召开	会议通过《中国人民政治协商会议共同纲领》。
	中华人民共和国成立	
1950年	《中华人民共和国土地改革法》颁布	新解放区农村掀起土地改革运动。
	中共七届三中全会召开	毛泽东作了《为争取国家财政经济状况的基本好转而斗争》的报告。
	抗美援朝战争爆发	
1951年	"三反"运动开始	中国共产党在党政机构工作人员中开展了反贪污、反浪费、反官僚主义的"三反"运动。
	西藏和平解放	中国大陆实现统一。

续表

时间	大事记	注释
1952年	"三反"运动结束	中国共产党处决了犯有严重贪污罪行的刘青山、张子善，处理了一批党政干部。
	五反运动	反行贿，反偷税漏税，反盗窃国家资财，反偷工减料，反盗窃国家经济情报，目的是打击不法资本家。
1953年	国民经济第一个五年计划开展	
	社会主义改造开始	
	抗美援朝战争结束	中国胜利。
1956年	社会主义改造基本完成	
	毛泽东发表《论十大关系》	中国共产党开始探索中国自己的社会主义建设道路的标志。
	中共八大召开	中共八大对经济建设、政治建设、执政党建设提出了正确的指导方针。
1957年	毛泽东发表《关于正确处理人民内部矛盾的问题》	毛泽东运用马克思主义对立统一规律，创造性地阐述了社会主义社会矛盾学说。
1958年	大跃进运动开始	1957年冬，掀起了冬季农业生产高潮，揭开了"大跃进"的序幕。
1960年	大跃进运动结束	
1961年	中共八届九中全会召开	正式决定对国民经济实行"调整、巩固、充实、提高"的方针。
1962年	"七千人大会"召开	这次会议直接请来中央至县五级的党政军领导干部七千余人与会，以便于中央与地方各级的直接沟通。
1964年	第一颗原子弹试验成功	
	第三届全国人民代表大会第一次会议召开	中国共产党和政府第一次郑重地向全国人民提出实现"四个现代化"（现代农业、现代工业、现代国防和现代科学技术）的奋斗目标。
1966年	"文化大革命"开始	1965年发表的《评新编历史剧〈海瑞罢官〉》是"文化大革命"的导火线。
	装有核弹头的中近程地地导弹发射成功	
1967年	第一颗氢弹试验成功	
1970年	第一颗人造地球卫星发射成功	

续表

时间	大事记	注释
1971年	中国恢复了在联合国的合法席位	
1976年	"文化大革命"结束	中共中央政治局粉碎了江青反革命集团，结束了"文化大革命"。
1978年	中共十一届三中全会召开	以这次全会为起点，中国进入了改革开放和社会主义现代化建设的历史新时期。
1979年	邓小平阐明必须坚持四项基本原则	坚持社会主义道路，坚持人民民主专政，坚持共产党的领导，坚持马克思列宁主义、毛泽东思想这四项基本原则。
1981年	中共十一届六中全会召开	全会通过了《关于建国以来党的若干历史问题的决议》（简称"第二个历史决议"），科学地评价了毛泽东和毛泽东思想的历史地位，标志着指导思想上拨乱反正的胜利完成。
1982年	中共十二大召开	中共十二大明确提出了建设有中国特色的社会主义。
1982年	《中华人民共和国宪法》审议通过	(1) 五届全国人大五次会议通过。 (2) 新宪法继承和发展了1954年宪法确立的人民民主和社会主义原则，彻底纠正了1975年四届全国人大一次会议通过的宪法和1978年五届全国人大一次会议通过的宪法中存在的问题，充分体现了十一届三中全会以来党和国家在社会主义现代化建设和社会主义民主法制建设方面的新思想、新举措和新要求。
1987年	中共十三大召开	(1) 中共十三大比较系统地阐述了关于社会主义初级阶段的理论，完整地概括了中国共产党在社会主义初级阶段"一个中心、两个基本点"的基本路线。 (2) 正式制定了社会主义现代化建设"三步走"的战略部署。
1992年	邓小平南方谈话	科学地总结了十一届三中全会以来党的基本实践和基本经验。
1992年	中共十四大召开	中共十四大明确提出，我国经济体制改革的目标是建立社会主义市场经济体制。
1997年	香港回归	
1997年	中共十五大召开	(1) 中共十五大阐明了建设中国特色社会主义的经济、政治和文化的基本目标和基本政策，提出了党在社会主义初级阶段的基本纲领。 (2) 中共十五大把邓小平理论同马克思列宁主义、毛泽东思想一道确立为中国共产党的指导思想。
1999年	澳门回归	

续表

时间	大事记	注释
2000 年	"三个代表"重要思想的提出	"三个代表"重要思想作为完整的概念，是 2000 年 2 月江泽民在广东考察工作时提出来的。
2001 年	中国正式加入世界贸易组织	
2002 年	中共十六大召开	(1) 中共十六大把"三个代表"重要思想同马克思列宁主义、毛泽东思想、邓小平理论一道确立为中国共产党必须长期坚持的指导思想，并写入党章。 (2) 十六大报告明确了全面建设小康社会的奋斗目标。
2003 年	树立和落实科学发展观	中共十六届三中全会，正式提出了坚持以人为本、全面协调可持续的科学发展观。
2004 年	提出构建社会主义和谐社会的战略任务	中共十六届四中全会提出构建社会主义和谐社会的战略任务。
2007 年	中共十七大召开	中共十七大一致同意将科学发展观写入党章。
2012 年	中共十八大召开	(1) 中共十八大提出，我国到 2020 年的奋斗目标是全面建成小康社会。 (2) 中共十八大精神归结到一点，就是坚持和发展中国特色社会主义。 (3) 标志着中国已经进入全面建成小康社会的决定性阶段，开启了中国特色社会主义新时代。
2017 年	中共十九大召开	(1) 确立习近平新时代中国特色社会主义思想的历史地位。 (2) 作出中国特色社会主义进入新时代、我国社会主要矛盾发生新变化的重大政治论断。 (3) 确定决胜全面建成小康社会、开启全面建设社会主义现代化国家新征程的目标。 (4) 对新时代推进中国特色社会主义伟大事业和党的建设伟大工程作出全面部署。
2018 年	《中华人民共和国宪法修正案》审议通过	十三届全国人大一次会议审议通过了《中华人民共和国宪法修正案》。

附录二

中国共产党历次重要会议

名称	召开时间	地点	注　释
中共一大	1921年7月	上海、嘉兴（最后一次会议）	中共一大宣告了中国共产党的成立。
中共二大	1922年7月	上海	中共二大在中国近代史上第一次明确提出了反帝反封建的民主革命纲领，解决了分清敌友这个革命的首要问题。
中共西湖特别会议	1922年8月	杭州	中共西湖特别会议决定在孙中山按照民主原则改组中国国民党的条件下，共产党员、青年团员可以个人名义加入中国国民党，以推动革命统一战线的建立。
中共三大	1923年6月	广州	中共三大集中讨论了建立革命统一战线的问题，决定全体共产党员以个人名义加入国民党；同时强调在共产党员加入国民党时，党必须在政治上、思想上、组织上保持自己的独立性。
中共四大	1925年1月	上海	中共四大的中心议题是讨论党如何领导即将到来的革命高潮。
中共五大	1927年四五月间	武汉	中共五大虽然批评了陈独秀的右倾错误，但没有提出切实可行的措施，没有担负起在危急关头挽救革命的任务。
八七会议	1927年8月7日	汉口	八七会议彻底清算了大革命后期陈独秀的右倾机会主义错误，确定了土地革命和武装斗争的方针；毛泽东在发言中着重阐述了农民问题和武装斗争对于中国革命的极端重要性；八七会议是由大革命失败到土地革命战争兴起的一个历史转折点。
中共六大	1928年6月	莫斯科	中共六大在继续把城市工作的复兴视为革命高潮到来的决定条件的同时，也明确肯定了农村根据地和红军是决定革命新高潮的更大的发展基础和重要力量。
古田会议	1929年12月	古田	古田会议通过的毛泽东起草的决议案，确立了思想建党、政治建军原则。

续表

名称	召开时间	地点	注　释
遵义会议	1935年1月	遵义	遵义会议集中全力解决了当时具有决定意义的军事和组织问题，成为中国共产党历史上一个生死攸关的转折点。
瓦窑堡会议	1935年12月	瓦窑堡	瓦窑堡会议提出了在抗日的条件下与民族资产阶级重建统一战线的新政策，批评了党内长期存在的"左"倾冒险主义、关门主义的错误倾向，为迎接全国抗日新高潮到来作了理论和政治上的准备。
洛川会议	1937年8月	洛川	洛川会议通过了《关于目前形势与党的任务的决定》和《抗日救国十大纲领》，提出了关于抗日的基本主张。
中共扩大的六届六中全会	1938年9月	延安	中共扩大的六届六中全会上，毛泽东明确提出了"马克思主义的中国化"的命题。
中共七大	1945年4月	延安	中共七大将以毛泽东为主要代表的中国共产党人把马克思列宁主义基本原理同中国具体实际相结合所创造的理论成果，正式命名为毛泽东思想，并将毛泽东思想规定为党的一切工作的指针。
全国土地会议	1947年7月至9月	平山县	全国土地会议制定和通过了彻底实行土地改革的《中国土地法大纲》。
杨家沟会议	1947年12月	杨家沟	杨家沟会议制定了夺取全国胜利的行动纲领，毛泽东在《目前形势和我们的任务》的报告中提出了新民主主义革命的三大经济纲领。
晋绥干部会议	1948年4月	晋绥解放区蔡家崖村	晋绥干部会议上，毛泽东的讲话中完整地提出了中国共产党在新民主主义革命阶段的总路线和总政策，系统阐明了中国共产党的土地改革总路线。
中共七届二中全会	1949年3月	西柏坡村	中共七届二中全会规定了全国胜利后中国共产党在政治、经济、外交方面应当采取的基本政策；指出了中国由农业国转变为工业国、由新民主主义社会转变为社会主义社会的发展方向；在中国共产党自身建设的问题上，提出了"两个务必"的要求。
中共七届三中全会	1950年6月	北京	中共七届三中全会上，毛泽东作了《为争取国家财政经济状况的基本好转而斗争》的报告，指出要获得国家财政经济状况的根本好转需要创造的三个条件。
中共中央书记处会议	1956年4月	北京	在中共中央书记处会议上，毛泽东提出关于实现马克思主义同中国实际"第二次结合"的任务。
中共八大	1956年9月	北京	中共八大对经济建设、政治建设、执政党建设提出了正确的指导方针。

续表

名称	召开时间	地点	注释
"七千人大会"	1962年一二月间	北京	七千人大会对于恢复实事求是、民主精神和自我批评精神起了积极作用,在贯彻落实"八字方针"(即"调整、巩固、充实、提高")、推动形势迅速好转的过程中起了关键作用。
中共十一届三中全会	1978年12月	北京	中共十一届三中全会是新中国成立以来党的历史上具有深远意义的伟大转折,改革开放的序幕由此揭开。
理论工作务虚会	1979年3月	北京	理论工作务虚会上,邓小平发表的讲话中指出了"四项基本原则"。
中共十一届六中全会	1981年6月	北京	中共十一届六中全会通过了《关于建国以来党的若干历史问题的决议》(简称"第二个历史决议")。
中共十二大	1982年9月	北京	中共十二大上,邓小平明确提出"建设有中国特色的社会主义"。
中共十二届三中全会	1984年10月	北京	中共十二届三中全会通过《关于经济体制改革的决定》,《决定》指出我国社会主义经济是在公有制基础上的有计划的商品经济。
中共十二届六中全会	1986年9月	北京	中共十二届六中全会作出《关于社会主义精神文明建设指导方针的决议》,明确社会主义精神文明建设的根本任务。
中共十三大	1987年10月	北京	中共十三大比较系统地阐述了关于社会主义初级阶段的理论,完整地概括了中国共产党在社会主义初级阶段"一个中心、两个基本点"的基本路线。
中共十四大	1992年10月	北京	中共十四大明确提出我国经济体制改革的目标是建立社会主义市场经济体制。
中共十四届三中全会	1993年11月	北京	中共十四届三中全会通过《关于建立社会主义市场经济体制若干问题的决定》,将十四大提出的社会主义市场经济体制改革的目标和基本原则具体化。
中共十五大	1997年9月	北京	中共十五大把邓小平理论同马克思列宁主义、毛泽东思想一道确立为中国共产党的指导思想,提出了党在社会主义初级阶段的基本纲领。
中共十六大	2002年11月	北京	中共十六大把"三个代表"重要思想同马克思列宁主义、毛泽东思想、邓小平理论一道确立为中国共产党必须长期坚持的指导思想,并写入党章;十六大报告明确了全面建设小康社会的奋斗目标。
中共十六届三中全会	2003年10月	北京	中共十六届三中全会正式提出了坚持以人为本、全面协调可持续的科学发展观。

续表

名称	召开时间	地点	注　释
中共十六届四中全会	2004年9月	北京	中共十六届四中全会提出构建社会主义和谐社会的战略任务。
中共十六届五中全会	2005年10月	北京	中共十六届五中全会提出建设社会主义新农村的战略任务。
中共十七大	2007年10月	北京	中共十七大一致同意将科学发展观写入党章。
中共十八大	2012年11月	北京	中共十八大开启了中国特色社会主义新时代。
中共十八届三中全会	2013年11月	北京	中共十八届三中全会审议通过《中共中央关于全面深化改革若干重大问题的决定》，勾画了到2020年全面深化改革的时间表、路线图。
中共十八届四中全会	2014年10月	北京	中共十八届四中全会审议通过《中共中央关于全面推进依法治国若干重大问题的决定》。
中共十九大	2017年10月	北京	中共十九大确立习近平新时代中国特色社会主义思想的历史地位，作出中国特色社会主义进入新时代、我国社会主要矛盾发生新变化的重大政治判断，确定决胜全面建成小康社会、开启全面建设社会主义现代化国家新征程的目标。